Max Weber
Ausgewählte Briefe
I
Reisebriefe

Max Weber

Reisebriefe

1877–1914

Herausgegeben von

Rita Aldenhoff-Hübinger

und Edith Hanke

Mit einem Einleitungsessay von

Hinnerk Bruhns

Mohr Siebeck

Rita Aldenhoff-Hübinger ist Apl.-Professorin für Neuere und Neueste Geschichte an der Europa-Universität Viadrina, Frankfurt (Oder).

Edith Hanke ist Generalredaktorin der Max Weber-Gesamtausgabe, München.

Hinnerk Bruhns ist Historiker, Directeur de recherche émérite im Centre National de la Recherche Scientifique und Mitglied des Centre de recherches historiques (EHESS/CNRS), Paris.

ISBN 978-3-16-156491-8 / eISBN 978-3-16-157692-8
DOI 10.1628/978-3-16-157692-8

Die Deutsche Nationalbibliothek verzeichnet diese Publikation in der Deutschen Nationalbibliographie; detaillierte bibliographische Daten sind über *http://dnb.dnb.de* abrufbar.

Das Buch wurde von Gulde-Druck in Tübingen gesetzt und auf alterungsbeständiges Werkdruckpapier gedruckt und gebunden.

Den Umschlag entwarf Uli Gleis in Tübingen. Umschlagabbildung: Ausschnitt aus: Panoramakarte Genua an Marianne Weber vom 31.12.1902; Bayerische Staatsbibliothek München, Ana 446.C.

Printed in Germany.

Inhaltsverzeichnis

Vorwort

Über 3.500 Briefe sind in elf Bänden der Max Weber-Gesamtausgabe zwischen 1990 und 2019 erschienen. Sie bilden als Ganzes ein kulturhistorisches Dokument eines Gelehrtenlebens mit all seinen Spannungen und Widersprüchen im untergehenden langen 19. Jahrhundert. Sie ergänzen und bereichern das Bild des Wissenschaftlers, das wir aus den Schriften, Reden und Vorlesungen kennen, ebenso wie das Bild seiner Zeit. Die Idee war naheliegend, einem größeren Leserkreis den Briefschreiber Max Weber bekannt zu machen. Zusammen mit dem Verlag Mohr Siebeck haben wir die, nach unserer Meinung, anschaulichsten und charakteristischsten Briefe Max Webers ausgewählt. Sie werden in zwei Bänden erscheinen, beginnend mit „Reisebriefen" und fortgeführt mit einer Auswahl an „Gelehrtenbriefen". Nicht an einem repräsentativen Querschnitt ist es uns gelegen, sondern daran, das Markante, das Weber-Typische, seinen „besonderten" Blick auf die ihn umgebende Welt zu zeigen. Ob uns das gelungen ist, kann nur der Leser beurteilen.

Für den ersten Band der Auswahl, für die „Reisebriefe", konnten wir Hinnerk Bruhns (Paris) für einen Einleitungsessay gewinnen. Stephanie Warnke-De Nobili vom Verlag Mohr Siebeck hat uns in der Planung bestärkt und unsere ersten Auswahlversuche begleitet. Ihre Nachfolgerin, Martina Kayser, hat die Ausführung betreut. Die Herstellung lag in den bewährten Händen von Susanne Mang, die sich sehr für die Gestaltung des Bandes engagiert hat. Der Verlagsleiter Henning Ziebritzki unterstützte die Idee von Anfang an. Ihnen allen sei sehr herzlich gedankt.

Frankfurt (Oder) und
München, im September 2019

Rita Aldenhoff-Hübinger
Edith Hanke

Hinnerk Bruhns

„*Er kann gar nicht genug Welt in sich schlingen*“: Max Weber auf Reisen*

Reisebriefe? Gewiss, aber auch Briefe und Karten *von* Reisen, von Wanderungen, von der Hochzeitsreise, von Erholungs- und Studienaufenthalten. Max Weber ein Reisender? Die Wissenschaft kennt den Weltreisenden, der souverän Zeit und Raum durchquert, vom antiken Rom über die mittelalterliche Stadt ins Neuengland der Puritaner, vom alten Ägypten über Indien bis nach China und Japan. Hier treffen wir nun auf den Zugreisenden, der dritte Klasse fährt, weil sie den Vorzug habe, „daß dort gelegentlich auch Leute hineinkommen, die den Mund aufthun“ (35), den Entdeckungsreisenden, den es zu Fuß, zu Pferd und mit der Kutsche, per Bahn und Schiff nach Schottland und Irland, durch Frankreich und Spanien treibt, der viele Monate in Italien verbringt, Amerika durchkreuzt. Hinreisen, hinsehen, fragen, zuhören, darstellen und berichten: das sind sechs Säulen der literarisch-wissenschaftlichen Gattung der Reisebriefe. Die siebente Säule in Max Webers Briefen ist die Freude am Wort, an der geschliffenen oder auch frechen Formulierung, die Lust, die Briefempfänger – in der Regel Verwandte – zu verblüffen, zu amüsieren oder auch zu schockieren. Schon die Briefe des Dreizehnjährigen, der seiner Mutter Landschaften und Erlebnisse auf den Wanderungen mit dem Vater und dem jüngeren Bruder Alfred schildert, mehr noch die des Sechzehnjährigen von seiner ersten Reise allein, nach Prag, gefallen durch ihren spielerisch anmutenden Umgang mit der Sprache.

Drei große Entdeckungsreisen Webers dokumentiert diese Briefauswahl: Schottland und Irland im Jahr 1895, Südfrankreich und

Nordspanien 1897, Amerika 1904. Nach der „nervösen Hast" der Hochzeitsreise, im September 1893, mitten im Prozess der Berufung auf den Lehrstuhl für Nationalökonomie an der Universität Freiburg, brachte die Reise nach Schottland ein „Gefühl von Entlastung nach jeder Hinsicht", wie es das junge Paar noch nie gekannt hatte (43). Noch überwiegen in den Briefen des nun 31jährigen Professors die Darstellungen von Reiseerlebnissen und plastische Landschaftsbeschreibungen – man reist noch ohne Fotoapparat! –, doch geht es nun auch immer schon darum, das Fremde und Neuartige zu verstehen, die Gründe seiner Anders- und Eigenartigkeit zu erklären. Das kann einzelne Phänomene betreffen wie etwa den auffallenden Kontrast zwischen schottischen Hotels und deutschen Gasthöfen, den der Beobachter historisch-soziologisch herleitet (37), oder, auf nahezu allen Reisen, die Eigenart der jeweiligen Agrarstrukturen, Webers großes Thema seit seiner Habilitation über römische Agrargeschichte und seiner Teilnahme an den Erhebungen des Vereins für Sozialpolitik über die soziale Lage der Landarbeiter in Deutschland. Der Reisende wird dann für einen Augenblick ganz Wissenschaftler, so wenn er in einem Brief an die Mutter seine seitenlangen Beobachtungen mit einer für seine späteren soziologischen Untersuchungen geradezu unvermeidlichen typischen Wendung einleitet: „Irland bildet einen merkwürdigen Gegensatz gegen England und Schottland", nur dass er dort nicht hinzugefügt hätte: „schon aus dem Fenster der Eisenbahn". Wenn Weber dann die Armut der „bodenlos zerlumpt gekleideten" Masse beschreibt und ungeheuer detailreich die „unglaublichen agrarischen Zustände" schildert, den schamlosen Pachtwucher der adligen „Raubritter", die nur „bis zum Eingang der Rente (zwei Mal jährlich) zur Jagd etc. auf einige Wochen in ihren wunderbaren Schlössern erscheinen, im Übrigen sie in England verzehren" (50–54), dann sind Stil und Sprache gar nicht so verschieden von manchen seiner wissenschaftlichen Schriften.

Die zweite große Reise, 1897, in den Südwesten Frankreichs und nach Spanien – Weber ist inzwischen Professor in Heidelberg – scheint weniger mit dem Wunsch der völligen Entlastung unternommen zu worden sein, denn als planvolle Exkursion in wirtschaftlich, sozial und religiös von Deutschland höchst verschiedene Regionen: Frankreich südlich der Loire, wo nicht das Land Annex der Städte mit ihrer Industrie, sondern die wenig belangreichen gewerblichen Städte Dependenzen des Landes seien und von dessen Kaufkraft leben. Lourdes, eine erste reale Konfrontation mit den psychischen Machtmitteln der katholischen Kirche, mit einer Massenerregung, die Weber den kalten Schweiß auf die Stirn treten und fragen lässt „und wie mag einem ‚Gläubigen' zu Muthe sein?" (71). Dann Bordeaux und seine Wein-Cultur, Betriebe, die als Luxusgegenstände, ähnlich den deutschen Rittergütern, nicht um ihrer Rentabilität willen von Millionären gehalten werden. Geplant hatte der Nationalökonom obendrein, sich eingehend über die „Wirkungen der Kunstwein-Gesetzgebung" zu erkundigen; doch ließ ihm das zu volle Programm nicht Zeit genug dazu. Durch die *Landes*, deren Besiedlung ihm als „innere Colonisation" erscheint (77–78), geht es ins spanische Baskenland, wo, „bis hoch in das Gebirge hinaus, kleine Brutstätten des Capitalismus sich eingenistet haben" (82). Briefliches „Plaudern" über Wirtschaft, Politik, Kultur, Landschaft und Alltagsleben: „es ist", erläutert Max seiner Mutter, „die bequemste Zeitausfüllung nach dem Abendessen sich in geschwätziger Breite über das Erlebte zu ergehen, das Einem selbst dabei noch einmal deutlich wird" (84). Einen der fesselndsten soziologisch-anthropologischen Berichte schreibt Weber, am 18. September 1897 beginnend, über lange Seiten hinweg aus Las Arenas, ganz in dem ihm eigenen Stil: die Niederträchigkeit der spanischen Verwaltung – „Der Schuft fängt beim Beamten an" –, die Bauernschaft eine der glänzendsten der Welt, die soziale Verfassung streng demokratisch, die Kirchenzucht streng, das Tanzen auf die untere Schicht begrenzt: „Die ‚Gesellschaft' tanzt nicht und giebt keine Gesellschaften", Zunft-Communismus der Sardinenfischer; Wahlsystem und Steuerfreiheit: „Die geschonte Steuerkraft des Capitals wirkt so als ‚Stimmkaufkraft' bei den Wahlen, der Besitzende zahlt statt der Steuern Wahlbestechungsgelder." Weber beobachtet die von keiner polizeilichen Vorschrift gehemmte Kühnheit der Techniker, die unerhörte Entfaltung des modernsten Capitalismus im Erzabbau und der Eisenverhüttung, das hohe Maß der „Ausbeutungsfähigkeit" der Arbeiter, die Bildung von Kartellen als Ergebnis staatlichen Monopols: „So knechtet der Übermuth des Kapitals in aller Form Rechtens den hülflosen Staat" (86–92).

Die Einladung zu einem wissenschaftlichen Kongress in St. Louis, anlässlich der Weltausstellung 1904, nutzt das Ehepaar Weber (wie auch Ernst Troeltsch, Werner Sombart und andere Gelehrte) dazu, teils zusammen, teils getrennt, zweieinhalb Monate lang die Vereinigten Staaten zu durchreisen. Weber legt Tausende von Kilometern mit der Eisenbahn zurück; 180 Stunden Fahrt auf Schienen zählt er zusammen. Wohl ohne es zu wissen, gleicht seine Reiseroute in Vielem derjenigen von Alexis de Tocqueville im Jahr 1831. Er taucht in eine neue Welt ein, ärgert sich über die deutschen Mitreisenden, die nach anderthalb Tagen New York über Amerika stöhnen, ist fasziniert von Chicago: „Die ganze gewaltige Stadt – ausgedehnter als London! – gleicht außer in den Villenvierteln – einem Menschen, dem die Haut abgezogen ist und dessen Eingeweide man arbeiten sieht" (108). Hier, in Webers Beschreibungen von Chicago, Oklahoma City, Muskogee und anderen Städten, finden sich Ansätze zu einer „Stadtsoziologie", die meist an der falschen Stelle – in seinem Essay „Die Stadt" – gesucht wird.

Alles interessiert ihn, die Probleme der Einwanderer, der Indianer und der Schwarzen; Rassismus, Gottesdienste, Sekten und Kirchen, Universitäten, der *way of life* der unterschiedlichen Klassen und Gruppen, mit denen er in Berührung kommt. Den „Congreßschwindel" (106) in St. Louis nimmt er ernst, ein Vortrag über Agrarstrukturen, auch wenn er vor der Reise gelästert hatte: „Überdies habe ich dort nur 1 *Stunde* zu thun: 40 Min. Vortrag, 20 Min. für die Abhebung des Checks, dann stinken wir nach dem Felsengebirge zu ab."[1] Aber auf den offiziellen Empfang der Kongressteilnehmer durch Präsident Theodore Roosevelt in Washington verzichtet er, um ein *Indian Territory* in Oklahoma besuchen zu können. Im Mittelpunkt seines Interesses: was geschieht mit dem Land der Indianer?

In Europa reist Weber mit dem *Baedeker*. Auf Amerika hatte er sich durch Lektüre von „Reiseschriftstellern" und Hugo Münsterbergs zweibändige Darstellung *Die Amerikaner* (1904) vorbereitet, aber er fand, „sehr vieles ist *sehr* anders hier“, als er es dort gelesen habe.[2] Seine Art zu reisen hatte Marianne schon in Schottland auf den Punkt gebracht: „Er kann dann gar nicht genug Welt in sich schlingen. An keinem Ort hält es ihn länger als höchstens 3 Tage.“[3] Informant, im Sinne der Anthropologen, war jeder, mit dem Weber zusammentraf, zufällig – ein australischer Quäker in der schottischen Eisenbahn, ein Ingenieur von Siemens & Halske in Bilbao – oder gezielt, wie im Indian Territory mit Vertretern „fast aller beteiligten Interessenten und Ämter“ (117). In Amerika kamen, ein besonderer Vorteil, eine Reihe näherer oder fernerer Verwandter hinzu, die dorthin ausgewandert waren.

Schon die Briefe von Erholungsaufenthalten in Belgien und Holland, 1903, zeigen, wie Weber das Gespräch sucht, wie er sich wohl fühlt in Gesellschaft von Gewerkschaftlern, für die ein Professor nicht mehr ist als ein Mann, dessen Eltern das Geld hatten, ihn etwas lernen zu lassen, und die an Intelligenz nicht hinter seinen Kollegen zurückstehen.[4] Noch im Weltkrieg wird er es sich zum Grundsatz machen, „stets dritte Klasse zu fahren“, weil er auf diese Weise mit Hunderten von Leuten zusammenkomme und ohne sie besonders auszufragen außerordentlich viel erfahre.[5]

Aber man fährt natürlich auch 1. Klasse in der Eisenbahn und muss ertragen, so in Frankreich, dass die zierlichsten, aus den besten Kreisen stammenden jungen Damen plötzlich ihren Schleier heben und aus dem Fenster „qualstern“. Das „unterschiedslose Spucken, welches Civil, Militär, Geistlichkeit und Weiblichkeit betreibt“ (66), erregt das Ehepaar Weber in Amerika ebenso wie in Europa. Überhaupt spielen Ästhetisches und Standesgemäßes eine große Rolle. Max legt Wert auf elegante Weiblichkeit. Abscheulich findet er in Holland die „Sonntagstracht der Frauen des ‚Volkes‘“ – es folgt eine Beschreibung, die hier nicht vorweggenommen sei, und dann das Fazit: „ein Anblick für Puritaner“ (154). Zum Glück tauchen dann, wenn das Wetter gut ist, einige hochelegante Strandtoiletten auf, Rohseide mit Spitzen, fast stets Engländerinnen.[6] Nicht nur Marianne gegenüber gibt Max sich als Frauenkenner und -verächter. An seine Mutter schreibt er aus San Sebastian über die Toilettenkünste der Spanierinnen, die nicht so schauderhaft wie oft in

Frankreich seien. Wenn sich die Gesichter der Spanierinnen „auch über die absolute wirkliche Nichtigkeit der Französinnen etwas erheben, so sind sie im Ganzen doch schwatzende Seiden- und Blumenständer." Von den widerlich koketten Weibern, die die noch erträglichen alten Rüben umgeben, werde ihm ganz übel.[7]

Die äußere Erscheinung bestimmt oft das Urteil über Menschentypen, denen Max und Marianne vorher nie begegnet waren. Das „schöne (rothe) Haar" sei das einzig Schöne an den Iren, einer schauderhaften Rasse, schreibt Weber, (die Polen seien ihm unendlich lieber), und er „habe noch *nie* ein so schauderhaftes, rohes, ungebildetes, widerlich ‚pfäffisch' anmutendes Gesindel gesehen als den irischen niederen Clerus" (51, 55). Verantwortlich für die Heranzüchtung einer derartigen Bevölkerung seien die scheußlichen Sittenzustände in den Clanhäusern und die Jahrhunderte lange Unterdrückung. Das in den Augen der Reisenden unerwartet Fremdartige, Unästhetische, Hässliche provoziert widersprüchliche Reaktionen, die man vorschnell – und zu einfach – als rassistisch zu bezeichnen versucht sein könnte. So wenn Marianne Weber in Amerika einerseits die Diskriminierung der Schwarzen kritisiert, die anmutigen und edlen Züge einer schwarzen Lehrerin lobt und sie als „zu uns gehörig" bezeichnet,[8] die Starrheit des Rassengefühls beklagt, im gleichen Atemzug aber schreibt, dass „Neger-‚Damen' in moderner Toilette mit großen Federhüten" jedesmal an „eine aus der Menagerie entlaufene angeputzte Äffin" denken lassen.[9] Ähnlich Widersprüchliches findet man auch bei Max Weber. Auf seiner Reise hat er nur einen einzigen Amerikaner als Autor für das *Archiv für Sozialwissenschaft und Sozialpolitik* akquiriert: W. E. B. Du Bois, den afroamerikanischen Bürgerrechtler. Noch aus New York, zwei Tage vor Rückreise nach Europa, wird er ihm schreiben: „the ‚colour-line' problem will be the paramount problem of the time to come, here and everywhere in the world."[10] Er sieht die „schwarzen Wolken" (144) am Himmel Amerikas aufziehen und betont, dass die sog. „Rassenfrage" („race-problem") auf wissenschaftlich völlig unzureichenden Grundlagen diskutiert werde, dass man sie mit der „Klassenfrage" („class-problem") verbinden müsse, also nach dem Einfluss „of social-economic conditions upon the relations of races to each-other" fragen müsse.[11] Das hindert ihn aber nicht, selbst ab und zu die Sprache des Kulturhochmuts zu reden: „Fürchterlich ist der Contrast einerseits der Halbaffen, die man in den Plantagen und Negerhütten des Cotton Belt's sieht, aber ebenso der geistige Zustand der Weißen des Südens, sobald man durch die menschlich anziehende Oberfläche hindurchsieht" (124). Bei den Indianern aber findet er: „‚Civilisation' ist hier *mehr* als in Chicago" (118) und bedauert, dass Alles, was der kapitalistischen Kultur im Wege stehe, mit geradezu rasender Hast zerstört werde.

Hygiene und Essen sind Themen, mit denen man besonders leicht schockieren und amüsieren kann. Mit ihren oft schauderhaften intimen Gemächern stehen, so liest man, Frankreich und Spanien so weit unter Holland, Friesland und England[12] wie England mit seinem „uncultivierten Fraß" (38) unter der künstlerischen Form der Ernährung in Frankreich: etwas „Civilisierteres als diesen Vorgang" (65) könne es kaum geben. Dazu dann als Kontrast die Schilderung eines barbarischen „Fressens, wie im Teutoburger Walde" (34), das Otto Gierke und Max Weber zur Bestürzung schottischer Kellner ins Werk setzen. Webers Briefe, wie die seiner Frau, strotzen von Zahlen, besonders die Briefe aus Amerika: Löhne, Einkommen, Preise von allem, was sie sehen oder tun, verglichen mit deutschen Preisen. Gleichwohl sind sie pikiert, wenn ein Führer auf einem amerikanischen Friedhof ihnen stolz die Preise der Grabsteine nennt.

Amerika war die letzte große Entdeckungsreise. Einen anderen Max Weber lernt man kennen aus Briefen von Erholungsreisen in den Süden. Nicht die Antiken-Sehnsucht, wie bei Sigmund Freud,[13] zieht Weber dorthin. Wenn es nicht Kulturreisen der Mutter zuliebe sind, wie nach Florenz oder Sizilien, dann ist es oft eine regelrechte Flucht nach der Fron der Arbeit, während der er sich monatelang nur mit Schlafmitteln über Wasser gehalten hatte. An Robert Michels schreibt er am 4. Februar 1908,[14] er müsse schleunigst an die Riviera, in die Sonne und es werde reichlich 5–6 Wochen brauchen, bis er menschlich werde. „Man liegt im Sand u. brät tüchtig"[15] und wälzt sich im Mondschein im warmen Sande am Meer herum (195). Das macht Weber noch lange nicht zu einem Strandtouristen heutigen Typs. Schon 1895 hatte er aus Irland an seinen Vetter Fritz Baumgarten geschrieben: „Ohne Arbeit zu existieren ist uns doch – und das ist doch auch gut – nur kurze Zeit möglich. Ich werde künftig ‚Erholungsreisen' nicht mehr machen, sondern nur so, daß ich meine Arbeiten damit verbinde resp. umgekehrt."[16] Vom Dampfer, auf der Rückfahrt von Amerika, bilanziert er, die Reise sei „in unsrer jetzigen Lage" (d.h. finanziellen Lage) nur unter dem Gesichtspunkt der Erweiterung des wissenschaftlichen Horizonts („*und* dem gesundheitlichen") zu rechtfertigen (148).

In Europa ist es möglich – trotz der stierdämlichen Postonkels in Irland[17] und der spanischen „Postschweinebande" (93) –, ständig mit der Heimat in Verbindung zu bleiben, sowie Reisen und Arbeit zu verbinden: Korrekturbogen erhält Weber 1897 in Spanien, an der Riviera 1908 und auch anderswo. Auch auf den Reisen, auf denen Weber ständig unterwegs ist, bricht der Briefverkehr mit Familie und Verlag nie ab: er weiß immer, wenige Tage im Voraus, wohin er Briefe oder auch Geld postlagernd bestellen kann.

Die im letzten Kapitel abgedruckten Briefe aus Südfrankreich, Italien und von den letzten Reisen 1913 und 1914 vor Ausbruch des Ersten Weltkriegs nach Ascona („ein richtiges dreckiges Italienernestchen") (200) sind keine anthropologisch-soziologischen Reisedarstellungen wie die der früheren großen Reisen. Sie zeigen uns Weber als kunsthistorisch und landschaftlich interessierten Touristen, als völlig Erschöpften, der sich durch Fasten und Entgiften – von seinem Überkonsum an Schlafmitteln und anderen Medikamenten in seinen hektischen Arbeitsphasen – wieder ins Lot bringen will, als Ruhesuchenden, der des Autoverkehrs wegen von der Riviera nach Le Lavandou flüchtet, und auch als imaginären Gelegenheitsspieler im Casino von Monte Carlo. Weber, der bei früheren Erholungsaufenthalten „zu viel mit den ‚Genossen'" schwatzte,[18] tritt nun als Eigenbrötler auf, der in seiner Erschöpfung froh darüber ist, dass an der gemeinsamen Tafel im Hotel kein Mensch sich um den anderen kümmert, und der resigniert-befriedigt feststellt, dass er „seit 5 Wochen täglich vielleicht nicht mehr als 4–5 Sätze mit Kellner oder Kutscher *geredet*" habe.[19]

Nicht alle Reisen Max Webers sind durch Briefe oder andere Zeugnisse dokumentiert. Kaum etwas wissen wir von einer Parisreise des Ehepaars im Herbst 1911, und von einer frühen Reise an den Comer See und den Lago Maggiore erfahren wir durch einen Brief aus Killarney (49), in dem Max die dem Golfstrom zu verdankende wundervolle üppige Vegetation an der Südspitze Irlands mit der des Gartens der Villa Carlotta vergleicht. Ähnliche Pflanzenpracht, „deren Kosten keine Phantasie sich ausmalen kann" hatte er kurz zuvor schon auf den Hebriden bestaunt: „als Professor fühlte man sich in seiner Tagelöhner-Existenz, und als Sozialpolitiker taxierte man den Besitzer als reif für den Dynamit" (40).

Der heutige Leser kann nur bedauern, dass Weber seine Sizilienreise im Herbst 1906 *gemeinsam* mit Marianne und Helene Weber unternommen hat. Denn ihnen hätte er sonst wohl lange Briefe geschrieben. Mariannes Sizilien-Bilanz lautete: „Nein, die nordischen Menschen, die fast immer *wollen* und sollen, fänden hier keine Heimat."[20] Max war von den unauslöschlichen Bildern und großen Eindrücken „stumm".[21] Dass er Sizilien mit der gleichen Wissbegier erkundete wie früher Schottland oder Spanien, konnten die Mitglieder des Vereins für Sozialpolitik aus seinem Diskussionsbeitrag zu „Verfassung und Verwaltungsorganisation der Städte" auf der Generalversammlung in Magdeburg 1907 erfahren, als er ihnen ungemein plastisch die Stadt Catania als ein klassisches Beispiel der Herrschaft der Sozialdemokraten und des Gemeindemerkantilismus vorführte.[22] Was er auf Sizilien gesehen hatte, fand dann noch, wenige Jahre später, Eingang in den Band „Gemeinschaften" von *Wirtschaft und Gesellschaft.*[23]

Keiner der hier abgedruckten Briefe war für eine weitere Öffentlichkeit bestimmt als die Familie, und von der konnte man sie zurückerbitten, denn die Aufzeichnungen waren oft schon im Hinblick auf spätere Vorträge gemacht.[24] Die Reisebriefe dienten dazu, so Weber 1897, „dem objektiven Durcharbeiten alles Erlebten gewachsen zu werden" (86) und sich von der Vielseitigkeit der Eindrücke Rechenschaft zu geben. Uns vermitteln sie heute ein Bild von Webers Persönlichkeit und von seinem Blick auf die soziale

Wirklichkeit, welches in bemerkenswertem Kontrast zum Weber unserer soziologischen Handbücher steht.

Lektürehinweise

Bruhns, Hinnerk, Max Weber professeur, Max Weber voyageur, in: SocietàMutamentoPolitica. Rivista Italiana di Sociologia, vol. 8, n. 15, 2017, S. 481–496.

Lepsius, M. Rainer, „Max Weber in Italien" und „Max Webers Reise in die USA", in: ders., Max Weber und seine Kreise. Essays. – Tübingen: Mohr Siebeck 2016, S. 117–126 und S. 127–140.

Offe, Claus, Selbstbetrachtung aus der Ferne. Tocqueville, Weber und Adorno in den Vereinigten Staaten. Adorno-Vorlesungen 2003. – Frankfurt am Main: Suhrkamp 2004.

Oßwald-Bargende, Sybille, Unterwegs – Max Weber in Italien, in: Akademie Aktuell. Zeitschrift der Bayerischen Akademie der Wissenschaften, 01/2004, S. 24–27.

Roth, Guenther, Max Webers deutsch-englische Familiengeschichte 1800–1950 mit Briefen und Dokumenten. – Tübingen: J. C. B. Mohr (Paul Siebeck) 2001.

Scaff, Lawrence A., Max Weber in America. – Princeton, Oxford: Princeton University Press 2011, deutsche Übersetzung Berlin: Duncker & Humblot 2013.

* Die Seitenzahlen in Klammern beziehen sich auf diesen Band.

1 Brief an Alfred Weber vom 16. März 1904, in: MWG II/4, S. 204.

2 Brief an Georg Jellinek vom 24. Sept. 1904 aus St. Louis, in: MWG II/4, S. 302.

3 Weber, Marianne, Max Weber. Ein Lebensbild [1926]. Mit einer Einleitung von Günther Roth. – München: Piper 1989, S. 218.

4 Karte an Marianne Weber vom 28. Aug. 1903 aus Domburg (Niederlande), in: MWG II/4, S. 135.

5 Max Weber, Der Sozialismus (1918), in: MWG I/15, S. 600.

6 Brief an Marianne Weber vom 12. Juni 1903 aus Scheveningen, in: MWG II/4, S. 95.

7 Brief an Helene Weber vom 7. Sept. 1897, in: MWG II/3, S. 420.

8 Brief von Marianne Weber an Helene Weber und Familie vom 12. Okt. 1904, in: MWG II/4, S. 332.

9 Brief von Marianne Weber an Helene Weber und Familie vom 2. Sept. 1904, in: MWG II/4, S. 269.

10 Brief an W. E. B. Du Bois vom 17. Nov. 1904, in: MWG II/4, S. 395.

11 Brief an W.E.B. Du Bois, vor dem 8. Nov. 1904, in: MWG II/4, S. 391 f.
12 Brief an Helene Weber vom 7. Sept. 1897, in: MWG II/3, S. 417.
13 Freud, Sigmund, Unser Herz zeigt nach dem Süden. Reisebriefe 1895–1923, hg. von Christfried Tögel. – Berlin: Aufbau-Verlag 2002.
14 Brief an Robert Michels vom 4. Febr. 1908, in: MWG II/5, S. 433.
15 Brief an Helene Weber vom 22. März 1908, in: MWG II/5, S. 474.
16 Brief an Fritz Baumgarten vom 12. Sept. 1895, in: MWG II/3, S. 146.
17 Brief an Fritz Baumgarten vom 10. Sept. 1895, in: MWG II/3, S. 144.
18 Brief an Marianne Weber vom 26. Aug. 1903, in: MWG II/4, S. 131.
19 Brief an Marianne Weber vom 20. März 1908, in: MWG II/5, S. 466, und an Helene Weber vom 8. April 1908, S. 511.
20 Weber, Marianne, Max Weber. Ein Lebensbild (wie Anm. 3), S. 367.
21 Brief an Helene Weber vom 24. Nov. 1906, in: MWG II/5, S. 182.
22 MWG I/8, S. 304–315, bes. S. 311–313.
23 MWG I/22-1, S. 104.
24 Brief von Marianne Weber an Helene Weber und Familie vom 2. Nov. 1904, in: MWG II/4, S. 369.

Reisebriefe

Erste Reisen

1877–1880

Max Weber 1878

In den Sommerferien unternahm Max Weber sen. alljährlich Wander- und Kulturreisen mit seinen Söhnen, 1877 mit den beiden älteren Max und Alfred, ab 1878 auch mit Karl. Max Weber kam als Ältestem die Pflicht der Reiseberichterstattung an die Mutter Helene zu, die sich mit den jüngeren Geschwistern während der Sommermonate oft in Heidelberg aufhielt. Als 16-Jähriger bestritt Max Weber zum ersten Mal eine Reise alleine, die ihn durch Schlesien nach Prag und über Dresden wieder nach Charlottenburg führte.

Helene Weber

Brief vom 20. Juli 1877, Brocken

Im Brockenhause 20/7.77.
zu versch. Zeiten 3–7 Uhr Nachmittags.

Liebe Mama!

Ich sitze am Tische unseres Zimmerchens im Brockenhause und sehe mir die herrliche Aussicht an, notabene die Aussicht auf die Nebelwolken, mit denen monsieur le Blocksberg sich seit heute Vormittag umpolstert hat. Wir haben uns in Wernigerode einen Führer gemiethet, einen Weber von Profession, und sind dann, angethan mit unserem dicken Zeuge, frisch auf der Landstraße den Bergen entgegengestiefelt. Anfangs ging's im Thale und nur allmählich aufwärts, später kamen wir auf einen Fußpfad, der uns in den Fichtenwald u. zwischen Felsengerölle im Thale der Holzemme, eines kl. Flüßchens, aufwärts führte. Wir gelangten in die steinerne Renne, ein schönes, schmales Felsenthal, welches die Holzemme in vielen Kaskaden u. Wasserfällen durchströmt. Es war reizend, so frei von aller Last – denn unser kleines Gepäck trug der Führer – auf dem schmalen Wege immer zwischen Felsblöcken zu marschieren. Im Wirthshause zur Holzemme, das am schönsten Punkt des ganzen Thales liegt, tranken wir uns frische Courage und zogen dann aus dem Thal heraus den Renneckenberg hinan, der in der unmittelbaren Umgebung des Blocksberges liegt. Oben sahen wir den Nebel ziehen und es wurde uns, als wir in denselben hineinkamen und die Feuchtigkeit spürten, anfangs doch eklich kühl. Aber die Feuchtigkeit nahm zu und es fing an zu regnen. Das war uns nun notabene auf der *ganzen Reise* noch nicht passirt. Aber wir dachten, daß der Brocken eben der „lange Herr Philister“ sein und bleiben werde und daß ein bischen Regen zu einer Gebirgspartie gehöre.

Wir zogen jetzt auf sehr steilen Fußpfaden den Berg hinauf. Aber der Regen hörte nicht auf, sondern wurde fortwährend stärker, ja, als wir auf den breiten Fahrweg kamen, war er so stark, daß wir unsere Palletöters anzogen u. daß auch diese zuletzt ganz schwarz vor Nässe wurden. Wir zogen uns jetzt ungefähr ½ St. auf dem Kamm des Renneckenberges gegen den Brocken allmählich aufwärts hin, während der Regen in Strömen darniederfloß und der Nebel immer stärker wurde. Dann kamen wir auf einen schmalen Fußpfad, der steil in die Höhe ging u. uns schnell auf die Kuppe des Brockens führte. Da aber wurde der Platzregen und die Nässe geradezu unerträglich, der Nebel so dicht, daß man mit Mühe seinen eigenen cadaver sah und dazu war es eisig kalt und der Wind blies schneidend durch die Äste der kleinen, krüppelhaften Bäume. Wir waren alle bis durch die Haut *mistnaß*; da endlich tauchte ganz dicht vor uns das Brockenhaus aus dem Nebelmeere auf und wir nahmen „de Beene unnern Arm“ und rannten hinein „ins Vergnügen“. Damit war aber die Historia noch nicht zu Ende. Nämlich, als wir in die Wirthsstube traten, da wurde dem Papa urplötzlich die Ursache des abscheulichen Wetters sonnenklar, denn eine uns allen wohlbekannte Gestalt schoß auf ihn zu, gab ihm einen Kuß auf die Backe und drückte ihm die Hand. Es war jemand, der bisher fast immer schlechtes Wetter mitgebracht hat und den man Tante Marie Baumgarten zu nennen pflegt. Sie war von Harzburg aus heraufgefahren und das schlechte Wetter war ihr natürlich auf dem Fuße gefolgt. Sie sah *sehr* wohl aus. Sie ist in Harzburg zu Besuch bei ihrer Freundin, der Stadträthin Seele u. wollte gleich wieder hinunterfahren. Wir glaubten, wenn sie fort sei, würde sich das Wetter bessern und richtig! – kaum war sie fort, als der Regen aufhörte und auch der Nebel sich etwas verdünnte. Aber nebelig ist es immer noch u. von Aussicht noch keine Rede. Es ist aber auch schauderhaft kalt hier in diesem ganz von Holz gebauten Hause. Wir haben uns natürlich andere Hemden und Unterhosen angezogen. Dann gingen wir in die Wirthsstube und tranken Kaffee. Es war nicht geheizt, aber alles Publikum schrie nach Feuer und als endlich der eine Ofen geheizt wurde, rückte alles so nahe als irgend möglich an denselben. Jetzt sind wir wieder hier oben, nur der Alfred ist unten geblieben, weil er sich da besser amüsirte. Eben hat der Papa im Bette gelegen und sich gewärmt, ich will es jetzt auch wieder thun, denn es ist, wie gesagt, ganz unglaublich kalt. Ich sitze hier auf einem Stuhle an unserm einzigen Tische, die Beine umwickelt mit meinem Plumeau; der Papa ist diesen Augenblick hinuntergegangen. Wenn doch nur endlich einmal dieser Nebel aufhören möchte, daß man eine Aussicht bekäme. Es stürmt jetzt auch sehr heftig da draußen. Vorhin hat der Papa bemerkt, daß nur die Außenwände des Brockenhauses alle von Holz, zum Theil sogar von Stein sind, die Inneren dagegen zum Theil nur Tapetenwände. – Eben kommt er wieder herein u. erzählt mir, daß der Alfred sich unten in der Gaststube am Ofen gründlich durchgebraten hat und daß nur *6 ½* Grad Wärme sind. Es ist doch schauerlich. Aber der Papa hat gesagt, er würde Dir heute Abend noch schreiben u. schlimmsten Falls schreiben wir Dir morgen wieder; darum, glaube ich, kann ich schließen: wir wollen jetzt auch zum Abend-Table d'hôte gehen. Heute (Freitag) morgen haben wir uns vom Postamt in Wernigerode Deinen Brief abgeholt. Wir freuen uns sehr, daß es dem Hans Rösing besser geht. Nun Adieu, viele Grüße u. der Kleinen einen Kuß von

Deinem Sohne
Max.

Eben hat der Papa eine Spinne gefunden u. sich darob gefreut, denn Spinne am Abend ist glücklich u. labend.

Helene Weber

Karte vom 24. Juli 1877, Pyrmont

Dienstag 24. Jl. 1877 gg. Abend. Pyrmont. Caffeehaus.

Liebe Mama!

Jetzt sind wir in Pyrmont, was mir doch nicht *so* bekannt vorkommt, als ich dachte. Wir haben eben Couvert gegessen, – superfein, – und sitzen jetzt beide, Papa und ich, hier am Tische in der Vorhalle des Kaffeehauses in der großen Allee einander gegenüber, während der Alfred zu der, Dir wahrscheinlich noch bekannten, Eisenwasserquelle hier in der Nähe gegangen ist, um sich noch ein Glas Wasser geben zu lassen. Vis-à-vis ist das Schauspielhaus und das Kurhaus, von dessen Balkon eben eine brillante Kaffeemusik erschallt. Es gefällt uns hier sehr gut. Die Vorgänge in den vorigen Tagen wird Papa Dir geschrieben haben, – daß die Tante Baumgarten das schlechte Wetter vom Brocken mit sich genommen hat; von dem Bismarck-Denkmal auf dem Burgberge bei Harzburg mit der Aufschrift „*Nach Kanossa gehn wir nicht!!*" und vielleicht auch davon, daß wir uns in Harzburg Kirschen gekauft haben und dicke Knüppels. Ja, da konnte man sagen:

„Fremdling, kommst Du nach Berlin einst, melde, daß Du hier gesehn.

Kirschen essend auf der Straße die Familie Weber gehn."

Doch die Karte ist zu Ende, Adieu, viele Grüße von D. Sohn

Max.

Helene Weber

Brief vom 1., 2. und 3. Juli 1878, Paulinzella und Ilmenau

H. Menger
Bierbrauerei
Paulinzella.
Paulinzella, den 1ten Juli 1878. Abends.

Liebe Mama!

Ich habe Dir zwar erst von Erfurt aus einen Brief versprochen, jedoch Du wirst es nicht übel nehmen, wenn ich Dir schon jetzt, wo wir überflüssig viel Zeit haben, einige Nachricht von uns gebe. Während der Eisenbahnfahrt bemerkte Karl: „Papa, hier muß irgendwo eine Stadt Paris heißen, da steht so was davon am Bahnhof." Nachher, als wir ihm klar machten, wo Paris liege, sagte er: Ich weiß das auch noch nicht, ich habe ja noch keine „Photographie"! (Geographie wollte er sagen). In Kösen ließen wir unsre Sachen auf dem Bahnhof und gingen nach dem Wirthshause „zur Katze". Dort aßen wir zu Mittag. Dabei kam eine grau- u. weiße Katze in die Nähe unseres Tisches: Aha, sagte Karl, da ist ja die „berühmte" Katze, nach der das Wirthshaus genannt ist. Dann fuhren wir mit einer Fähre über das klare Wasser der Saale, um nach der bekannten Rudelsburg zu gehen. Wir trafen unterwegs mit einem jungen Primaner zusammen, der hinter seinen Schulkameraden, welche mit ihrem Direktor eine Landpartie machten, zurückgeblieben war, da er sich verirrt hatte u. den Weg nach der Rudelsburg nicht finden konnte. Wir gingen mit ihm zusammen auf einem zwar sonnigen, aber doch hübschen Wege an dem Kriegerdenkmal der gefallenen Corpsstudenten vorbei auf die alte Rudelsburg. Sie liegt sehr keck und hübsch auf einem Felsenvorsprung nach der Saale zu. Du wirst sie indessen vielleicht kennen, denn wenn ich mich recht erinnere, so sagte mir Papa, daß Ihr auch auf der Rudelsburg gewesen wäret. Jedenfalls giebt es dort oben ausgezeichnetes Bier und guten Kaffee. Die Aussicht über das Saalethal ist zwar nicht besonders ausgedehnt, aber sehr hübsch. Ein waldiger Gipfel nach dem andern taucht auf, man sieht über waldige Höhen und bebaute Thäler mit kleinen Städten u. Dörfern darin. Während wir Kaffee tranken, war Karl plötzlich verschwunden. Wir suchten ihn und fanden ihn in einem Zimmer am Fenster sitzend und ins Thal hinabschauend. Er sagte er sähe nach den Eisenbahnen. Warum konnten denn wohl das die alten Ritter nicht? fragte ihn Papa. Antwort: Weil sie keine Zeit hatten! Von der Rudelsburg gingen wir hinab und kamen auf einen Weg, der neben einem Getreidefeld und einem etwa zwanzig Fuß tiefen schmalen Einschnitt führte. In diesen Einschnitt sprangen wir hinunter u. luden auch Papa ein, hinunter zu kommen, da man dort viel besser gehen könne. Er kam auch wirklich unter allgemeinem Gaudium herunter. Bald aber verengte sich der Einschnitt zu einer engen, steinigen Schlucht, an deren beiden Seiten etwa 20 Fuß hoch steile Felswände sich erhoben. Zuletzt kamen wir auch an eine Querbarrière von Felsen, über die wir aber hinüberkletterten. Durch vieles Klettern kamen wir endlich aus der Schlucht heraus. „Papa, fragte Karl, wie bist Du eigentlich über die Felsen gekommen?" und Alfred sagte: „Nun haben wir aber Papa'n ordentlich in die Klemme geführt gehabt." Wir kamen dann an einen hübschen Platz unter einer großen Linde. An dieser war ein Schild, worauf stand: Der Vogelheerd. Der Stadtrath von Kösen bittet zu entschuldigen, daß er die Bänke vergessen hat. Von da gingen wir zu den Salinen. Als Papa dem Karl diese erklärte und von Soolbädern sprach, sagte er: Ach, na ja, das kenn ich ja schon, das wird ja mit oo geschrieben. Dann gingen wir quer durch die Stadt, auf einem hübschen Wege durch Wald bergauf zur Kaiser-Wilhelms-Burg, die übrigens sehr modern ist. Wir hörten Kirchglocken läuten: Ach, sagte Karl, die dumme Kirche kann doch auch aufhören zu bimmeln; jetzt müßte die Lokomotive denken, der Bahnhof bimmelte u. müßte angesaust kommen. Wir blieben bis gegen ½ 8 auf dem Berge, dann gingen wir wieder nach Kösen hinunter u. auf den Bahnhof, wo, wie wir glaubten, um 8 Uhr 9 Minuten ein Zug gehen würde. Aber Papa hatte sich verlesen und erst um 9 Uhr 13 ging ein Zug nach Naumburg. Solange waren wir damit beschäftigt, uns zu reinigen. Als wir in Naumburg ankamen, blitzte und regnete es überaus stark und wir mußten im Omnibus nach der Stadt fahren.

Dort angekommen legten wir uns sogleich zu Bett. Am andern Morgen früh gingen wir durch die Stadt, welche ein recht alterthümliches Aussehen hat. Wir gingen über den Markt und besahen uns den alten und merkwürdigen Dom mit seinen drei Thürmen u. zwei Chören, wenigstens von außen. Es war Markt u. rund um den Dom herum lagen Töpfe, Kannen und anderes Geschirr zu Haufen aufgeschichtet. Das erinnerte mich doch sehr an Jung Sankt Peter in Straßburg. Wir gingen sodann in einem Halbkreise halb um die Stadt nach dem Bahnhofe, nachdem wir noch einige Kirschen gekauft hatten. Von Naumburg aus fuhren wir das schöne Saalethal aufwärts bis nach Jena. Dort stiegen wir aus. Du wirst die Lage von Jena wohl kennen, wie es so von allen Seiten durch bebaute Berge eingeschlossen ist. Von der Eisenbahn aus schon sieht man nach links zu den Fuchsthurm ragen, während die Stadt rechts liegt. Wir gingen nicht gleich in die Stadt, sondern erst außerhalb derselben bis zu einem früheren Befestigungsthurme, dessen Mauer mit der Brustwehr noch recht gut erhalten ist. Dann gingen wir hinein in die Stadt.

Fortsetzung: Ilmenau, den 2ten Juli, Abends.
Sogleich beim Eintritt in die Stadt sahen wir mehrere Corpskneipen, über denen die betreffenden Fahnen wehten. Dann kam der Denkstein irgend eines Professors, darauf das Haus, in dem Göthe u. die beiden Schlegel einst gewohnt haben. Schließlich kamen wir zu der Krone von all den Burschenschaftsgeschichten, zum Burgkeller. Dort hat ja einst Onkel Hermann Baumgarten gekneipt u. auch jetzt sieht man noch Studentenmützen schimmern und zwei Fahnen von Körperschaften wehen darüber. Auch sah man viele Studenten auf den Straßen und allenthalben waren die Zettel mit dem Namen irgend einer Persönlichkeit, die dort gewohnt hatte. Übrigens sah man sonst nicht viel Menschen, da gerade Gottesdienst war. Jena ist jedenfalls eine sehr hübsche und freundliche, eine echte Studentenstadt, wie Heidelberg. Wir gingen nun von der Stadt stark bergauf auf dem rechten Saaleufer durch theilweise schönen Fichtenwald u. neben fast gefährlichen Abgründen zum Fuchsthurm, dem Überreste einer alten Burg, welche in dem be-

kannten Bruderkriege zerstört ward, wie viele andere. Dieser Fuchsthurm ist eigentlich ganz windschief; er ist in der Mitte bedeutend dicker als oben u. unten, was namentlich bemerklich wird, wenn man die Wendeltreppe hinauf- oder noch mehr, wenn man sie hinuntergeht. Es ist in diesem Thurm, der eine ganz beträchtliche Höhe besitzt nur ein einziges Fenster. Natürlich ist nun die ganze Treppe stockduster und man muß immer erst mit dem Fuß die folgende Stufe suchen, wenn man nicht hinunterfallen will. Der Fuchsthurm steht auf einem kleinen, schmalen Felsen u ist sehr schmal und ungeheuer hoch. Ob er nicht beim Sturm einmal eines schönen Tages umfallen wird, mag dahingestellt bleiben, jedenfalls sieht er nicht sehr fest aus u. hat überall Risse. Die Aussicht ist nicht übel. Nach Verzehrung einiger Knackwürste gingen wir nach Jena herab, wobei es anfing zu regnen. Dieser Regen hörte aber, während wir in der Eisenbahn saßen, auf, und als wir in Schwarza ankamen, war es sehr schönes Wetter. Wir gingen, nachdem wir unser Gepäck per Wagen befördert hatten, direkt auf Schwarzburg los. Die erste ¾ Stunde ist der Weg sonnig, nicht besonders schön, bis Blankenburg. Von da an aber biegt der Weg nach links um und geht in das malerische Thal der Schwarza, immer am Ufer des Flusses entlang. Wir gingen zunächst bis zum Chrysopras, einem Wirthshaus am Wege, wo wir halt machten. Wir verzehrten Brod mit Bratwürsten etc. und gingen weiter im Schwarzathal aufwärts, durch eine der schönsten Gegenden Thüringens. Zu beiden Seiten erheben sich steile, aber doch dicht mit Fichten bewachsene Wände und links strömt die Schwarza wild und dröhnend dahin. Zuweilen machen sich einige Schieferfelsen Platz, hochmüthig u. herausfordernd hineinragend in die schöne Waldluft. Auch Erdbeeren gab es dort in Menge. Nach 3 Stunden kamen wir, es war 8 Uhr Abends, in Schwarzburg an, dessen Aussehen u. hübsche Lage Du wohl kennst. Wir hatten einen sehr schönen Abend und saßen auf dem Balkon des Hôtel zum weißen Hirsch, um in der kühlen Abendluft hinabzuschauen auf die Wiesen mit den Rudeln von Hirschen, hinabzuschauen auf die ruhigen Baumwipfel, auf die brausende Schwarza. Am Morgen standen wir sehr früh auf, da wir viel an uns zu reinigen hatten. Dabei bemerkte Karl, daß Papa auf der Brust behaart sei: „Aber Papa, rief er erstaunt, thun Dir denn die Haare da nicht weh, das sind ja Roßhaare!" Wir gingen bald nach dem Frühstück auf das Schloß und besahen uns die interessante Rüstkammer, dann durchs Thal zum Hôtel zurück. Bepackt machten wir uns auf den Weg zum Trippstein. Dieser Punkt ist Dir ja auch bekannt. Die Aussicht war zwar vollendet schön, aber die Beleuchtung hätte mannigfaltiger sein dürfen. Von da gingen wir, immer scharf bergab, über Bechstädt und Ober-Rottenbach nach Milbitz, wo wir Aufenthalt machten und dann nach dem alten Kloster Paulinzella. Auf dieser ganzen Tour war das Wetter prachtvoll. Die Sonne schien, aber es war doch ein so schöner, frischer Wind, daß es eigentlich niemals recht heiß wurde. Am ganzen Himmel war keine Wolke zu sehen und es war noch früh am Tage, als wir, in dem schon 700 Jahre alten, allerdings zerstörten, Kloster Paulinzella ankamen.

Fortsetzung: den 3ten Juli Morgens: Fortsetzung folgt. Viele Grüße.

Dein Sohn
Max.

Max Weber sen.

Brief vom 21. und 22. Juli 1880, Schneekoppe

Schneekoppe Deutsche Kneipe
Mittwoch den 21 Juli Abends.

Lieber Vater!

Bei dem zweifelhaften Licht einer Kerze und im Takte mit einer niederträchtigen Musik schreibe ich hier, um nachgerade meinem längst gegebenen Versprechen nachzukommen. Ich muß notwendig mit einer Chronologie der letzten Tage beginnen. Aus der Grafschaft habe ich nichts besonderes mehr zu berichten, sie war ein ziemlich billiges Vergnügen und kostete pro Tag 6–6½ Mk. Nach Breslau fuhr ich mit einem uralten langen Bauer, welcher fortwährend ein Stück Zeitung verkehrt in der Hand trug, aber nicht hineinsah und mit einem Schulmeister, welcher vergeblich mit aller Würde versuchte den Bauer zu corrigieren. Eine solche Zeitverkürzung war sehr nötig bei der unausstehlichen Fahrt durch die Ebene. In Breslau trieb ich mich des Abends ziemlich spät in den Straßen umher und schlief erst ziemlich spät, lange nach Mitternacht, ein. Morgens um 6 Uhr, nachdem ich kaum ein par Stunden geschlafen, kam ein Kerl mit Deiner Karte angerückt, nach der ich schon am Abend gefragt hatte nebst einer Tasse Kaffee, nach der ich nicht gefragt hatte. Ich war wütend und schmiß den Kerl, als er die Unverschämtheit hatte ein sofortiges Trinkgeld zu verlangen, zur Tür hinaus, worauf er draußen rumorte, ich aber einschlief. Ich erfuhr nachher, daß in dem Hotel alles katholisch sei und daß die Leute dort immer so früh ausrücken, der Frühmesse wegen. Nachdem ich um 8 Uhr aufgestanden und den inzwischen abgekühlten Kaffee getrunken, machte ich, daß ich aus diesem Katholizismus fort kam. Ich ging an die Oder und hatte einen imposanten Ausblick Oder auf- und abwärts. Dieser sehr gute Eindruck wurde dadurch nicht beeinträchtigt, daß es hier und in der Umgegend unheimlich roch. Ich besah dann das Kriegerdenkmal, ein ganz hübsches, aber etwas schief gewickeltes Institut und ging in den Dom, wo ich den Bischof mit allem Zubehör in voller Tätigkeit fand. Den Rest des Vormittags brachte ich damit zu, in der ganzen Stadt umher meine Stiefeln in möglichst nützlicher Weise abzulaufen. Endlich stieß mir ein Lokal auf, wo ich Mittag essen konnte – in meinem Hotel war es mir zu teuer. Nachher ging ich zu „Pennbruder". Der würdige Herr saß hemdsärmelig beim Mittagessen und machte, als ich eintrat, mit einem Bissen im Halse vergebliche Anstrengungen, durch seine Brille mich zu erkennen. Nachdem er letztere abgenommen, trat die betreffende Erkennungsscene mit nötiger Rührung etc. ein. Wir trieben uns nachher in der Stadt umher und er zeigte mir ganz anständig die verschiedenen Merkwürdigkeiten. Von Kneipen war nicht viel die Rede, da er nicht eben sehr bei Gelde war. Erst gegen Abend trafen wir mit einigen Freunden von ihm zusammen und aßen resp. tranken im „Zeltgarten" zu Abend. Es war ganz gute Musik, plötzlich aber begann ein riesiges Gewitter, worauf fast das ganze Publikum, ohne zu zahlen, fortlief, während die Kellner schmerzbrüllend hinterherliefen und ihre Kunden in den Straßen umher verfolgten; ein Anblick, wie man ihn nicht oft hat. Nachdem das Gewitter sich gelegt, gingen wir nach Hause. Ich schlief die Nacht ganz gut und wachte erst spät auf. Das Hotel war mir aber nachgerade doch zu teuer – man bezahlte alles, was man aß und trank, sofort und hatte nachher doch noch eine barbarische Rechnung – ich nahm demnach ein Anerbieten von Frau Schach (P.'s Wirtin) an, welche mir für 1,5 Mk Mittagessen, Nachtquartier und Frühstück versprach. Am Vormittag ging ich zu Prof. Dilthey, nachdem ich mit einiger Mühe den etwas stupiden Universitätspedell respective -pedellin zu deren Angabe vermocht hatte. Ich traf ihn zu Hause und rückte ihm direkt aufs Studirzimmer, ging aber bald wieder fort, nachdem ich eine Einladung zu Mittag abgelehnt und eine zu Abend angenommen hatte. Ich ging dann ins Rathaus, in den Schmiedeberger Keller, in die Börse, ins Museum. Leider konnte ich die Gemälde und einen Teil der archäologischen Sammlung nicht sehen, da dieselben umgezogen und geschlossen waren. Ich aß dann Mittag bei Frau Schach und pferdebahnte mit meinen verschiedenen Bekannten in die Umgegend hinaus, wo ich mich, glücklicherweise für meine Kasse, von der ziemlich großen Zeche freischob, denn diese Herrn hatten seit einem Monat Kredit und setzten nun alles auf eine einzige Kegelpartie. Gegen Abend war ich bei Diltheys, wurde dessen Frau und Schwiegermutter vorgestellt und fuhr per Dampfschiff mit ihnen gemeinsam nach dem „Oderschlösschen" hinaus. Nach einem nochmaligen Abendessen, wobei viel von Herrn Prof. Mommsen und dessen Schwefelbande von Söhnen die Rede war, fuhren wir zurück. Ich verabschiedete mich, bekam viele Grüße aufgetragen und kam dann mit Hilfe eines Nachtwächters in mein Haus. Ich schlief ganz gut, stand früh auf und ging nach dem Bahnhof, fand aber, daß die nächsten Züge keinen Anschluß hatten und blieb daher bis Mittag in Breslau. Ich besuchte mehrere Kirchen und fuhr um 1 Uhr nach Weckelsdorf, wobei mir in Halbstadt ein Kerl von Zollbeamten meine Tasche total umwühlte, um zu suchen, ob keine Cigarren darin, trotz meines Protestes. Die Weckelsdorfer Felsen wären ganz schön, wenn man nur nicht diese Führer mithaben müßte und außerdem immer in Gesellschaft einiger Czechen gehen müßte, welche in Folge ihres guten Bieres eine ziemliche Corpulenz hatten und ächzten und stöhnten. Die Adersbacher Felsen gefielen mir im Ganzen noch besser, sie sind doch noch eigentümlicher als die ersten. Ein teures Vergnügen ist dieser Besuch jedenfalls.

In Weckelsdorf blieb ich in einer Kneipe fünften Ranges, wo eine Art von Wasserbecken, ein Seidel Wasser und ein zweifelhaftes Bette mit einer Decke von der Größe eines Taschentuchs meinen Hausrat machten, wobei mir noch bedeutet wurde, daß, wenn noch ein Herr kommen sollte, ich mich mit diesem in das Bette teilen müßte, da man doch keinen Herrn zurückschicken könne. Von Adersbach ging ich auf einem erst langweiligen, dann durch ein hübsches waldiges Tal führenden Wege in 5 Stunden nach Trautenau. Von der einst hier geschlagenen Schlacht waren nicht sehr viele Gräber mehr übrig. Ich fuhr dann nach Freiheit und ging nach Johannesbad. In dem ganzen Neste war aber in keiner Kneipe mehr Platz, so daß ich mich schließlich mit Gewalt in irgend einer derselben in die Küche auf einen Strohsack einquartierte. Ich ging den Abend noch zu Herrn Stadtrat Löwe, stellte mich ihm vor und wurde zum Frühstück eingeladen. Er läßt bestens grüßen und war so freundlich mir einen Weg nach dem „Riesengrunde“ zu zeigen. Ich mußte erst ziemlich klettern, lief aber dann auf der anderen Seite des Berges in wilder Jagd herab über Stock und Stein, schlug mit meinem Schädel – der arme Kerl, er brummte noch lange nachher – an mehrere Fichten, was meiner Eile keinen Eintrag that. Schlieslich legte ich mich auf den Rücken und rutschte auf meiner Tasche, wie die Cimbern auf ihren Schilden, hinab, bis ich mit den Beinen in einen Bach fuhr. Nach noch mehreren Stunden Marsch kam ich dann endlich am Fuße der Koppe an. Doch es ist spät und ich will zu Bett, morgen Fortsetzung.

Donnerstag d. 22 Juli Morgens.

Gestern trieb man uns um 11 Uhr in sehr summarischer Weise zu Bette, indem man uns die Kerzen ausblies, ich fahre daher heute fort. Von dem Fuße der Schneekoppe aus, die man an einer Wendung des Tals in ganzer Masse daliegen sah – ein Anblick, wie er wohl selten wieder in Deutschland vorkommt, führte ein steiniger Fußweg in einem Winkel von 30–45° an dem Kegel empor. Man konnte nicht viel über 10 oder 15 Min. stark steigen, ohne stehen zu bleiben und zu verpusten. Auf dem „Koppenplan" angelangt, sah ich mich abermals am Fuße einer anscheinend aus lauter Steintrümmern bestehenden Pyramide, auf welche im Zickzack ein ziemlich guter Weg hinaufführte. Man sah meilenweit über den absolut kahlen Kamm, große und kleine Schneeflächen machten sich in einiger Entfernung bemerklich und es wurde ziemlich kühl. Oben angelangt, hatte ich brillante Aussicht nach allen Seiten, um den gegenüberliegenden Reifträger hatten sich schwarze Wolken gelegt, das Hirschberger Tal war von der Sonne hell beleuchtet. Die Temperatur war noch über 0. Ich aß gut zu Mittag und schlief ½ Stunde. Unterdessen trat starker Westwind ein, welcher den ganzen Koppenkegel in dichte Wolken hüllte, so daß absolut nichts zu sehen war. Um Sonnenuntergang schlug der Wind in einen starken Nordweststurm um, welcher den Nebel zerstreute; in dessen war der Untergang der Sonne nicht ganz klar zu sehen. Es wurde mittlerweile etwas kalt, die Temperatur sank unter 0°. Nach Sonnenuntergang wieder Nebel. Eigentümlich wurde das Bild um ungefähr 9½ Uhr, wo der Wind wieder stark wurde und kegelförmige Risse in der Wolkenschicht hervorbrachte, so daß plötzlich mitten durch den Nebel der Mond in voller Klarheit zu sehen war. Das Schauspiel, was sich so entwickelte, war in seiner Art einzig. Fortwährend zerriß rings um den Berg der Nebel und schloß sich wieder, so daß die einzelnen Bilder fortwährend wechselten. Auch schien eine Art Luftspiegelung stattzufinden. Ich schlief sehr gut und erwachte um Sonnenaufgang, welchen ich von meinem Fenster aus beobachtete. Er war nicht ganz klar, aber glänzend. Der Nebel zerriß von dem starken Morgenwind und zeigte die gesammte schlesische Seite in glänzender Beleuchtung. Die Temperatur hob sich wieder bis auf 3° Wärme. Jetzt (8 Uhr) ist Windstille eingetreten, die böhmische Seite des Berges liegt im Nebel, während nach Osten ziemliche Aussicht ist. Ich breche jetzt gleich nach „Josephinenhütte" auf.

Daß Du nicht kommst, thut mir außer ordentlich leid, ich hatte immer noch darauf gehofft. Sollte meine Kasse noch in ziemlichem

Stande sein, wenn ich nach Hirschberg komme, so denke ich direkt bis Prag zu fahren, denn ich glaube, daß der Weg über Prag nach Dresden nur wenig teurer ist als derjenige über Görlitz, und Prag hat doch noch ein größeres Interesse. Auch empfahl mir dies Herr Stadtrat Löwe eifrigst. Etwaige Nachrichten bitte ich also nach Prag zu schicken, postlagernd; ich bleibe mindestens bis Montag Abend dort. Von Prag fahre ich nach Königstein (sächsische Schweiz) und dann nach Dresden – alles, wenn die Kasse reicht.

Ungarwein etc. wird dieselbe wohl kaum erschöpfen, da ein Seidel davon soviel wie zwei Seidel Bier kostet und weit länger vorhält. Übrigens könnten wir uns, wenn Du Lust hättest, ja auch in Königstein treffen. – Freitag Mittag oder Abend bin ich in Charlottenburg.

Mit besten Grüßen
Dein Sohn
Max

Max Weber sen.

Karte vom 26. Juli 1880, Karlstein

Karlstein. Montag d. 26 Juli 1880. Abends

Nachdem ich gestern Abend noch im Mondschein die unheimlichen Gassen des Prager Judenviertels durchwandert hatte, ging ich in mein resp. Hotel zurück. Im Bette hatte ich erst noch einen *drei*(!)-stündigen Disput mit einem czechischen Juden, über die Dauerhaftigkeit v. Deutschland u. Österreich und über Bismarck (NB. Der Kerl ließ mich gar nicht zu Worte kommen, ich sprach gar nichts, sondern schlief bald ein, während er im Hemde vor meinem Bette stand und mit seinen schwarzen Armen und Beinen fuchtelnd mir zu beweisen suchte, daß der Fabrikarbeiter und nicht der Bauer die Grundlage eines Staates sei, was ich im Bezug auf Deutschland bestritten hatte). Heute früh war ich in der „Altneuschule", der alten Synagoge, und dem „Beth ha chaim", dem „Hause des Todes“, dem jüdischen Friedhofe, dann nochmals auf dem Hradschin, in der Teynkirche, Rathaus etc. Um Mittag fuhr ich hierher, 2 ½ Meilen in der Richtung nach Pilsen, nach Karlstein, jener alten, berühmten Burg Karls IV, die auch wirklich interessanter ist als irgend eine Burg Deutschlands. Heute Nacht nach Königstein. Ich habe noch 15 fl. (!) Wie ich wieder nach Berlin komme, weiß ich nicht. Werde wohl um etwas bitten müssen.

Besten Gruß
Max

ich fragte heute Abend noch nach Nachrichten von Dir

Hochzeitsreise

1893

Max und Marianne Weber um 1893

Nach ihrer Hochzeit am 20. September 1893 reisten Max und Marianne Weber über Dünkirchen nach London. Nach einem anschließenden Besuch der Isle of Wight setzten sie nach Frankreich über, wo sie, standesgemäß, ihre Besichtigungstour noch einige Tage in Paris fortsetzten.

Helene Weber

Brief vom 27. oder 28. September 1893, Paris

Liebe Mutter!
Nur einen kurzen Gruß in Ergänzung unsrer letzten Karte, denn wir sind fortwährend unterwegs. In London blieben wir, da Marianne etwas erkältet war, 2 Tage, Sonntag in Windsor, dann waren wir auf Isle of Wight (Ventnor, Südseite) und von da zur See nach Cherbourg. Die Gegensätze der Nationen zeigten sich dabei. Die Fahrt (Nachts) war stürmisch: ich wurde etwas schwindelig und bekam Vorgefühle der Seekrankheit, Marianne befand sich prachtvoll und büßte *nachher* dafür mit Migräne. Hier logieren wir recht behaglich *Hôtel du Pavillon*, *Rue de L'Echiquier* 36 und denken bis jedenfalls Dienstag zu bleiben. Bald ausführlicher. Es geht uns prachtvoll.

Euer
Max

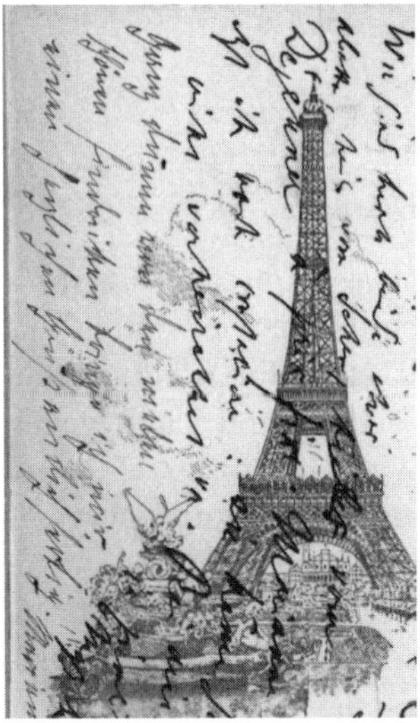

Wir sind heute beide etwas abattu, teils vom Sehen, teils von Dejeuner à prix fixe. Marianne wünscht, daß ich noch constatiere: sie käme sich nicht verheirathet vor. Bei mir ist letzteres in ziemlich starkem Maß der Fall.

Aus dem Postamt des Eiffelturms

L.M.
Ich vergaß beim Schreiben der Karte, daß ich sie nicht ins Ausland schicken kann, deshalb gelangt sie jetzt im Couvert an Euch. Sendungen, die an mich kommen, schicke mir doch bitte, soweit sie nicht offenbar gleichgültig sind. Abends haben wir ja freie Zeit zum Lesen.

Marianne wünscht, daß ich berichte, die bisherigen Ehezwistigkeiten hätten 3 Punkte betroffen. 1) Lawn Tennis 2) daß sie bestimmen sollte, ob wir auch nach Jersey führen und nicht wollte 3) ihre 5 Dutzend Taschentücher, von denen sie 1 stets in ihren verschiedenen Taschen mit sich trägt. Ich habe selbstverständlich alle Feldzüge bisher verloren.

Herzl. Gruß
D.M.

Helene Weber

Brief vom 28. September 1893, Paris

Grand Hôtel Du Pavillon
36, Rue de l'Echiquier, 36
Paris
Paris, le 28/9 1893

Liebe Mutter,

ich schicke anliegende Karte, da Marianne es wünscht, trotz ihres Bierkartencharakters ab. Du siehst ja auch daran, wie wohl es uns geht. Sie hat sich eben, vor der Diner-Zeit, etwas hingelegt, ich bin im Übrigen erstaunt, wie gut sie Alles erträgt und kaum genug bekommen kann. Ich glaube, daß nicht viele Hochzeitsreisepaare so viel in Bewegung auf allen denkbaren Vehikeln (und übrigens auch zu Fuß) gewesen sind als wir. Westminster, British Museum, St Pauls, National Gallery, Tower, die Fleet Street Restaurants etc wurden in London mit Underground, Dampfer, Hansam und Omnibus angelaufen, ohne daß wir doch jemals das Gefühl gehabt hätten uns zu hetzen. Im Charing Cross Hotel waren wir ganz ausgezeichnet, freilich auch horrend teuer, wie sich nachher zeigte, aufgehoben. Prachtvolles Wetter hatten wir sowohl in Richmond, Windsor wie vorher in Ostende und nachher auf der Isle of Wight bei der Fahrt auf der Südküste von Ventnor nach den Needles zu (Black Gang etc). Hier haben wir gestern und heute das Boulevard-Leben, den Louvre, Notre-Dame und die gänzlich verrückte Tour d'Eiffel genossen, Mariannes post festum erschienene Seekrankheit hat sich über Erwarten schnell verloren. In London schwebte ich etwas in Angst, daß aus der Erkältung, die sie sich schon in Oerlinghausen zugezogen hatte und die ein Seebad in Ostende doch wohl gesteigert hatte, Asthma sich entwickeln könnte. Es zeigte sich aber, daß nur Wärme noth that und deshalb gingen wir nicht, wie wir wollten, gleich an die Südküste – es war dort einige Tage äußerst kalt gewesen – sondern frequentierten die geheizten Stuben des Hotels.

Ich denke, daß wir Mittwoch von hier nach Straßburg fahren und werde den Tanten noch schreiben.

Es schellt zur Table d'hôte, ich muß Marianne wecken.

Herzl. Gruß nochmals

Dein
Max

Helene Weber

Brief vom 29. September 1893, Paris

Grand Hôtel Du Pavillon
36, Rue de l'Echiquier, 36
Paris
Paris, le 29/9 1893

Liebe Mutter,

heut Vormittag holten wir Deinen lieben Brief nebst Inhalt von der Post und ich schreibe hauptsächlich, damit Du siehst, daß wir ihn haben. – Die Correctur ist erledigt. – Marianne schläft, nachdem wir erst den Vormittag im Louvre, dann auf Père-la-Chaise gewesen sind, eben etwas, wir husten beide etwas und wenigstens sie ist es Nachts noch nicht gewohnt, daß neben ihr Jemand athmet und hustet. An die verschiedenen Schurken schreibe ich möglichst noch heute, – es regnet stark und man kann nicht viel unternehmen. – Ich denke noch immer, daß wir am 8 oder *jedenfalls* am 9ten (Montag) zurück sind, und hoffe sehr, daß wir Wina noch treffen. [...]

Marianne grüßt herzlichst, ich habe sie veranlaßt heut nicht zu schreiben, sondern zu schlafen, – sie ist doch recht zart, wie sich jetzt zeigt, die Verschleimungen machen ihr viel zu schaffen und mit dem Schlafen nachts ist es auch nicht berühmt, jede Bewegung weckt sie. Das wird wohl die Gewöhnung ändern. Die Betten sind hier auch so schmal à 2 Personen 1,35 Meter.

Ich glaube, wir leben zu gut, in London in Bezug auf Quantität hier in Bezug auf Qualität, – Marianne behauptet zwar, daß ich in der Zeit nach irgend einer Mahlzeit am besten zu haben sei, aber diese Combination von enormem Appetit und noch viel enormerer Kost kann so doch nicht weitergehen, sonst werden wir banquerotte. Hoffentlich ist Sonntag, wo wir in St Denis und Versailles sein wollen, besseres Wetter. Wenn möglich, gehen wir heut Abend ins Theater, sonst morgen. Das Leben hier ist reizend, Abends auf den Boulevards speziell, nur wird Marianne früh müde, – zuweilen ist es doch Abends noch etwas kühl, im Allgemeinen freilich aber eher heiß.

Herzl. Gruß an Papa und Geschwister

Dein

Max

Helene Weber

Brief (Abschrift) vom 2. Oktober 1893

Paris, 2. 10. 93.

Liebe Mutter!

… Deinen hierher berichteten Brief … Weniger der Invalidendom mit der schönen Krypta und dem häßlichen Sarkophag als die gestrige bis 12 Uhr dauernde Vorstellung in der Comédie – eine ganz brillante Aufführung des albernen Ruy blas von Victor Hugo – und heute der Besuch nacheinander des Printemps, des Bon Marché und des Magasin du Louvre, wo soeben die Nouveautées d'hiver eingetroffen waren, und wo bei diesem Wühlen der – buchstäblich – vielen Tausenden von Damen in den wirklich prachtvollen, mit orientalischer Farbenpracht übereinander getürmten Seiden, Sammet und Pelzsachen ihre Wangen ganz gewaltig zu glühen begannen, haben sie etwas müde gemacht. Ich selbst habe in der Tat auch nur entfernt Vergleichbares, sowohl was Käufer als was Kaufobjekte anlangt, nie gesehen und bereue die mehrstündige Drängelei in den Riesenetablissements nicht. Heute Abend die Walküre in der Opera, morgen Abend ein Konversationsstück, dann aber Schluß. Gestern vorher noch – also am ersten Sonntag des Monats – die großen Wasser in Versailles unter Assistenz einer ganz unbeschreiblichen Menschenmenge. Es wird Zeit, daß dem Vergnügen ein Ende gemacht wird, man verlernt ganz den Gedanken an die Arbeit … Von unserer Hochzeit hat uns ja Klara allerliebst erzählt, wofür ich ihr vorläufig durch Dich vielmals danke. – Was das heißen sollte: daß Marianne sich weniger verheiratet fühlte als ich; – nun, sie behauptet es und begründet es damit, daß sie erstens noch keine Pflichten übernommen habe, solange wir reisen, und zweitens hat sie anscheinend der Heirat mit geheimem Grauen entgegengesehen in der Meinung, wie sie behauptet, daß der Bräutigam als Ehemann schleunigst die üblen Seiten seiner schwarzen Seele hervorkehre und bedeutend verändert erscheinen werde – vorerst scheint sie noch angenehm enttäuscht und jedenfalls zufriedener als sie erwartet hatte; – während ich die große Veränderung meiner Lebensumstände sehr deutlich empfinde …

Schottland und Irland

1895

Edinburgh – Max und Marianne Weber hielten sich hier auf ihrer Reise in den Norden Schottlands nur kurz auf.

Reisestationen Schottland und Irland 1895

Im August 1895 traten Max und Marianne Weber ihre erste gemeinsame längere Reise an, die sie über England nach Schottland und Irland führte.

10. Aug.	Von Heidelberg über Basel, Ostende und Dover nach London
11. Aug.	Aufenthalt in London
12. Aug.	Weiterfahrt nach Edinburgh mit der „Northern Railway"
13. Aug.	Weiterfahrt in Richtung der Trossachs bis Aberfoyle
14. Aug.	Besichtigung der Trossachs (Loch Katerine), Fahrt über Stronachlachar und Inversnaid bis Luss am Loch Lomond
15. Aug.	Mit Dampfboot und Bahn nach Oban an der schottischen Westküste
16. Aug.	Von Oban durch den Caledonian Canal nach Inverness
17.–20. Aug.	Per Bahn nach Achnasheen und per Wagen zum Loch Maree
20. Aug.	Über Achnasheen nach Strome Ferry, dem Hafen für die Hebriden
21. Aug.	Mit dem Dampfboot nach Stornoway auf der Insel Lewis
22. Aug.	Von Stornoway in den kleinen Ort Barvas (Westküste von Lewis)
23. Aug.	Abends Rückfahrt von Barvas über Stornoway nach Strome Ferry
24.–27. Aug.	Weiterreise nach Portree auf der Insel Skye, mit Tour zu den „Cuillin Hills" (bei Max Weber: „Cuchullin Hills" oder „Cocolin Hills")
28. Aug.	Rückkehr von Skye nach Oban auf dem Raddampfer R.M.S. Gael
29. Aug.	Ausflug ins südlich des Ben Nevis gelegene Glencoe
30.–31. Aug.	Abreise nach Glasgow und Weiterreise per Dampfboot nach Irland
1. Sept.	Nachts Ankunft in Belfast und Weiterreise nach Dublin
2. Sept.	Bahnfahrt von Dublin zur Westküste Irlands
3.–6. Sept.	Weiterfahrt nach Kilkee und kurzer Badeaufenthalt
6.–10. Sept.	Weiterreise nach Killarney
10. Sept.	Fahrt mit der „coach" nach Glengariff; irische Südküste (Bantry Bay), von dort Beginn der Rückreise über Cork nach Dublin
12. Sept.	Zwischenhalt in Dublin, von dort Dampferfahrt an die Küste von Wales (Holyhead)
13.–15. Sept.	Wochenendaufenthalt an der walisischen Küste
16.–18. Sept.	Über Chester, Liverpool und Oxford nach London
18.–19. Sept.	Rückreise über Straßburg nach Heidelberg

Helene Weber

Brief vom 14. August 1895, Luss am Loch Lomond

Luss am Loch Lomond 14/VIII 95

Liebe Mutter!

Auch von diesem wunderbar schönen Punkt abseits der Hauptstraße, da, wo der Loch Lomond in die Hochlandberge eintritt, einen kurzen Gruß. Von Edinburgh fuhren wir bei strömendem Regen gestern nach Aberfoyle (1 Stunde von Stirling) in der Absicht bis zu The Trossachs am Loch Katrine zu kommen, konnten aber nicht weiter, da keine Coach mehr ging und waren darüber zunächst ent-teuscht, dann aber sehr gut in einem reizenden kleinen schottischen einstöckigen Hotel untergebracht. Gegen Abend machten wir einen Spaziergang an einen der kleinen Lochs. Er fing bei Sonnenschein an – aber wie es hier zu Lande ist: ehe man sichs versieht, jagen ein paar Wolken über die Patina-grünen Bergkuppen daher und dann ist es, als ob Jemand einen Schwamm ausdrückte. Indessen es gehört, wenigstens für mich, jetzt schon mit zur Landschaft, man kümmert sich beim Gehen kaum darum, ob es 5 Minuten regnet oder nicht und erlebt an jedem Tage ja fast regelmäßig die ganze Witterungsscala des seligen Klinkerfues durch. Diese absolute Menschenleere, so weit man geht und sieht, von wenigen Hirtenwohnungen abgesehen, und der prachtvolle Ernst dieser Natur wirken beide zusammen fast ergreifend, so einfach die Mittel und namentlich die Farben sind, mit denen die Landschaft sich schmückt. Eigentlich doch nur zwei Grundfarben: grün und stahlgrau, aber doch unendlich gemischt: braungrün, gelbgrün, blaugrün die Wiesen und die Farrenkräuter, welche die ewig feuchten

Bergfelsen bis zur Kuppe bekleiden, nur von Heide unterbrochen, bräunlichgrau die kleinen Flüsse, die durch die Wiesen wie die Katzen pfeilschnell dahinschleichen, bleigrau die Seen, welche unfähig zu sein scheinen in starke Wellenbewegung zu gerathen, und dazu der wechselnd starke leise Dunstschleier, durch den die Sonne scheint. Das Alles wirkt aber doch nur als Staffage der großen wunderbaren Einsamkeit, welche wirkungsvoll in den Vordergrund des Empfindens zu drängen die Tendenz der Gestaltung der Landschaft zu sein scheint, – schon das Fehlen des Waldes und – mit Ausnahme einiger Teile des Loch Lomond und der Trossachs – beinahe aller nennenswerthen Bäume wirkt dahin. – Es scheint mir, daß man diese Einsamkeit des platten Landes, die ja bis vor die Thore der Städte – z. B. Edinburgh's – reicht hier anders empfindet als in England, wo man auf der ganzen Fahrt von London nach Edinburgh auch nicht ein einziges Bauerndorf sieht, sondern hie und da ein Schloß im Park, in einiger Entfernung Pächterwohnungen und einzelne Wirtschaftsgebäude, von Zeit zu Zeit auch Kirchen aus dem 13. und 14. Jahrhundert, die zwischen einem Dutzend Arbeiterhütten statt wie einst zwischen 50–60 Bauernheimen stehen, ihrer Gemeinde zu groß geworden sind wie der Anzug einem Schwindsüchtigen. Und in England empfindet man, daß hier Hunderttausende von Bauern ihren Platz finden könnten – während Schottland sich nun einmal als zur Rind- und noch mehr Schafweide geschaffen präsentiert. – Heut morgen ging es per Coach über die Berge nach den Trossachs, – dem einzigen nennenswerteren Walde – am Loch Katrine. Es ist wunderlich, wie bleigrau das Laub der Steineichen, zahmen Kastanien, Lärchen und Stachelblattgewächse, welche mit einem Gewirr von wunderlich krüppelhaften Zweigen die Mehrzahl dieser buschigen Niederwaldungen bilden. Es regnete natürlich plötzlich wieder für 15 Minuten kolossal, dann aber, während der Fahrt von Stronachlachar nach dem Loch Lomond und auf diesem, kam die Sonne und am Nachmittag sogar das seltene Schauspiel eines fast ganz blauen Himmels mit vollem Sonnenschein bei der hier üblichen wunderbar behaglich gedämpften feuchten und doch frischen Wärme. Der Loch Lomond hat sich uns auf der Fahrt und nachher bei einem

Spaziergang in seiner ganzen Pracht gezeigt und jetzt sitzen wir wieder in einem kleinen 10-zimmerigen, dabei feinen und unglaublich behaglichen Hotel, im Begriff bald zu Bett zu gehen, um morgen noch einmal den See zu durchfahren und dann nach der Westküste (Oban) abzuschwenken, wo das erste Seebad winkt. –

Die Welt ist übrigens doch auch in Großbritannien ein Dorf; sollte man es glauben, daß wir hier Berliner Bekannte trafen? Auf dem Dampfer auf Loch Katrine bemerkte ich plötzlich an einem Pier unter den sich zum Einsteigen Drängenden mit ihren scharfen englischen Mündern das germanistische Bardengesicht *Gierke*'s und dann die zierliche Tochter und die wie immer etwas schmuddelige Frau. Wir fuhren dann zusammen bis Stronachlachar und weiter zum Loch Lomond, wo sich in Inversnaid unsre Wege trennten. Das Zusammentreffen mit Landsleuten wirkt doch seltsam: sonst sind wir hier schon soweit akklimatisiert, daß wir uns dem allgemeinen Flüsterton anbequemen, thun als sähen wir die Menschen zur Rechten und Linken nicht und nur, wenn gefragt, kurz und sehr höflich antworten, immer etwas weniger von Allem essen, als wir wohl möchten (ich wenigstens) und dabei auch die Schnute so wenig weit wie möglich öffnen, auch selbst bei hörbarem Knurren des Magens mit dem Löffel in der Suppe herumplätschern, als läge uns an dem Fraß nichts. *Kaum* aber waren Deutsche in der Nähe – so erhob sich schon in Stronachlachar beim Warten auf die nachkommende Coach ein solches Gelächter unter uns, daß alles Englische heraneilte die Barbaren zu sehen und ich hörte, wie Jemand auf der Coach „merry Germany" sagte. Und vor dem Abschied in Inversnaid hielten wir einen Lunch, an den die Kellner dort denken werden. Gierke begann ein Fressen, wie im Teutoburger Walde und ich machte nach. Die bestürzten waiters brachten, als stets Alles wieder verschwand, schließlich übermenschliche Quantitäten Roastbeefs, Salmen etc., vermutlich fürchtend, wir würden sonst nach den Menschen schnappen. Zu Dreien umstanden sie unseren Tisch, als aber Gierke, anstatt zwischen „Marmalade" und „Cheese" zu wählen, sich erst die erstere „genehmigte" und dann auf denselben Teller Käse packte, öffnete sich der Mund des Chors und entsetzt starrten sie auf die Trümmer ihrer Habe, offenbar erleichtert, als endlich das Dampfschiff schellte und dem Fressen ein Ziel setzte. Dazu tranken wir – Gierke, der hier alle Temperance Hotels unsicher macht aus Überzeugung, ich aus Wetteifer, zum Erstaunen der Kellner ich weiß nicht wieviel Caraffen Wasser. Kurzum es war ein vaterländisches Fest, aber höchste Zeit, daß wir uns trennten. Jetzt sind wir schon wieder civilisiert und in diesem Zustand grüßt herzlichst

Dein Max

Helene Weber

Brief vom 17. und 18. August 1895, Loch Maree

Hotel am Loch Maree, 17/VIII 95

Liebe Mutter,

an diesem Punkt, dem weitaus schönsten von allen, an die wir bisher kamen, wollen wir den Winterschlaf des morgigen schottischen Sonntags überstehen und vielleicht auch Montag bleiben, dann Dienstag über den kleinen Hafenort Gairloch an der Westküste etwas südlich nach Strome Ferry – grade östlich von Skye – um von da mit dem Mail Steamer nach Stornoway auf Lewis, der nördlichsten der Hebriden zu fahren. Von dort gehen wir Donnerstag nach *Barvas* an der Nordwestküste der gleichen Insel, wo wir wahrscheinlich mindestens 8, vielleicht 14 Tage bleiben. Es sind dort Seebäder von der ganzen Stärke des Atlantischen und nordischen Ozeans und zugleich, wie wir hörten, ist es sehr billig und von Touristen sehr wenig besucht, dagegen sind Hotels – freilich Temperance – dort. Gefällt es uns nicht, so gehen wir nach Skye. Unsre Adresse ist: *Stornoway*, Western Islands, Scotland, poste restante.

Von Luss am Loch Lomond fuhren wir mit dem Dampfer und dann mit der Coach durch eine tiefe Einöde nach einer kleinen Station der Bahn, die uns nach dem westschottischen Badeort Oban brachte. Man müßte eigentlich vorher wissen, daß es auf den nach Schottland führenden und auch den schottischen Bahnen möglich und auch üblich ist, 3ter Klasse zu fahren (es giebt nur „first" und „third", – diese auch auf den größten Schnellzügen –, die zweite Klasse ist seltsamer Weise ganz abgeschafft – ein eigenartiger Ausdruck der scharfen socialen Contraste –). Während die 2te überall schlechter ist als in Deutschland, ist es mit der dritten umgekehrt, und sie hat den Vorzug, daß dort gelegentlich auch Leute hineinkommen, die den Mund aufthun. So war es hier mit einem australischen Quäker, der seine Europa-Tour machte und sich eindringlich nach den Trunkenboldenhaftigkeits-Verhältnissen in Deutschland erkundigte. Unter dem Eindruck dieses Gesprächs gingen wir in Oban, auf Mariannes Wunsch, in ein kleines Temperance Hotel, und finden uns von der Sehnsucht nach diesen Instituten gründlich curiert. Wie die Mehrzahl aller dieser – es gab 7–8 in Oban, war im Parterre eine Kneipe und oben herrschte die Wassersucht, dabei dreckig, von Leuten besetzt, welche die Beine auf die Sophas legen etc. etc. Wir schliefen recht schlecht, was unerfreulich war, da wir am andern Morgen um 5 aufstanden um durch den „Caledonian Channel" quer durch ganz Schottland in 12 ½ Stunden nach Inverness zu fahren. Oban selbst erinnert, in einer großen Bucht malerisch an die Höhen graphiert, an italienische Städte an den nördlichen Seen, störend ist, daß vor der prachtvollen Castle-Ruine ein Zaun gezogen ist, der sich nur gegen Entree öffnet, wie denn hier selbst der Mont blanc von ganz Großbritannien, der Ben Nevis am Caledonian Canal, nicht ohne Entree zu besteigen ist. Wir haben eine Weile oben in der auch hier unmittelbar an das regste Leben sich anschließenden absoluten Einsamkeit der Heide gelegen mit dem Blick auf die Meerinseln. Nach Staffa zu fahren verschoben wir, da Regen aufzog, bis zur Rückfahrt von Norden. – Auf dem Caledonian Canal regnete es zuerst, nachher war der Rückblick auf die Lochs, quer durch die Hälfte des Landes, und die überaus ernsten einfach geschnittenen Berglinien beiderseits sehr schön. In Inverness fand ich Correcturbogen, Briefe nicht, die werden wohl nachkommen. Wir fuhren nach mancherlei Hotel-Ärgernissen, wie man sie eben nur in internationalen Touristen-Centren erlebt, dagegen nie in den nationalen schottischen Land-Hotels, nach Achnasheen auf der Route nach Strome Ferry und dann, zuerst nur mit einigen Jägern, deren Einer Deutsch verstand, dann allein mit Wagen in 3–4 Stunden hierher. – Die Fahrt zeigte die ganze charakteristische Differenz der nördlichen eigentlichen Highlands von Süd- und Mittel-Schottland. Der Charakter der absoluten Einsamkeit steigert sich hier noch bedeutend. Während im Süden eine Art grünes Plaid über die scharfen Kanten der Basaltberge gebreitet zu sein scheint, sind diese hier vielfach so steil, daß die Schnee-Schmelze im Frühjahr wenigstens oben von den Zacken Alles abreißt, was der Sommer vorher an Gras und Heide dort hatte wachsen lassen, massenhafte Steine, oft in wunderlichen Gruppen, bedecken die Abhänge, dazwischen statt der großen, in den Farben einander abwechselnden gelb-, braun- und graugrünen Flächen des Südens hier die bunte Heide, die alle ihr eigenen Farben von violett bis gelbgrün auf jedem kleinsten Fleck zusammendrängt, wo sie sich dann zu dem bräunlich strahlenden Gesammt-Farbeneindruck vermischen. Man kann meilenweit in die „Glens" zwischen den Bergen über solche mit Torfmoor durchzogenen Flächen blicken, die trotz absoluter Eintönigkeit den Eindruck des Wechselvollen ähnlich hervorrufen, wie die See es thut. Nach einer guten Stunde Fahrt mit starkem Anstieg öffnete sich weithin das meilenlange von hohen Basalt-Felsenbergen umgebene Thal des Loch Maree und wir erkannten sofort, daß die ernste Einsamkeit *dieses* Flecks Erde selbst Mariannes Einsamkeitsbedürfnis genügen müsse. Auf mehreren Stunden Fahrt bekamen wir ein aus 8 kleinen Häusern, die zerstreut umherliegen, bestehendes Dorf und eine Unterkunft für Jäger zu Gesicht, im Übrigen hat man die Empfindung, auf weite Meilen im Umkreise fast keinen Menschen zu wissen. Die auf dem Basalt am See angelegte schmale Straße dröhnt unter dem Wagen in eigentümlicher Art, – in Folge der Risse, die das Wasser in das Gestein unter ihr gesprengt hat, vermutlich, – wie fernes Glockengeläute. Eigentümlich ist der Effekt, den die Nachmittags- und Abendsonne hervorbringt. Durch den Schleier von dünnem Dunst, der die ganze Landschaft von unten bis oben stets mehr oder weniger spürbar einschließt, erhalten ihre Strahlen etwas fahles, zuweilen fast grünliches, nur beim Untergang etwas in Rosa übergehendes und eigentümlich erbleichen die feuchten Felskanten der Berge da, wo sie von ihnen erreicht werden. In diese völlige Felseinöde findet sich dann plötzlich in einer Einsenkung am See, mit einer kleinen Parkanlage auf einer grünen Wiesenmatte das reizende Loch Maree Hotel gelagert. An einen kleinen Mittelbau von Bruchsteinen reiht sich in einem einstöckigen Holzbau eine Serie von höchst behaglichen Cabinetten, die sich alle auf einen grünen Rasenhof öffnen, und in deren einer wir campieren. Diese discrete Cultur mitten in der fast völligen Wildniß, wie wir sie nun schon zum dritten Mal finden, ist eigentlich das Anziehendste in Schottland. Sie erklärt sich offenbar daraus, daß während bei uns die Gasthöfe teils aus Stadt- und Dorfkrügen teils aus Kaufmannsherbergen emporwuchsen und schließlich den üblichen internationalen „Cultur"-Anstrich erhielten, hier die Jagdsitze der Landlords dazu wurden. Während sie in Deutschland *emporwuchsen*, das sie besuchende Publikum sich allmälig verfeinerte, war es hier die höchststehende Gesellschaftsschicht zuerst, die darin unterkam, und erst allmälig verbreiterte sich der Kreis der Besucher nach unten. Noch jetzt notieren die englischen Reisebücher bei all diesen Hotels, welchem Duke, Earl etc. sie gehören. Die Landlords legen die Hotels an und verpachten sie, ihnen gehören die Dampfschiff-Piers, die sie verpachten, sie verpachten die Dampfschiffahrt auf den Lochs in Nord-Schottland, für sie ist das Jagdgebiet eingehegt – so hier gegenüber für den Earl of Ross ein meilenweiter Deer-„Forest", dem zum Forst im deutschen Sinn nur die *Bäume* fehlen. – Die Gesellschaft – 14–16 Personen (ca 20–25 faßt das Hotel) – ist außer einer mit Diamanten bedeckten Whiskey saufenden Dame äußerst gewählt, man ist dringend veranlaßt sich äußerst anständig zu benehmen. Dabei ist aber das Dinner keineswegs steif, die Unterhaltung lief ganz flott (d. h. nicht mit uns, die man als unbekannte Tiergattung bei Seite läßt) und der am Tisch präsidierende alte Hotelpächter – d. h. ich halte ihn dafür – ist ein sehr behaglicher Mann von überaus guten Manieren und leidenschaftlicher Jäger. Ich habe die beiden letzten Seiten Sonntag früh geschrieben, wo man dem lieben Gott zu Ehren bis 10 Uhr auf das Breakfast warten muß. Jetzt ist es ¾9 und mein Magen knurrt gewaltig. Marianne war so klug, wie die übrige Gesellschaft noch im Bett zu bleiben. Es herrscht eine Totenstille im Haus und umher.

Herzlichen Gruß, auch von Marianne aus dem Bett

Dein Max

Helene Weber

Brief (Abschrift) vom 22. August 1895, Stornoway, Hebriden

Lewis Hôtel
Stornoway Hebriden
22. VIII 95

Liebe Mutter!

Wie Du siehst sind wir nun in einer Gegend angelangt, deren Nordwestlichkeit allen billigen Ansprüchen genügt und in der That nur durch eine Reise nach Irland noch übertrumpft werden könnte, zu der, glaube ich, Marianne an sich nicht übel Lust haben würde. Heut Nachmittag wollen wir an die Westküste, uns nach einem passenden Seebadeort umzusehen. Dort wollen wir dann mindestens 8–10 Tage bleiben, wenn wir etwas passendes finden, andernfalls nach Skye gehen.

Im Loch Maree Hotel war es die Tage von Sonnabend Abend bis Dienstag früh, die wir dort blieben, ganz allerliebst, schließlich kamen wir noch mit den zurückhaltenden, aber gar nicht steifen Gästen in ganz angenehme Unterhaltung, zumal nachdem sich Einer als Bruder einer uns bekannten Predigers-Wittwe in Freiburg entpuppt hatte. Übel erging es nur zeitweise unsern Mägen. Diese englische Kost ist doch ein ziemlich uncultivierter Fraß mit einem äußeren Anstrich von Cultur. Die Suppen eine Sudelei, die Gemüse als wären sie zufällig ins Wasser gepurzelt und aufgefischt, die Pickles und scharfen Sachen, von denen ein Franzose die Maulsperre bekommen muß, und die ewige tägliche Trilogie: Roast Beef, Roast Mutton, Roast Chicken, nebst Puddings, die für mich meist unerträglich sind, so gut sie theoretisch sein mögen. Dabei die absolute Gebundenheit an die festen Stunden, schon durch den absoluten Mangel *jeglicher* Wirtshäuser, und das zum Jammern erbärmliche Bier! Schon daß man morgens mit zweierlei Fisch und dem unumgänglichen Ham and Eggs anfängt und so in den ahnungslosen Magen ein Pfund Fleisch abläd, ist für uns eigentlich eine Unmöglichkeit, – kurz, ich war einen Tag lang ganz krank und kurierte mich nur durch anhaltendes „Porridge"-Essen (dicken Haferbrei, den die Menschheit hier noch außer! ihrem Fleische in sich stopft). – Dienstag ging es mit der Post nach Achnasheen zurück – *Gairloch* ließen wir bei Seite liegen, die etwaigen Briefe dorthin habe ich hierher bestellt, doch geht von dort nur 1 Dampfer wöchentlich hierher – und abends nach Strome-ferry, dem Hafen für Skye und die Hebriden. Der Ort liegt ganz ausnehmend schön und zumal die Ausfahrt war mit das Prachtvollste, was wir bisher sahen: zwischen einem Gewimmel felsiger Inseln durch, flankiert weiterhin durch die Felsenküste West-Schottlands, über der sich, je weiter man sich entfernte, immer höhere Kuppen auftürmten, und auf der andern Seite die fast unglaublichen Bergformen der Insel Skye und der davor und daneben liegenden Inseln sich durcheinander und durch die Wolken schiebend. Die See war fast völlig ruhig und ½ Stunde nach Ende der Dämmerung – die hier noch bis 9 Uhr dauert, bis dahin konnte man lesen – kamen wir in Stornoway an. Die Ankunft des Post-Dampfers ist das einzige Ereigniß dieses einzigen Städtchens der Insel Lewis und die ganze Stadt drängt sich dann am Hafen; nur mühsam kamen wir in unser Hotel. Der Unterschied gegen England und Schottland ist bedeutend, wennschon die Wellen der Cultur auch bis hierher gelangt sind. Touristen, Badepublikum und dgl. findet man hier kaum, das Hotelbuch verzeichnet fast nur Kaufleute aus Glasgow, Aberdeen, vereinzelt Kopenhagen, Hamburg, auch Stettin. Das ganze Nest riecht intensiv nach leeren Heringstonnen, es lebt nur von Hering, das ganze Ufer liegt voll Kähne und Netze. – An der andern Seite der Bucht, dem Städtchen gegenüber, liegt das Castle der Eigentümer der Insel, in dessen Park wir vorhin einen 1½ stündigen Spaziergang machten, ohne nach irgend einer Richtung das Ende zu finden. Etwas diesem Park an Üppigkeit

Ähnliches erinnere ich mich nur etwa in der Villa Carlotta und ähnlichen am Comer See oder am Lago Maggiore gelegenen Anwesen gesehen zu haben. Man möchte seinen Augen nicht trauen, wenn man hier viertelstundenlang zwischen 3 Meter hohen Rhododendron- und Laurus-Hecken geht und zwischen Fichten, Lärchen und Steineichen die immergrünen südlichen Bäume findet, dabei Lorbeerbäume hochstämmig und Fuchsien als hohe Sträucher gezüchtet. Unglaublich wunderlich nimmt es sich aus, wenn aus einer Fläche von rothbrauner Heide auf grauem Felsboden plötzlich ein Rhododendronbusch emporwächst. Die ganze, mitten in völlige Heide-Einöde hineingesetzte Anlage, deren Kosten keine Phantasie sich ausmalen kann, ist eine gärtnerische Leistung, wie man sie schlechterdings nicht für möglich halten sollte, und ihre Unterhaltung, mit zahllosen Glashäusern, Palmenhaus etc. etc. muß eine Legion von Händen beschäftigen. Alles in Allem: als Professor fühlte man sich in seiner Tagelöhner-Existenz, und als Sozialpolitiker taxierte man den Besitzer als reif für den Dynamit. – Nun bin ich nur gespannt, was wir heute in Barvas erleben. Es gibt dort, so viel ich sehe, nur ein – und zwar ein Temperance! – Hotel, die Seebäder sollen, was glaublich ist, außerordentlich kräftig sein. Außer Druidensteinen, zahllosen uralten Cyklopenbauten, Heide, Moor, zahllosen Lochs und Felsen bietet die etwa 3 deutsche Meilen breite Insel nichts. Aber was Heideschönheit ist, kann man eben doch nur in den Highlands und hier kennen lernen. Die Bevölkerung, ein rothaariger Kelten-Rest, ist nichts weniger als schön, und ihre Sauberkeit läßt, scheint es, unter dem Einfluß des Whiskey, dessen Dunst in den Orten dem Heringsgestank Concurrenz macht, zu wünschen übrig. Es wäre nicht übel, wenn wir es recht hübsch anträfen, so daß wir dort bleiben könnten.

Nun haben wir schon mehr als 1 ½ Wochen *hier* von Euch nichts gehört, hoffentlich bringt einer der nächsten Tage gute Nachrichten.

Herzliche Grüße
Dein Max.

Helene Weber

Brief vom 28. August 1895, auf der Fahrt von Portree nach Oban

Glasgow and
Highland Royal
Mail Steamers
The Royal Route
R.M.S.
„Gael" auf der Fahrt von Portree nach Oban 28. VIII. *1895*

Liebe Mutter!

Jetzt sind wir wieder auf der Fahrt von Skye nach Süden und da das Wetter schlecht ist will ich die Zeit benutzen Dir zu schreiben.

Der Gegensatz der Culturzustände auf den Hebriden und Skye war drastisch genug. In Barvas auf Lewis hing in unsrem Zimmerchen als Merkwürdigkeit das wohlgelungene Bildniß einer *Lokomotive*, es leben dort noch 2 alte Weiberchen, die Steingutgeschirr mit der *Hand* drehen, wir sahen solches: wunderlich primitive Formen, auf welche dann unvermittelt moderne Theekannen- und -Tassen-Motive gepfropft sind. Selbst in Stornoway hatte der Wirth noch nie eine 10£-Banknote der Bank von England gesehen, er hielt sie für einen Check und verlangte das Indossament. In Skye ist durchgebildete Fremden- und Hotelcultur. Wir blieben zunächst den schauerlich öden Sonntag in Portree, – glücklicherweise regnete es. – Montag und Dienstag machten wir dann ein paar Bergtouren im Nord und Süd der Insel. Trotzdem es sich nur um Berge von 2000–3000 Fuß und wenig darüber handelt und trotz der lauen Luft haben die Bergpartien selbst durchaus alpinen Charakter, auch die Blicke hinab auf die Lochs und die See erinnern im Gesammteindruck durchaus an den Rigi und Pilatus. Nur fehlen die Schneeberge, dafür öffnet sich zwischen den teils glockenförmigen, teils zackigen Gipfeln der „Ben's" und „Sguirr's" der Blick auf die gleichfalls scheinbar berghoch zum Horizont ansteigende Fläche des Ozeans. Die geringere Höhe wird dadurch ausgeglichen, daß die Berge eben direkt vom Meere aus aufsteigen. –

Am ersten Tage waren wir im äußersten Norden der Insel in der merkwürdigen Klippenregion des „Quiraing“. Man fährt zuerst 2 Stunden bis zu einem kleinen Hotel, wo man luncht – wir fuhren, da das Wetter unfreundlich war, allein auf dem kleinen Wagen. Dann abermals 1½–2 Stunden, dann wird man von einem Bergführer in Cur genommen. Es ging zunächst einen richtigen Alpenpfad an einer teils steinigen, teils grasbewachsenen Halde, deren Abhang direkt ziemlich steil 1000 Fuß hinabreicht bis in das Thal, das man unter sich sieht, entlang. Dann geht es einen Pfad bergan, den man zum Teil auf allen Vieren kriecht, bis zu einem Gewirr von Klippen, den „Needles“ und wie sie alle heißen, in deren Mitte ein kleiner grasbewachsener Raum ist, von dem aus man zwischen den direkt aus dem Meer 1600–2000 Fuß hoch ansteigenden spitzen zerklüfteten Felsen in die See sieht. Einige Damen, die mit einem Herrn von anderswoher gekommen waren, blieben zurück und ich muß sagen, daß ich jeden Augenblick glaubte, meine Gattin kopfüber in die Tiefe sausen zu sehen – aber siehe da, Mariannchen entpuppte sich als eine vortreffliche Bergsteigerin, namentlich was das Klettern anbetrifft. Da das Wetter mangelhaft war, so fand ich die letzte Kletterpartie nicht ganz lohnend, die Szenerie oben ist mehr interessant als schön, der Weg an der Berghalde entlang dagegen mit dem weiten Blick über die Küste und das Meer hinaus ist prachtvoll.

Ebenso interessant und zugleich weitaus schöner war die Tour am zweiten Tage nach dem Süden der Insel, zu den „Cuchullin Hills“, Loch Coruisk und Loch Scavaig über Sligachan, zuerst zu Wagen, dann mehrere Stunden per Pony und schließlich zu Fuß auf steilem Alpenpfad. Zuerst regnete es, wie fast jeden Tag in Skye, und ich war einigermaßen wütend über diese ewige Douche; aber man darf sich hier durch Regen nicht von einer Tour abhalten und durch Sonne nicht dazu encouragieren lassen. Es wurde nachher prachtvolles, d.h. ganz zur Landschaft passendes Wetter: zwischen den Wolken, die um die zackigen Bergkronen sausten, brach immer wieder die Sonne durch, von Zeit zu Zeit senkte sich ein fein gewebter weißer Schleier von den schwarzen Klippen herab in das Glen, kam auf uns zu und entpuppte sich als ein kurzer Regenschauer, als ob eine Gießkanne ausgegossen würde. Der Weg vom Sligachan Hotel in die Berge – die sog. „Cuchullin Hills" oder „Cocolin Hills" hinein, ist schlechterdings heillos, ich habe einen so rauhen „Pfad" – durch reißende Bäche, fußtiefe Moore, Geröll, schlüpfrige Wiesen, schneidend scharfe und glatte Felsen auf- und absteigend – kaum je gesehen. Man würde ihn für Menschen fast ungangbar nennen: daß aber die *Pferde* ihn machten, werde ich nie begreifen. Ich saß auf einem stämmigen kleinen Pony, mit den Beinen fast auf die Erde reichend, wie der Erzvater Jakob, Marianne seelenvergnügt auf einem hochbeinigen Viech, dazu ein Führer, so ging es los, wie die heilige Familie auf der Flucht nach Ägypten. Die Pferde waren bald knietief im Wasser, durch mehrere Meter breite Bäche mit felsigem und Geröllboden watend bald quatschten sie im Moor, bald rutschten die Geröllmassen unter ihnen, bald kletterten sie scheinbar fast senkrecht empor, um dann wieder ebenso abzusteigen, man hielt es zunächst nicht für möglich, daß sie nicht bei jedem Schritt ein Bein zwischen den Steinen ließen, fühlte sich aber bald ganz sicher. Freilich ist von meinen Reitkünsten nicht viel geblieben und wenn „Charlie" an ebenen Stellen sich in einen Zuckeltrab setzte, mußte ich öfter vom „Majorszügel" Gebrauch machen. Auch sind mir einige Körpergegenden derart massiert und ramponiert, daß ich noch jetzt gern weich sitze – Marianne zeigte sich darin besser ausgestattet. Es ist fabelhaft, wie gut ihr die Reise bekommt: auf ihre knall-rothen Backen (und dito Nase) gehen alle Bullen sofort los, sie ist dicker geworden, ohne Migräne, ißt das Doppelte von mir und schläft wie ein Murmeltier 10 Stunden lang – das Ganze ist ein unendlicher Unterschied gegen die Hochzeitsreise mit ihrer nervösen Hast, ein solches Gefühl von Entlastung nach jeder Hinsicht haben wir bisher noch niemals gekannt.

Von der Höhe der „Cuchullins" sieht man durch ein wildes Felsenthal, den „Loch Coruisk", der am entgegengesetzten Ende eine Lücke offen läßt, in die Felsenbucht des „Loch Scavaig" auf die hellbeleuchtete See. Über den Lochs und unsren Köpfen lag eine Wolkenschicht, so daß man die Scenerie darunter her erblickte, als wenn der Vorhang des Theaters sich nicht ganz gehoben hat. Die Felsformen sind zum Teil schier unglaubliche und zwischen diesen zerfetzten Zackengipfeln tauchen dann glockenförmige Kuppen auf, die ganz so aussehen, als ob der quellenartig emporsprudelnde Basalt plötzlich erstarrt wäre. Es war die ganze etwa 10stündige Partie wohl das Lohnendste, was wir bisher an Touren gemacht haben.

Jetzt sind wir seit ½9 Uhr wieder auf dem Schiff um nach Oban zu fahren, wo wir heut Abend ankommen. Ist das Wetter gut, gehen wir morgen nach Iona und Staffa, wenn nicht, lassen wir es bleiben, da manche unserer Partien jedenfalls mindestens von gleicher Eigenart waren wie Staffa sein kann. Dann wollen wir auf einem kleinen Umweg nach Glasgow. Dort werden wir wohl noch Sonntag sein. – Dann aber wollen wir über Dublin oder Londonderry nach dem kleinen Seebad *Kilkee*, unweit Limerick nördlich der Shannon-Mündung und werden dort dann wohl den Rest unserer Zeit und unseres Geldes durchbringen. – Man hätte ja mit einem „Circular-Ticket" die Reiserei billiger gestalten können, aber ich muß doch sagen, daß ich in einem uns noch unbekannten Land die Ungebundenheit in der Route unschätzbar fand und es vorzog, lieber einige Tage früher abzubrechen, wenn das verfügbare Capital zu Ende ging, als an gleichgültige Orte gebunden zu sein.

Freilich hat unser unstätes Herumvagieren die Folge gehabt, daß wir von Euch bisher nichts hörten und von Freiburg nur in Inverness und Stornoway – auf dem Rückweg kamen wir dort um Mitternacht durch, so daß ich keinen Brief abholen konnte. Es wird sich nun wohl Alles in Oban und Glasgow, wohin ich es bestellte, aufgesammelt haben. – Von nun an bitte ich Dich, poste restante *Limerick* (Ireland) zu schreiben. – Am 15. IX. wollen wir wieder in Freiburg sein.

Herzlichen Gruß

Max

Helene Weber

Brief vom 1. September 1895, Belfast

Belfast 1. IX. 95

Liebe Mutter!

Obwohl der Sonntag in Irland wenigstens um so viel weniger streng ist, daß wir nachher einen Zug nach Dublin finden werden, haben diese Völker hier doch alles Schreibpapier während der „Divine Services“ unter Verschluß, so daß ich einige Fetzen Kanzleipapier zu einem Brief an Dich benutzen muß. Mit großer Freude erhielten wir in Oban und dann in Glasgow endlich Briefe von Dir, bisher waren wir ihnen immer durchgebrannt. – Marianne befindet sich, wie Du aus meinem letzten Brief schon gesehen haben wirst, recht gut, weder Migräne noch Asthma etc. hat sich eingestellt, auch keine Erkältung und Übermüdung, und ich glaube, daß es eher ein gutes Zeichen ist, daß sie diesmal im Gegensatz zur Hochzeitsreise etwas zur Seekrankheit neigt, die uns bisher übrigens in der That verschonte. Freilich that uns das Wetter den Gefallen, keine großen Ansprüche an unsre Seefestigkeit zu stellen.

In Oban war das Wetter so zweifelhaft, daß wir auch diesmal die Partie nach Staffa, wo der Dampfer nur bei ruhiger See Passagiere aussetzt, nicht unternahmen. Dagegen machten wir am Donnerstag eine Rundtour nach dem „Glencoe“, dem von Macaulay schön beschriebenen wilden Schauplatz eines berühmten Massacres unter Wilhelm III; – die Massacres und Morde spielen hier, von Edinburgh und Stirling angefangen, eine große Rolle: man sollte bei der Menschenleere des Landes kaum glauben, daß ein so intensives Bedürfnis nach Beseitigung von Mitmenschen bestanden haben könnte, wie dies offenbar der Fall war: bald die Mac Leods durch die Mac Donalds, dann diese durch die Campbells, etc. etc. fressen sich auf, fast allenthalben hat der Tourist die Gelegenheit, sich an den Stellen zu erfreuen, wo dieser oder jener Malcolm etc. ermeuchelt worden ist. – Das Glencoe aber ist freilich nicht nur aus diesem Grunde sehenswerth, sondern in der That von einer Gewalt der Felsenschönheit, wie sie selbst die Berge von Skye nicht zu bieten haben. Der Abschied von den Hochlanden brachte uns so einen eigenartigen Genuß, aber allerdings auch einiges ausgesuchtes Pech. Kaum waren wir unterwegs – man fährt erst mit der Bahn nach Osten, dann per Dampfer auf dem Loch Etive – so begann es zu regnen und zu stürmen. Da man das öfter erlebte und nachher doch Sonnenschein finden kann in Schottland, dachten wir nichts Böses. Auf der Coach, die Einen als dann 6 Stunden lang durch Moor und Steinwüsten schleppt bis Ballachulish am Caledonian Channel, und auf der man, da der Bauch des Gefährts für das Gepäck bestimmt ist, hoch oben als Windfang sitzt, steigerte sich der „mist". Es begann ein stundenlanger Platzregen wie aus Gießkannen. Das steigert in einer Art die Großartigkeit des Schauspiels. Die Wasser, durch keinerlei Wald etc aufgehalten, stürzen mit ungeheurer Wucht über die Klippen und Kuppen der Berge hinab. Lange schon ehe man die Umrisse eines Berges durch den Nebel erkennen konnte, sah man das Silbergeäder der strömend herabstürzenden Gewässer hoch in der Luft. Im Glencoe war ein Wasserreichtum wie angeblich seit 20 Jahren nicht, der sich tobend und brausend durch die Klippen zwängte, die Straße teilweise in einen Strom und alle Wiesenflächen in Seen verwandelte. Mit einem wahren Ingrimm und wie fortgesetzte Peitschenschläge sauste Einem der Regen ins Gesicht, man war wie von zahllosen Ohrfeigen zerbläut nachher und der vor die Augen gehaltene Schirm zerstäubte den Regen nur, ohne gegen ihn zu decken. Trotz aller Einwicklung in Gummidecken blieb kein Faden trocken. In dem wundervollen Ballachulish Hotel kamen wir wie Räuber an, so daß der winzige Hotelköter die ganzen Stunden, die wir da waren, uns unausgesetzt ankläffte. – Die trotzdem schöne Fahrt war so etwas kostspielig: sie kostete einige £, – die wir ausgaben, – meinen Mantel – den der zerfließende Baedeker mit einer kirschrothen Sauce drapierte – Mariannes Wasserkluft – rabenschwarz – und Winterjacke – in bejammernswerten Zustand versetzt – und einen Fuß, – den ich mir auf einer schlechten Dampfschifftreppe umknickte. Aus letzterem Grund war es ganz gut, daß wir Freitag wesentlich nur zu fahren hatten – nach Glasgow – Sonnabend ebenfalls – in

Glasgow ruhen und hierher – und auch heute – nach Dublin. – Der Umstand, daß wir das schöne aber teuere Ballachulish Hotel nicht früher kannten, hat uns einige £. gespart und diese benutzten wir um in Glasgow Marianne, die etwas aschenbrödelhaft aussah, namentlich gegenüber den reizenden Toiletten hier, wieder lecker auszugestalten. Es ist unglaublich wie billig man in Glasgow die wundervollsten mantelartigen Cape's, dick und warm, allerliebst gefüttert und garniert in schottischen Farben, haben kann: für 2–3 Guineen bekommt man wahre Ausstellungsexemplare. Da Marianne auf der Fahrt etc. stets ihr rothes Kleid trägt – also auch das graue nicht verdorben hat, wie sie Dir zu sagen bittet – so sah sie aus diesem Staat heraus zuerst wie ein fideler Borsdorfer Apfel, der in Hummer-Majonnaise gerathen ist, aus. – Damit war dieser Schaden repariert. – Meinen Fuß haben wir in einer elastischen Binde untergebracht und es geht ihm gut. – Der Gegensatz der Glasgower gegen die Hochlandschaft war freilich für die Lunge und Nase nicht erbaulich. Ein so dreckiges Loch haben wir noch kaum gesehen. Bei den schottisch-englischen Städten wirken ja die Straßen ohnehin wenig freundlich. Die Hausfaçaden schmucklos glatt, die obersten Fenster bis dicht an das Dachgesims reichend, das Dach selbst flach und deshalb unsichtbar, dagegen auf allen Brandmauern zinnenartig die zahlreichen runden Schornsteinchen, einen für jeden Kamin im Hause, – aber in Glasgow kommt dazu, daß alles wie angeblakt aussieht, ein- und dieselbe schwarze Rußfarbe hat. Das ganze Nest, von einer äußerlich unscheinbaren, aber innen schönen, bergunter gebauten Kathedrale und dem dahinter bergartig ansteigenden, an Père Lachaise in Paris erinnernden (nur poësieloseren) Friedhof bis zu der prachtvollen Universität, ist in Dunst und Qualm gehüllt, aus dem sich am Clyde die Schiffsmasten, und sonst fast nur die beiden Schornsteine von der Höhe des Münsterturms erheben. Dazu dieser Whiskeydunst am Feierabend – besonders als wir Sonnabend gegen Abend zur Bahn fuhren, torkelte fast jeder zehnte Mensch auf Buchanan- und Argyle-Street, auch Frauen und Jungen, die überdies frech bettelten. Merkwürdig ungastlich sahen von Außen auch die Familienhäuser der – unterhalb der Landlords und Millionäre befindlichen – begüterten bürgerlichen Klassen in Glasgow (übrigens auch in London) aus. Schmucklos und angeblakt wie alle – es macht eben wegen des schmutziggrauen Anstrichs, den die Atmosphäre giebt, freilich wenig Unterschied, ob sie aus Sandstein (wie in Glasgow oft) oder schmutziggrauen Ziegeln erbaut sind: man erkennt das nur bei genauerem Zusehen. Nur die feinen Gardinen lassen das behagliche Interieur vermuthen. –

Aus dem ungastlichen Loch, einem planlosen Hümpel von Fabriken, Geschäftshäusern mit überlebensgroßen Reklamen, und einigen Wohnvierteln wie die meisten britischen Handelsstädte, und damit aus Schottland kamen wir dann gestern hierher. Man fährt zunächst per Bahn zur Küstc, wo hier zwischen den schönen grünen Wiesenmatten die schwarzen Maulwurfshaufen von Kohlengruben und große Etablissements mit ihren Schloten die Landschaft beleben. Dann brachte uns ein kleiner, aber ganz transatlantisch mit festgeschraubten Drehstühlen, elektrischem Licht, Butzenscheiben etc. eingerichteter Dampfer in rasender Eile durch die mondbeschienene See – der erste Mondschein, den wir sahen, auch Sterne sahen wir nur in Barvas – an die irische Küste und nach Mitternacht kamen wir hier an. Es ist etwas weniger sauber in den Hotels, das ist bisher der erste irische Eindruck. Hier ist nicht viel los, Belfast verhält sich zu Dublin wie Glasgow zu Edinburgh. Von Dublin gehen wir morgen gleich nach Limerick und Kilkee, dort bleiben wir, denke ich, ca 8 Tage.

An Bertha schrieb ich, sie solle am 15ten in Freiburg sein.

Clara schönsten Geburtstagsgruß, sie muß auf unser kleines Präsent bis zur Rückkehr warten, sonst kostet es Zoll, man weiß nie wie viel.

Herzlichste Grüße

Max

Helene Weber

Brief vom 7., 8. und 9. September 1895, Killarney

G^{T}. Southern Hotel,
Lakes of Killarney
7th Sept. (Sonnabend) *1895*

Liebe Mutter!

Der Punkt, an dem wir uns hier befinden, verdient den Ruf, *der schönste* der britischen Inseln zu sein, schon nach dem bisherigen ersten kurzen Eindruck. Die kuppenförmigen steilen Berge Schottlands – nur weicher als z.B. auf Skye – finden hier zum *ersten* Mal eine Ergänzung in einer gradezu wundervollen Vegetation uralter Bäume. Die Südwestspitze von Irland, auf der Killarney liegt, wird zuerst vom Golfstrom getroffen und so findet man hier alle Gewächse, welche z.B. der Garten der Villa Carlotta am Comersee bietet, üppig im Freien wachsen. Der Hotelgarten, ein Park nach englischer Art, mit einsam verstreut stehenden prachtvoll geformten alten Bäumen auf weiten Samtrasenflächen, dazu Teppichbeeten, Spielplätzen, überwiegend ohne Wege – man geht auf dem Rasenteppich – ist der schönste, den ich je sah. Der Blumenluxus der englischen Hotel-Table-d'hôtes führt dazu, daß reizende Blumengärten zu jedem großen Hotel gehören. Es ist nun doch merkwürdig, wie *relativ* billig dieser teilweise fabelhafte Luxus – Drawing Room (in diesem sitzt eben Marianne) für 50–60 Personen, Reading Room (darin sitze ich), Smoking Room (ich rauche seit 4 Wochen nicht), Billiard Room, Golf-, 3 Tennis-, 2 Croquet-Plätze, ca 1 ½ Ha. Park, Bibliothek etc etc., sehr gutes Zimmer, Breakfasts, Lunchs, Diners mit unerhörten Fleischmassen – verzapft wird – d.h. billig nach *englischem* Maßstab, den man sich unwillkürlich aneignet. Da unsere irische Route fast ganz genau gegeben war, habe ich diesmal ein Round-Ticket von Herrn Cook genommen, einschließlich einer Anzahl „Hotel-Tickets". Herr Cook verkauft nämlich nicht nur zusammengestellte Fahrscheine, sondern auch Logier- und Speisemarken für alle mit ihm in Connexion stehenden

Hotels (die Mehrzahl der typischen „first-rate-Hotels" im Vereinigten Königreich). Ist Logis etc. und die typischen drei Mahlzeiten „ausgestanden", dann zieht man hohnlachend sein Ticket aus der Tasche und zahlt damit statt baar, nur zuzüglich der „Extras" (Getränke etc. – wir trinken fast nichts, beiläufig bemerkt im *Gegensatz* zu einem großen Teil auch des feinen englischen Publikums, welches Deutschland für ein wassersaufendes Land halten muß, wenn es uns sieht). Die Art der Einheizung des menschlichen Körpers in den Hotels ist eben in den Hotels ersten Ranges – und in den andren wiegt der Ärger über die kleinliche Übervorteilung die wenigen ersparten Shillings mehr als auf – gänzlich typisch geworden und dadurch, einige Luxushotels ausgenommen, auch der Preis, mit welchem man sein Leben vor dem Verhungern rettet. Cook's Tickets kosten 10½ Sh. pro Tag u. Person, alles außer dem Hausknecht eingeschlossen. Faktisch wird sich ein Tag im Ganzen auf 15 Sh. im Durchschnitt stellen, wenn man, wie wir, nur etwa alle 3 Tage etwas consumiert, was man im Hotel 1. Rangs nicht consumieren *muß*. Dazu kommen dann Eisenbahnen, Coachs, Dampfschiffe, kurz die Beförderungskosten u. dgl. – aber *nur* diese, da man wegen Mangels an Kneipen u. dgl. hier außerhalb der Hotels gar nichts für etwas Anderes ausgeben *kann*. Doch damit genug der Hotels und zu unsren Erlebnissen.

Irland bildet einen merkwürdigen Gegensatz gegen England und Schottland schon aus dem Fenster der Eisenbahn. In Schottland herrscht die majestätische Einöde. Man sieht den Menschen in den Hochlanden kaum. In Irland sieht man seine Hand bei jedem Blick aus dem Fenster. Aus Gründen, die in der Vergangenheit der agrarischen Entwicklung liegen, ist das ganze Land fast ausschließlich mit kleinbäuerlichen Einzelhöfen besiedelt. Dörfer sieht man kaum jemals, aber während sie in England durch die berufenen „Einhegungen" der Landlords verschwunden sind, als die Bauern „gelegt" wurden, haben sie in Irland nie bestanden. Jeder Hof liegt auf dem geschlossenen Stück Areal, das er bewirtschaftet. Die Entwicklung seit Anfang des 17ten Jahrhunderts, welche eine Confiskation des Landes für englische Grundherren bedeutet, hat die alten Eigentümer des Landes zu Zwergpächtern in typischen, mit 1 Thür hinten und vorn und zwei Fenstern versehenen, weiß angestrichenen Häuschen mit (meist) Strohdach gemacht. Das ganze Land ist in eingehegten Parcellen unter sie verteilt. Im Norden, bei Belfast und in Ulster, sind es meist lebendige Hecken, im Westen – in den Grafschaften Galway und Clare und in Connaught – ist der Boden entsetzlich steinig. Die jährlich herausgepflügten Steine hat man auf den Grenzen aufgeschichtet, später Grenzmauern davon cyklopisch, ohne Mörtel, gebaut, und so ist das ganze Land, bei stundenweiten Fahrten, wie ein schiefwinkliges Schachbrett eingeteilt bis oben auf seine nicht hohen Berge hinauf. Namentlich die zahllosen Steinmauern geben der Landschaft ein für uns sehr fremdartiges Aussehen. Wald fehlt ganz, außer da wo wir jetzt sind und an wenigen andren Punkten, – und selbstverständlich ausgenommen die Parks der Landlords. Deren giebt es namentlich am unteren Shannon, dessen grünes Wasser wir gestern nach Limerick durchfuhren – die Landschaft ist etwa eine in stark vergrößerten Dimensionen gemachte Wiedergabe der Potsdamer und Havel-Gegend, nur ohne Sand, – und ebenso hier. Aber im Ganzen sind moderne Landsitze in Irland nicht häufig, meist wird die Rente des Pächters in England verzehrt. Außer im steinigen Westen ist das Land schön grün, im Osten reicht die Wiesenfläche meist ohne Dünen bis ans Meer, hier im Südwesten bot der Blick auf das fruchtbare Hügelland heute etwa das Bild der östlichen lombardisch-venetianischen Ebene (nur ohne den Wein). Die Schafe erreichen eine ganz unerhörte Größe – die „Chops", Hammelcotelettes, die man hier zu fast jedem Lunch erhält wie etwa ein Beefsteak bei uns, sind weit größer als die mir bekannten Kalbscotelettes irgend einer Gegend Deutschlands. Auch das Rindvieh befindet sich wohl: die feuchte Luft scheint – ich weiß nicht ob es sich wissenschaftlich begründen läßt – dem Haarwuchs gut zu thun, die Rinder haben hier vielfach lange Haarschwänze, ebenso wie die Menschen schönes (rothes) Haar. Aber: – an diesen Menschen ist das Haar auch das einzig Schöne. Eine ähnlich schauderhafte Rasse giebt es sonst kaum wieder. Die Polen sind mir unendlich lieber.

Wie am Comersee fühlte sich Max Weber im Süden Irlands

Sonntag Abend.
Hier kam gestern Marianne und holte mich zu einem Mondscheinspaziergang. Heut Vormittags waren wir dann nach dem (NB aus Fisch und Beefsteak bestehenden) ersten Frühstück 4 Stunden unterwegs in den Besitzungen des Earl of Kenmare und nach Ross Castle am Lough Leane, zu Fuß, dann nach dem Lunch per Wagen 3 Stunden nach Muckross Abbey. Jetzt werde ich auch bald aufhören, das Preisfressen beim Dinner macht Einen doch immer tüchtig müde. Wir wissen vorläufig noch kaum, wie wir zur Trennung von hier uns schon übermorgen entschließen sollen. Die Schönheit dieses Stücks Erde spottet jeder nüchternen Beschreibung. Von den drei „Lakes of Killarney" liegt der eine, „Upper Lake", in den Bergen – zu diesem gehen wir morgen – die andren beiden, eigentlich einer, der durch Landzungen in zwei ungleiche Hälften geteilt ist, liegt mit der einen Seite an ihnen, an der andren liegt die kleine Stadt Killarney, von ihm durch den eine halbe Quadratmeile großen Park des Earl of Kenmare, dem die halbe Grafschaft Kerry zu gehören scheint, getrennt. Schon die Alleen nach dem See zu sind von ganz außergewöhnlicher Schönheit. Die inselartige Landzunge oben, an deren schmalster Stelle Ross Castle, eine schöne epheubewachsene Ruine liegt, und ebenso der Park des Earls – auf resp. in

beiden läuft man stundenlang umher – bieten ein Bild einer fast fabelhaft üppigen Vegetation, zwischen die sich Felsen, Seezungen und der Ausblick auf die Berge in mannigfachster Art hineinschieben. Unter sich hat man Brombeer-, Rhododendron- und Buxbaumgestrüpp, dazwischen Epheu, an freien Plätzen prachtvollen Rasen, neben sich undurchdringlich dichte Rhododendron- und Lorbeer-Gebüsche, über sich Pinien, Eiben, Steineichen, Buchen etc. Auf den Fahrstraßen heute Nachmittag sah es aus, als ob die Straße durch die in einander verschlungene Vegetation gebrochen wäre, wie durch einen Fels.

Montag. – An dieser Stelle gingen wir gestern zu Bett. Heut machten wir eine Tagestour, zuerst mit Wagen, dann einige Stunden zu Pferde – dies war meinem Fuß, der sonst wieder auf dem Damm ist, noch etwas unbequem im Bügel – durch den „Gap of Dunloe", einen steinigen Hochpaß, der an die Skye-Berge erinnert, so steinig, daß selbst die Heide spärlich ist, mit einem Meer von allmälig mit den Frühlingsstürmen und -Wassern thalab geschleiften Blöcken. Man gelangt auf ihm schließlich zu dem früher erwähnten „Upper Lake", der mitten in den felsigen Bergen gelegen, mit dem großen Ernst und der Einfachheit eigen gegen die lachende Ebene des Lough Leane contrastiert, in den man unter einigen uralten Brücken primitivster Steinform durch ein mehrfach sich in Stromschnellen bewegendes Flüßchen in einer ganz prachtvollen Fahrt gelangt. Auf dem Breitengrade von Berlin Palmen im Freien anzutreffen – die allerdings nur vereinzelt, dagegen alle andren südlichen Gewächse in üppiger Fülle – ist doch immer wieder erstaunlich. Während Marianne der völlig baumlosen Berg- und Heide-Einsamkeit nicht genug bekommen kann, freute ich mich jetzt, nachdem wir sie 4 Wochen fast ausschließlich um uns gehabt, doch auf die deutschen Bergwälder, in denen doch kein Land mit uns concurrieren zu können scheint, – hier scheint es nur die Alternative: Park (mit Rasenflächen und Baumgruppen schönster Art, aber eben: „Park") oder: baumlose Einöde zu geben. *Hier* nun freilich übersteigt die Schönheit des Waldes, wie gesagt, alle Beschreibung, – aber es ist freilich ganz anderer Wald mit andren Empfindungsreflexen als in Deutschland. –

Hier – endlich! – fanden wir auch, was wir bisher nicht sahen – vereinzelte Exemplare eines erfreulichen Bevölkerungstypus. Die Masse zwar und auch die angenehmen Exemplare sind bodenlos zerlumpt gekleidet, Hosenböden, Ellenbogen etc. sind stets durchsichtig und zerfetzt, der Aufzug so, wie man ihn bei einem englischen oder schottischen Kutscher absolut nie sieht, auch ist die Bettlerplage fast so unleidlich wie in Italien, aber Eines scheint relativ weniger ausgebildet: der Schnaps-Suff. Schon daß die Drivers nicht wie überall sonst Whiskey, sondern Stout erbitten, fällt auf, auf Befragen behauptete ein sehr netter Ire, der unsre Ponies führte, auch, es werde hier sehr wenig, weniger als irgendwo in Irland, Schnaps getrunken, die Begründung war allerdings sozialethisch wenig wahrscheinlich: die Leute seien zu arm dazu. Ebenso tranken die Bootsleute Stout, keinen Schnaps. Die heutigen Unterhaltungen waren die bisher nettesten, die wir mit Leuten des Landes hatten. Alle (4) Leute bekannten sich als eifrige Homerulers zugestandenermaßen deshalb, weil sie (mit Recht) in dem Landlord die Wurzel alles Übels sehen und diesen dann klein zu kriegen hoffen. Nun sind die agrarischen Zustände hier freilich unglaublich. Die detaillierten Ziffern, die über einige kleine Weidepachtungen oben im Gebirge zu erlangen waren, ließen auf einen Pachtwucher schließen, der nur schamlos genannt werden kann. Da, wie die Leute trocken und eigentümlich resigniert bemerkten, das Land jetzt „very quiet" sei und „Captain Moonshine" – die Fenierbanden, welche im letzten Jahrzehnt die Wiederbesetzungen erledigter Pächter mit der Flinte hinderten, – vorerst noch schläft, so wurden uns viele ausgetriebene Pächter gezeigt, die teils als Bettler teils als Verkäufer von „Refreshments" sich durchschlagen. Dabei ist die Jagd in den Bergen des Earl of Kenmare für 1000 £ im Jahr verpachtet, seine Estates werfen 60000 £ im Jahr ab. Auf allen Straßen, Brücken, Piers etc. hat man „Estate Fees" an diese Raubritter zu zahlen, die nur bis zum Eingang der Rente (zwei Mal jährlich) zur Jagd etc. auf einige Wochen in ihren wunderbaren Schlössern erscheinen, im Übrigen sie in England verzehren. Nichts bewegt offenbar die Phantasie der Massen hier mehr als dieser Zustand. Der für Homerule ungünstige Ausfall der letzten Wahlen treibt offenbar wieder ganze Massen über See, so unsern Pferdetreiber, der nach den Vereinigten Staaten zu gehen im Begriff ist. Er fragte mich, ob ich daran glaube, daß Irland jemals Homerule erhalten werde – er glaube es nicht. Ich sagte, daß auch ich es bezweifle und auch den Widerstand dagegen begreifen könne, – denn das Land würde den katholischen Priestern ausgeliefert werden und die könne nicht jeder Mensch ertragen. – (NB! ich habe noch *nie* ein so schauderhaftes, rohes, ungebildetes, widerlich „pfäffisch" anmutendes Gesindel gesehen als den irischen niederen Clerus. Wir waren in Kilkee mit einigen Whiskey-duftenden Exemplaren dieser Gattung im Hotel zusammen und vom Shannon-Dampfer her ist uns ihr feistes und gemeines Lachen noch in Erinnerung, welches die Antwort darauf war, daß ein Amerikaner ihnen auseinandersetzte, sie sollten dies elende irische Pächtervolk doch per Schub nach den Vereinigten Staaten schicken.) – Indeß unser Pony-Treiber war, so sehr er über das Kirchgehen der Leute seine Witze machte, doch ein sozialer Parteigänger des Clerus, der, weil er aus Landleuten hervorgehe, wisse, wo dem Land der Schuh drücke. – Trübselig genug. – Diese Ausnahmen – hübsche Kerle mit melancholisch gewachsenen Gesichtern und einem Zug resigniert-lustiger Schelmerei – illustrieren nur um so mehr die Regel des Typus. Die scheußlichen Sittenzustände in den alten (für 16 Familien gemeinsamen!) Clanhäusern und Jahrhunderte lange Unterdrückung haben eine Bevölkerung herangezüchtet, die sich nicht sobald in ihren wesentlichen Eigenschaften umgestalten wird. –

Wundervoll sind die Ruinen hier zu Lande wenigstens zum Teil. Namentlich Marianne ist immer hypnotisiert, wenn sie ein zerfallenes Gemäuer sieht und ich bin trotz einiger Fertigkeit in Verlegenheit, immer neue Geschichtslügen zur leidlichen Befriedigung ihres Bedürfnisses, die intime Geschichte der Ruinen-Insassen zu kennen, zu erfinden. Übrigens ist wohl kein Land so reich an Ruinen wie Irland, nur sind sie zum guten Teil nicht weiter romantisch. Es sind über das ganze Land die großen Steinhäuser der alten sich zu Landlords auswachsenden Clanhäuptlinge verstreut, ebenso die Landlordsitze des 17ten Jahrhunderts. Sie sind jetzt verlassen, die Landlords wohnen zu $^{9}/_{10}$ in England, und dienen als Steinbrüche.

Ihre keineswegs poëtische Vergangenheit hindert den Epheu nicht, sie schön zu garnieren. Eine andre Kategorie Ruinen – die massenhaften Abbey's – wir sahen heut zwei der schönsten – hat *Cromwell* geschaffen, dessen Name sich hier an Alles zerfallene Gemäuer heftet. – Bei Kilkee hatten wir auf den prachtvollen Klippen am Ozean einmal in der That das fast frappante Ebenbild von Boecklins „Schloß am Meer".

Doch nun für jetzt genug. Du wunderst Dich offenbar über meine langen Briefe. Allein vor dem Dinner ist das Briefschreiben Beruhigungsmittel für den brüllenden Löwen im Innern, und im Zustand der Boa constrictor nachher ist es die einzig mögliche Beschäftigung. Du darfst Dich über diese prosaische Erklärung nicht betrüben, – sie sind deshalb nicht minder gut gemeint. Daß Marianne Dir nicht schreibt, hat seinen Grund darin, daß sie an einem geheimnisvollen Etwas schriftstellert, hinter dem ich Reise-Memoiren vermuthe. Ich werde es nächstens zu meiner Belehrung über den tieferen Sinn des Erlebten stibitzen.

Wo wir nächster Tage sind, weiß der T.... – morgen in Glengariff (Bay von Bantry), dann in Dublin. Briefe treffen uns nur in *London*, Charing Cross Hotel.

Herzlichst
Max

Frankreich und Spanien

1897

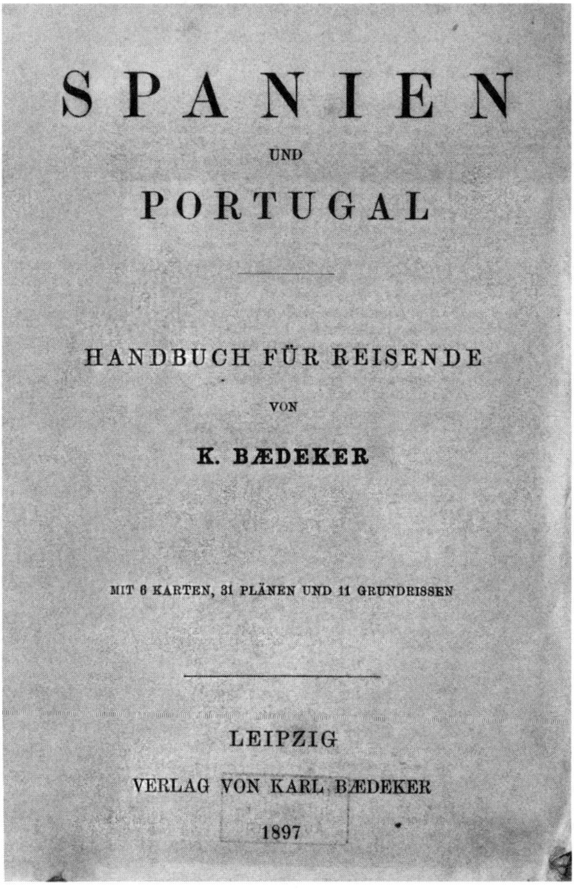

SPANIEN

UND

PORTUGAL

HANDBUCH FÜR REISENDE

VON

K. BÆDEKER

MIT 6 KARTEN, 31 PLÄNEN UND 11 GRUNDRISSEN

LEIPZIG

VERLAG VON KARL BÆDEKER

1897

Das Bildungsbürgertum pflegte mit „dem Baedeker“ zu reisen – so auch Max und Marianne Weber.

Die Reiseziele von Max und Marianne Weber in Frankreich und Spanien, hier markiert

auf der Faltkarte des „Baedeker“ von 1897.

Reisestationen Frankreich und Spanien 1897

Ihre zweite längere Reise führte Max und Marianne Weber von Ende August bis Anfang Oktober 1897 in den französischen Südwesten und nach Nordspanien.

27. Aug.	Nachtfahrt mit dem Orient-Express nach Paris
28. Aug.	Weiterreise per Bahn nach Toulouse
29. Aug.	Vormittags Stadtbesichtigung; danach Weiterreise nach Bagnères de Luchon (Midi Pyrénées), nahe der spanischen Grenze
30. Aug.	Wanderung von Bagnères de Luchon ins „Vallée du Lys"
31. Aug.	Weiterfahrt ins weiter westlich gelegene Cauterets, Aufenthalt in Lourdes mit Besichtigung der Wallfahrtsstätte
1. Sept.	Tagesausflug von Cauterets zum Lac de Gaube
2. Sept.	Tagesreise zum Cirque de Gavarnie; dort Übernachtung
3. Sept.	Über das Hochgebirge von Gavarnie zurück nach Cauterets
4. Sept.	Fahrt nach Bordeaux
5. Sept.	Aufenthalt in Bordeaux; Fahrt nach Arcachon
6. Sept.	Weiterfahrt Richtung Biarritz; Übernachtung im Fischerort Guéthary, südlich der Stadt Biarritz
7. Sept.	Fahrt von Guéthary über die Grenze nach San Sebastián im spanischen Baskenland; Stadtbesichtigung
8. Sept.	Per Bahn und Pferdeomnibus Weiterreise in Richtung Bilbao
8.–15. Sept.	Aufenthalt im kleinen Badeort Deva
11. Sept.	Tagesfahrt Max Webers nach Bilbao und Las Arenas; Abendessen mit dem deutschen Konsul Eugen Erhardt in Bilbao
12. Sept.	Besuch des Klosters San Ignacio de Loyóla, südlich von Deva
15. Sept.	Ausflug ins Umland mit dem Ingenieur Ernst Ruehle
16.–20. Sept.	Weiterreise und Aufenthalt im Seebad Las Arenas bei Bilbao
18. Sept.	Max Weber besichtigt bei Bilbao den Eisenerzabbau
21. Sept.	Fahrt durch das Ebrotal nach Zaragoza (Aragonien)
23. Sept.	Weiterreise nach Barcelona
bis Anfang Okt.	Aufenthalt an der spanischen Mittelmeerküste; dann Rückreise nach Heidelberg

Helene Weber

Brief vom 29. August 1897, Luchon

Grand Hôtel du Parc
Broc – Verdeil
Allées d'Etigny – Luchon – Pyrénées

Bagnères de Luchon 29. VIII. 97

Liebe Mutter!

Nachdem wir nun die Hauptstrapaze überstanden haben, möchte ich Dich nicht länger auf einen Gruß warten lassen. Der Orient-Zug, mit dem wir Freitag Nacht nach Paris fuhren, hat die große Annehmlichkeit so ungemein ruhig zu fahren, daß selbst Marianne schlafen konnte. Trotzdem waren wir Morgens natürlich einigermaßen zerschlagen und die häßlichen Faubourg-Straßen von Paris, durch die man zur Gare d'Orléans fährt, waren auch weiter nicht anregend. Nach 2 Stunden Aufenthalt ging unser Zug, der 12 Stunden Zeit bis Toulouse braucht. Auf der Fahrt bis Orléans überwiegt zunächst noch der nordfranzösische Typus des Aussehens des platten Landes. Von Süddeutschland unterscheidet ihn wesentlich die städtische Hausform: Das kleine mit Giebelwänden, die die Schornsteine tragen, und blendend weißem Bewurf äußerlich graziös anmuthende (innerlich gräulich dreckige) Einstockhäuschen fällt als abweichend stark in die Augen. Südlich der Loire gelangt man dagegen in die eigentlichen Agrargegenden Frankreichs, bei denen nicht das Land Annex der Städte mit ihrer Industrie, sondern die wenig belangreichen, gewerblich rückständigen Städte Dependenzen des Landes, von dessen Kauffähigkeit sie leben, sind. *Das* macht sich stark bemerkbar: an Stelle der dunklen Misthäufchen der kleinen Bauern treten auf den Feldern der großen Wirthschaften, die hier stärker vertreten sind, die weißen Häufchen des Kunstdüngers – Thomasmehl, Kaïnit etc. – der Boden muß billig sein, weil die Bevölkerung dünn ist, und deshalb dehnen sich die Städte verschwenderisch in die Breite, bestehen aus lauter ein- bis allenfalls zweistöckigen Häuschen und gruppiren sich an den Flüssen malerisch von Grün unterbrochen, wie ein Dorfcomplex. Straßenpflasterung und dergleichen sind teils unbekannt, teils höchst primitiv, so viel man sehen kann. Man bemerkt zwischen den Dörfern, denen die Kirchturmspitze fehlt – die Türme sind einfache romanische Stumpfe –, große Vorwerke, eher noch deutschen als englischen Gutswirthschaften ähnlich: die schönen Wiesenpläne Englands fehlen. Je mehr man in die nördliche Hügelabdachung des Limousin gelangt, desto mehr emancipirt sich das Land von der Stadt: der Bauer hier ißt noch selbst was er baut und verkauft es nicht, oder doch nur zum Theil, das Haus ist nicht vom Maurerpolier der nächsten Kleinstadt gebaut, ohne Rücksicht auf die daneben stehenden Wirthschaftsgebäude, sondern ist aus Lehm oder Fachwerk in das vom Dorfstellmacher oder -Zimmermann hergestellte Balkengerüst hineingesetzt, und man sieht, daß nicht die Unterkunft des Menschen, sondern die des Viehs, überhaupt ländliche Wirtschaftsbedürfnisse, für sein Arrangement maßgebend waren. Waldiges Hügelland, stellenweise Heide, beginnt; und da die Jagdsaison eben begann, steckte der ganze Zug voll Jäger, die in diese nördliche, an Nordwestdeutschland, auch der Färbung der immer schöner werdenden Hügel und Wälder nach, erinnernde menschenarme Landschaft strömten. Nach Süden zu mischt sich in die Eichen und Buchengruppen zunehmend die Kastanie, Fettweiden, Maisfelder, dazwischen wunderbar schöne Herrensitze zwischen den blaugrünen Waldhügeln, schnell fließende, immer tiefer einschneidende Bäche und Flüsse zeigen reizende Thal-Ausblicke, und man bedauert, daß die Dunkelheit diesen wunderschönen Garten, in den sich zwischen Dordogne und Garonne das Land ausgestaltet, dem Blick entzieht. Der Zug fährt reißend schnell, man ißt Pfund-weise das wundervolle Obst, bis man Abends an einer Station in 20 Minuten ein Diner von 8 Gängen in den Leib gezaubert erhält. (Ich wünschte meinen Collegen – z.B. E.I. Bekker – die Fähigkeit dieser Schnellfresserei: sie brauchen dazu 4 Stunden, und das im Sommer). In Toulouse empfing uns ein schon total eingeschlafenes und deshalb halb verwunschenes Hotel. In der schlecht gebauten, elend gepflasterten Stadt, der kein Mensch ihre 150000 Einwohner anmerken kann, ist fast nur die sehr alte romanische St Saturnin-Kirche sehenswerth, ein Bauwerk, welches mit der Überzahl seiner Rundbogen – wie sie das Ziegel-Material (die alten butterbrodartig flachen römischen Ziegel) als einziges Motiv ergab – den Blick fast geflissentlich immer wieder zur Erde lenken bestrebt zu sein scheint und dadurch einen Eindruck von kaum zu überbietender Weltlichkeit erzielt. Südlicher Schmutz und südlich offene Läden, ein Markt – Sonntag Vormittag! –, massenhaft Absinth-Trinker auf den Trottoirs ergeben den Gesammteindruck. Die 3-stündige Fahrt hierher war recht heiß, aber die Gegend auf der zweiten Hälfte zunehmend schöner. Die Ernte war auch hier miserabel gewesen, – das sah man schon an der Winzigkeit der Getreidemiethen, aber immer mehr tritt Gemüse und zumal Wein – nach antiker Art höchst wenig sorgsam auf dem Acker in Ranken oder an niedrigen Stöcken gezogen – in den Vordergrund, das Land wird hügelig, wie im südlichen Limousin zahlreiche Ruinen und hie und da moderne Landsitze, und dazu nähert man sich in schräger Richtung den Pyrenäen, die in der Plötzlichkeit ihres Anstiegs aus der Tiefebene einen fast unglaubwürdig hohen Eindruck machen, eine große, dunkelblaue Wand von unabsehbarer Länge, oben gezackt, mit Zinnen, Spitzen und Kanten und Wolken-umlagert. Sie sind bis zu sehr großer Höhe hinauf bewaldet, trotz ihrer unglaublichen Steilheit, welche die grauen felsigen Spitzen, die hie und da in die tief eingeschnittenen Thäler blicken, fast wie zum Herunterfallen bereit erscheinen läßt. Der Schnee hat sich, abgesehen von den Gletschern, jetzt, am Schluß des Sommers, meist in die Schründe und Spalten zurückgezogen. Unten in den Thälern – das ist der Gegensatz gegen die Alpen – herrscht üppige halbsüdliche Vegetation. Die *Pappel* in ihren verschiedenen Arten beherrscht die Landschaft, so weit man sieht, dazwischen Platanen, Katalpen und zahme Kastanien, Akazien-artiges Niederholz und immergrünes Gestrüpp, prachtvoll gesättigt grüne Wiesen, Wein und Mais-Felder bis hierher, unmittelbar an den Fuß der 11000 Fuß hoch ansteigenden Maladetta-Gruppe heran. Die Berge, welche das Thal von Luchon umgeben, steigen, mit blaugrünem Niederholz hoch, oft bis zur Kuppe, bewaldet, wohl 5000 Fuß hoch steil an, von einem Aussichtspunkt über dem, durch seine 66° warme Schwefelquelle ausgezeichneten Ort aus bieten sie einen Eindruck von unendlichem Ernste, mit dem lachenden Himmel darüber, dem lachenden Thal unten, in welchem sich reizende Hotels, Parks, Wiesen, Clubhäuser u.s.w. mehrere Kilometer weit in die Breite dehnen, in gleich merkwürdigem Contrast und gewissermaßen als Pedanten desavouiert durch ihre höheren Oheime, welche in graubraunen Felsenzacken, mit eleganten Schneestreifchen, freundlich durch die Lücken der unteren, das Thal bis auf einige ziemlich enge Ausgänge fest umschließende Bergwelt herabwinken. Auf den ersten Eindruck hin glaubt man sich an alles Mögliche, Schwarzwald, Alpenthäler, selbst gelegentlich Schottland erinnert, bei genauerem Zusehen ist es doch wieder ganz anders. Der gewaltige Eindruck des Näherrückens der Riesenmauer bei der Fahrt die Garonne aufwärts ist am ehesten zu vergleichen mit dem Eindruck des Blicks vom Mailänder Friedhof auf die Alpen (Monte Rosa). Bagnères de Luchon selbst ist ein schöner großer Badeort von mittlerer Vornehmheit, überaus behaglichen Hotels, schönen Alleen und Parks, südlich-lustigem Treiben, Table-d'hôte vor dem Restaurations-Pavillon an der Allee an kleinen Tischen, vollgestopft mit unendlich seidenen und – des Rauschens wegen, namentlich: – seiden*gefütterten* Kleidern, französischen Hochzeitsreisepaaren, schnurrigem Führervolk etc. Da die Hochsaison im Abmarsch ist, wird man sehr zuvorkommend behandelt. – Morgen wollen wir, wenn das Wetter so brillant ist wie heute, was sehr zweifelhaft scheint, zunächst einige Stunden ins Hochgebirge. Das Wunderbare hier ist, daß man in 6–8 Stunden die ganze Scala der Eindrücke, vom Gletscher bis zum südlich-üppigen Thal, durchmachen kann. Dann wollen wir weiter in das Thal von Cauterets am Fuße des Mont Perdu und dort einige eigentliche Tages-Fußtouren mit dem Tornister auf dem Rücken machen. Dann wird, denke ich, der Zweck dieser Tage, unser Nervensystem in eine Verfassung zu setzen, daß ihm das Seebad zuträglich ist, erreicht sein. Marianne befindet sich, nach Kopfweh und *leichtem* asthmatischem Anflug in Heidelberg, schon jetzt ganz brillant. Eine Adresse kann ich heute noch nicht, sondern höchstens übermorgen angeben. –

Einstweilen herzlichen Gruß, auch an die Geschwister, auch von Marianne, die eben ins Bett ist.

Max

[…]

Helene Weber

Brief vom 1. September 1897, Cauterets

Hotel de Paris
Cauterets
(Hautes-Pyrénées)
1. 7bre 97

Liebe Mutter!

Man lebt in Südfrankreich in mancher Beziehung reizend: die Leute sind im Allgemeinen harmlos, gesprächig und gefällig, die Kutscher, Führer etc. mit einem gewissen Anflug koketter Cavaliersmanieren, wie das glückliche Klima verbunden mit Reminiszenzen alter Kultur und – in dem Gebirge – einer stets ziemlich weitgehenden bäuerlichen Freiheit sie anerziehen. Man ist, wenn man so klug ist ohne weiteres in die sogenannten „ersten“ Hotels zu gehen, ausgezeichnet aufgehoben zu Preisen, die z. B. gegen Schottland um 30% niedriger sind. Die Verpflegung kann nicht gut anders als „großartig“ genannt werden. Das scheint höchst materiell und gefräßig, allein das Schwergewicht liegt auf der künstlerischen Form der menschlichen Ernährung. Wir haben eben wieder unser Hoteldiner in 35 Minuten absolviert und wieder gefunden, daß es unmöglich ist sich in Frankreich zu überladen, und daß es etwas Civilisierteres als diesen Vorgang kaum geben kann. Die englische däftige unvermeidliche tägliche Trilogie von Roast Mutton, Roast Chicken, Roast Beef und Pies, scharfen Saucen etc. etc. ist doch eine unerhörte Barbarei hiergegen. *Neu* scheint in den Hotels eine gewisse, in England W.C. abgekürzt gesprochene Lokalität zu sein, vor die Einen aus diesem Grunde hier jeder Hotel-Inhaber, Herr oder Dame, beim Empfang sofort mit großem Applomb zu führen pflegt. Das Bade-Publikum ist natürlich recht verschiedenen Werthes, durchweg von unerhörter Eleganz, in seinen seidenen Dessous rauschend, die hübscheren jungen Mädchen meist durch einen scharfen unliebenswürdigen Zug am Munde entstellt, die weit überwiegenden häßlichen in abschreckender Weise ihr Portemonnaie in fürchterlich auffallenden Seiden-Costümen und Hüten zur Schau tragend. Greulich ist das unterschiedslose Spucken, welches Civil, Militär, Geistlichkeit und Weiblichkeit betreibt. Die zierlichsten und offenbar aus wirklich besten Kreisen stammenden jungen Frauen, die verschleiert einem in der 1. Classe gegenübersitzen, schieben plötzlich den Schleier in die Höhe und ehe man es ahnt – chfft! qualstern sie aus dem Fenster. – Als wir gestern Abend von Lourdes zuerst per Bahn, dann per Wagen durch eine enge waldige Thalschlucht, deren Fuß man von der hohen Alpenstraße aus in der Dämmerung nicht mehr sah, während die Bergspitzen die Nebelschicht verhüllte, unter der wir herfuhren, im Dunkel hier ankamen, war die Stadt mit Lampions, Fahnen etc. illuminiert, Musik und ein Mordsspektakel anläßlich der unbeschädigten Heimkehr des Präsidenten aus Rußland. Die südlichen Zeitungen, die ich gesehen habe, machen sonst zwar hie und da thörichte Bemerkungen, aber eigentlich weniger als ich dachte, namentlich ist von Elsaß-Lothringen kaum gelegentlich die Rede, sondern mehr von der wiedergekehrten Sicherheit gegen Deutschland und dem erneuten Prestige. Sozialistische Blätter unterscheiden sich übrigens darin von andren nicht. Das Duell des Prinzen von Orleans mit dem Grafen von Turin ist noch immer mindestens ebenso interessant. –

Das Schwefelbad Cauterets, in dem wir uns befinden, offenbar mit seinen Umgebungen der Glanzpunkt der Pyrenäen – ich glaube ich schrieb neulich schon, daß hier Onkel Wilhelm's Vater auf der Reise (mit dem berühmten Wagen) 1852 ca. starb – liegt in einer kleinen Thalmulde zwischen steil zu 7–8000 Fuß ansteigenden zackigen, hoch hinauf bewaldeten Bergen, ist aber trotzdem noch jetzt sommerlich heiß. Wir machten heute, nachdem der Wind umgeschlagen war und den Nebel zu Thal getrieben hatte, eine Fußwanderung durch das Thal der Gave de Pau aufwärts zum Lac de Gaube, einem blaugrünen Gebirgssee auf ca 6000 Fuß Höhe, umgeben auf zwei Seiten von graziös gegen den blauen Himmel ausgezackten Bergen, an denen bis zu den letzten senkrecht steilen Zacken streifenweise die Schwarzwaldtannen hinaufkriechen, scheinbar gegenseitig auf ihren Kronen stehend, während an der vierten an der von Schneeresten schmutzig grau gefärbten Wand des Pic de Vignemale – eine Spitze der Mont-Perdu-Gruppe – in Treppenabsätzen ein strahlend weißer Gletscher tief herabsteigt, dessen Abfluß den See speist. Der Aufstieg auf einer an die Südausgänge der Alpen erinnernden Hoch-Straße, von der man alsdann in steilem Pfade abbiegt, erinnerte in den Färbungen der Berge, ihrer Bewaldung etc. oft an oberbayrische und Tiroler Bilder, nur ist die Vegetation üppiger, die Luft wärmer, die Berghalden steiler, und wo sich Spuren des Menschen zeigen, tritt in der Bauart der Häuser – den Sennhäusern fehlen, der Thür- und Fenstersteuer wegen, die Fenster meist ganz – der Süden in sein Recht. Ebenso unten im Vorland: man ist an Süddeutschland in der Art der Feldanlage, der Hecken, Obstbäume auf den Feldern etc. erinnert, allein die Dörfer haben städtisches Gepräge, die kleinen Städte liegen, mit flachen Hausdächern, hohen weißen Gartenmauern und koketten alten Thürmen malerisch auf Hügeln, der Mais herrscht auf den Feldern neben Gemüsen, dazwischen ist an Weißdornbäumchen der Wein emporgewachsen – man schmeckt es dem à Person 1 Liter weißen und roten Wein, den man zu jeder Mahlzeit auf den Tisch gesetzt erhält, an, daß er zwar rein, aber auf dem Kartoffelacker gewachsen ist. – Marianne ist überaus wacker gelaufen und gestiegen, das Asthma ist fort und wir steigen morgen in das Hochgebirge hinein, nach Gavarnie, von wo wir zu Fuß in zwei Tagen hierher zurückkommen, um dann nach Bordeaux und von da nach Biarritz – Irún – San Sebastián zu fahren. – (Adresse bis Sonntag früh abgehend: San Sebastián (Espagne) poste restante).

Unser Haupteindruck in den letzten Tagen war aber, worauf ich doch noch kommen muß, *Lourdes*. Wir fuhren dorthin von Bagnères-de-Luchon aus, wobei wir bei Tarbes im Thal des Adour unter mörderischem Geschnatter der Franzosen eine Stunde weit per Wagen statt per Bahn fahren mußten, da der Adour die Brücke weggerissen hatte (das Hochwasser war auch hier stark, die Ernte in ganz Frankreich verregnet und miserabel, die Franzosen kaufen von unsrem Freunde Hirsch in Mannheim massenhaft Getreide, was seit Jahrzehnten nicht da war). Wir verpaßten so den Zug hierher in Lourdes und hatten statt einer Stunde deren vier Aufenthalt dort, und das war gut, denn so konnten wir zwei gewaltige Pilgerzüge, die von Nantes und aus der Bretagne (wenn ich nicht irre) kamen, eingehend in ihrem Gebahren beobachten, und der Eindruck war einer der eigenartigsten, die man haben konnte. Lourdes, ein kleines Städtchen am Austritt der Gave de Pau aus den Pyrenäen, ist an sich ein höchst malerisch von einer grauen alten Citadelle und einem Calvarienberge mit prachtvoller Aussicht überragter Ort, auf einem Hintergrund von hohen kahlen steinigen Bergkuppen, die der Landschaft einen überaus ernsten Gesammtcharakter verleihen, und zwischen denen sich, überragt von den höchsten Spitzen der Pyrenäen, das, zuerst breite, dann sich schnell verengende schöne Thal der Gave de Pau öffnet. Von den Kirchen der Stadt liegt die eine halbvollendet in Trümmern! – „faute de ressources", d.h. weil der Clerus die Stadtkirchen als Concurrentinnen der Wallfahrtskirche nicht aufkommen lassen wollte. Man geht vom Bahnhof aus nach der letzteren durch einige Straßen der Stadt hinab und hat bald, von einer Brücke über die Gave de Pau aus, über einen von Alleen durchzogenen Rasenplatz hin, einen Blick auf sie, um sie und das ganze architektonische Arrangement des Wallfahrtsplatzes, der sich an die Grotte angegliedert hat, in welcher vor 30 Jahren die jetzt längst im Kloster verstorbene, zu ihren Lebzeiten gänzlich vergessene, erst jetzt in Panorama-Bauten (!ein solches Panorama „Apothéose de Bernadette" steht 10 Minuten vom Wallfahrtsplatz!) etc. verherrlichte Bernadette Soubirous die Jungfrau in weißem Kleide mit blauer Schärpe, – Hochzeitstracht der Bauernmädchen – schaute, so wie sie in – für meinen Geschmack – greulichem Standbild in der Grotte steht. Die Grotte selbst – eine Felsausbuchtung von einigen Metern Tiefe – liegt unten in dem steilen Fuße des jetzigen Calvarienberges, der sich einer großen schönen, am Fluß belegenen Allee zukehrt. Sie ist jetzt mit einem Gitter versehen und innen austapeziert mit zahllosen sogenannten „ex voto", Krücken, die „Geheilte" zurückgelassen haben etc. etc. Die frische Quelle in ihr ist aufgefangen und nach links in eine marmorne Badeanstalt mit mehreren durch Vorhänge verschlossenen Eingängen geleitet, einige Strahlen rinnen davor im Freien und aus ihnen trinkt der Gesunde, während für den Kranken das Bad bestimmt ist. Senkrecht über der Grotte hoch oben erhebt sich die Wallfahrtskirche, deren Portal und Thurm sich nach links zu, nach der Richtung der Stadt und des erwähnten Rasenplatzes wenden. Das ganze architektonische Arrangement ist von raffinierter Geschicklichkeit. Von dem Portal führt nach der Stadt zu eine weit ausladende Freitreppe herunter, herum um eine vor dem Portal unten belegene zweite, mit Wellblechkuppeln versehene große Kirche, besser ein Kapellenconglomerat, und noch weiter greifen die gewaltigen Rampen aus, welche links und rechts um diese untere Kirche und die Freitreppe herum auf Viadukten zur Erde hufeisenförmig niedergeführt sind, auf welchen von links die pèlerinages herauf- und nach links herabziehen. Von der einen dieser Rampen aus kann man auf den Platz vor der Grotte und das was dort geschieht hinabsehen. – Kommt man von der Stadt aus auf diesen Aufbau zu, so fühlt man sich zunächst befremdet durch die große Schmalheit des Portals und Thurms der – romanischen, nicht gothischen – Wallfahrtskirche, die Känguruh-artig in die Höhe strebt. Allein wenn man eine Weile unter dem Eindruck der singenden Pilgerschaaren gestanden hat, begreift man, daß das *Gespenstische* dieses *ohne* architektonische Nötigung, wie ein „Finger Gottes", nach oben weisenden Baues nicht unbeabsichtigt sein kann und in den Gesammteindruck paßt. Als wir uns dem Bau näherten, sahen wir den Pilgerzug von Nantes, die Standarten voran, den Clerus vermischt mit den Laien, am Schluß den Bischof, nachlässig, wie ein „abwinkender" Major, Segen spendend, inmitten des Capitels, von links die Rampe emporgestiegen und eben im Abstieg. Der ganze Zug, untermischt mit allerlei einheimischem Volk, mochte 2000–3000 Menschen umfassen. Mehrere 1000 andre, Neugierige und Pilger – denn in der Saison (nach der

Ernte) kommen täglich Pilgerzüge an – knieten und standen unten. In einem eignen Gemisch dumpfen Baß-Gemurmels und hellen Sopran-Gekreisches dröhnte das Ave-Maria und die andren Gesänge, dem Tonfall nach wie in schnellem Tempo gesungene Trauermärsche. Die Laien im Zuge waren dem Habitus nach Kleinbürger – spezifische Physiognomien offenbar leidlich gestellter Handwerker – und besser gestellte Bauern und Bäuerinnen in weißer Haube – der typische französische „Mittelstand". Wir folgten dem Zuge, der nach der Grotte umbog, um das Schauspiel der „Heilungen" zu sehen. Von der Rampe aus, von den Bänken am Flusse aus und in unmittelbarer Nähe sahen wohl 4–5000 Menschen Dem zu, was nun folgte. Der jüngere Clerus und die dazu angestellten jungen Pilger – alle Lebensalter waren vertreten – schlossen, zunächst mit einem langen Lederriemen bzw. mehreren solchen einen ziemlich engen Ring; nur an bestimmten Stellen wurden durch Hochheben des Riemens Leute – malades – eingelassen. Um den Ring drängte die Pilgerschaar, mit Recht steht bei der Grotte und an allen Säulen der granitenen Badeanstalt als einzige, freilich wenig überweltliche Inschrift: „Veillez sur vos portemonnaies". Nach rechts zu, auf einer steinernen Kanzel nahe der Grotte, stand anfangs ein Domcapitular, dann der Bischof, und hielten kurze Ansprachen, die sicher Niemand verstand, denn alles Interesse conzentrierte sich nach links, wo die Kranken durch die Einpaßstellen auf Wagen, Krücken, Tragbahren dem Bad zuströmten. Als Träger sah man nicht selten elegante Herren in Touristencostümen von keineswegs „frommem" Gesammteindruck, – wohl Wahlcandidaten des Clerikalismus. Um die Badeanstalt geschaart stand der ordinierte Clerus und es begann der Akt der Anrufung der vierge. Innerhalb des Ringes befanden sich die Kranken, deren Zahl aus dem großen Hospital der Stadt, in dem ein Sammelsurium wirklicher und eingebildeter Kranker aller denkbaren Sorten sich stetig vermehrte und ergänzte. Dumpfes Gemurmel und Abgleiten der Rosenkränze. Dann Niederknien und Niederwerfen. Dann unterscheidet man die hohe, fast kreischende Stimme des leitenden Priesters: Ayez pitié de nous! – gleichlautende Antwort gemurmelt aus 2000 Kehlen – pitié de nos malades! – ebenso – à cause de ton fils priez pour nous! – ebenso – in allerlei Abwandlungen wohl 10 Mal wiederholt, stürmischer, kreischender, – à cause de ton fils ayez pitié de nous et *guérissez nos malades!* – von Tausenden in steigender Aufregung, schließlich in rasendem Donner, wiederholt. Ich stand gedrängt zwischen einigen wirklich reizend hübschen und feinen Mädchen mit recht angenehmem Ausdruck des Gesichts und dicken Bäuerinnen verschiedensten Alters, und sah, wie die Augen groß und roth wurden, zum Himmel aufgeschlagen, ohne daß die Thränenströme die Augenlider zucken ließen, diese zuckenden Lippen, die ganze Athemlosigkeit, als nun die Kranken, einer nach dem andern, hinter den Gardinen des Baderaums verschwanden, wobei die immer in eintöniger Abwandlung sich wiederholenden kreischend flehenden Bitten des vorbetenden Priesters sich stets, bis zur physischen Grenze der Möglichkeit, im Ton zu steigern und – wie ein Schriftsteller es ganz richtig wiedergegeben hat: – „den Himmel zu vergewaltigen" suchten. Eine ähnlich gewaltige Nervenerregung wird man nicht leicht sehen können. Mir selbst trat, als ich diese Menschen intimer beobachtete, einen Augenblick der kalte Schweiß auf die Stirn, und wie mag einem „Gläubigen" zu Muthe sein? Aber dies ist bei weitem nicht das Angreifendste, – ich will zwischendurch nur bemerken, daß an sich, bei oberflächlicher Betrachtung, die ganze Sache den Eindruck eines sich drängenden Menschenknäuels mit allerlei Klim-bim macht, wer aber die Psychologie der katholischen Kirche kennt, sieht sich *in* dem Knäuel die Individuen individuell und genau an und hier erst gelangt er auf die Spuren der gewaltigen Akkorde, die sie auf dem Nervensystem der Massen anschlägt. – Das Angreifendste also war erst der Eindruck der Kranken selbst, – derjenigen wenigstens, die ich heranfahren, -tragen und -humpeln sah. Dieses arme kleine 12jährige Mädchen, welches in einer Tragbahre lag, scheu um sich blickend, mit den Zähnen klappernd, gelb und in rasender Aufregung, werde ich nie vergessen; noch weniger freilich den zugleich rührenden und vernichtenden Eindruck einer Gruppe, die uns auf dem Rückweg begegnete: ein Fahrstuhl, daneben zwei junge Leute, offenbar Tochter und Schwiegersohn der Frau mit dem feinen, unendlich leidenden Gesicht, mit fast erloschenen Augen, die ohne jeden Ausdruck von Hoffnung, meinem bestimmten Eindruck nach direkt sterbend, darin lag, – offenbar eine schwer und erst kürzlich Erkrankte sei es aus der Stadt oder einer Nachbarstadt, – geschoben von ihrem Mann, mit einer Kanzleiraths-Physiognomie und aufgeregten angstvollen Augen. – Den Vorgang einer „Heilung" derart, daß das „Magnificat" erklingt, d.h. des Vorgangs, daß ein Kranker unter dem ungeheuren Druck der Aufregung plötzlich wie ein Rasender dem Bad entspringt: – „je suis guéri!" – sahen wir nicht. Was ich an Kranken aus dem Baderaum humpeln sah, machte – *soweit* es eben auf seinen Füßen stehen konnte, – ganz vergnügte Gesichter, ich glaube einfach weil die Berührung mit dem hier auch psychisch unheimlich kalten Wasser und die ganze fürchterliche Exaltation überstanden war. Der Priester sprach sie an, einige – offenbar die, welche Besserung zu spüren behaupteten – gingen zum „bureau des constatations", wo Geistliche und einige Ärzte ihrer warten (die Ärzte hat offenbar die Regierung hindeputiert, um das Nötige verordnen zu lassen, in Anbetracht, daß das Wasser im Bade *gebirgskalt* ist, was ja eigentlich ein polizeiwidriger Unfug ist). – Das ganze ist ein unauslöschlicher Eindruck. Schwache oder auch rein ästhetisch interessierte Naturen, namentlich solche der letzteren Art, welche die psychischen Machtmittel der katholischen Kirche zum ersten Mal staunend kennen lernen, *müssen* durch Eindrücke dieser Art, durch die momentane gewaltige Massendisciplin, gradezu über den Haufen geworfen werden. Einseitige Protestanten *müssen* einen unbeschreiblichen Abscheu empfinden, und nicht nur sie, sondern jeder, der die Einstellung der Menschenmassen als „nervöses Vieh" als eine Erniedrigung der Menschenwürde empfindet. Ich habe meinerseits einen gewissen Ekel aus Gründen, auf die ich ein ander Mal wohl zurückkomme, auch nicht ganz los werden können, trotz aller geschichtlicher Reflexionen. Als Machtinstrument ist trotzdem das ganze Arrangement fast beispiellos. Merkwürdig gemischt und schnell abgewandelt sind die Wirkungen der pèlerinages. Das ganze Gebirge wimmelt von kleinen Gruppen wohlhabender Pilger, die auf Grund der Pilger-Tarife, meist in Begleitung oft recht lebenslustiger Priester, jetzt – nach der Ernte, die in Frankreich längst gedroschen und verkauft ist – eine Ferienreise in den Pyrenäen machten. Jedesmal wieder interessant sind ja auch die Priester-

Physiognomien: neben höchst behaglichen alten dicken Falstaffs direkt gemeine pfäffische Fratzen, dazwischen junge, bleiche, großäugige Fanatiker, deren herber Mund von Kämpfen zur Abtötung des Fleisches spricht, andre, denen sie gelungen ist und wieder andre, welche sie aufgegeben haben und entweder in materiellem Verblöden oder in geistreicher Skepsis sich weiterentwickeln. – Unendlich kurz und stoßartig ist auch der Eindruck der Wunder: die Gespräche des sich auflösenden Pilgerzuges, auch die Gespräche zwischen Geistlichen und Laien, waren *höchst* prosaischen, zum Teil anscheinend lasciven Inhalts, im Durchschnitt Erörterungen über den Abendtrunk. Ein winziger Kreis Nervöser überwand den Chok nicht so schnell. – Physisch stehen den „geheilten" malades imaginaires oder Psychopathischen die durch das Bad – welches laut Reglement „à risque et péril des malades" erfolgt – verschlimmerten Fälle gegenüber. – Alles Papier ist zu Ende, daher für diesmal lebewohl! Ich muß auch zu Bett, sonst verschlafen wir uns.

Von Herzen
Dein Max

Helene Weber

Brief vom 5. September 1897, Bordeaux

Hôtel Richelieu
Bordeaux, le 5 7bre *1897*

Liebe Mutter!

Wir haben die Pyrenäen nun hinter uns, nachdem sie uns vor dem Abschied noch einmal ihr unfreundliches und dann ihr freundliches Gesicht gezeigt hatten. Ihr unfreundliches am Freitag, wo wir vom Ort meines letzten Briefs, Gavarnie im Hochgebirge, eine elfstündige Tour über die Berge nach Cauterets zurück machten. Der Anstieg durch wilde Steinschluchten war zuerst wunderbar schön. Marianne war zu Pferd, ich zu Fuß, und nur zweierlei stört mich in dergl. Fällen stets: einmal wirken Zickzackpfade, die in 50–60 Windungen unausgesetzt, eintönig aufwärts kriechen, erschlaffend auf meine Nerven, dann aber stören mich die Heerden schöner, hellgelb-brauner, sauberer Kühe – ich kann lächerlicherweise (seit Eckeren 1872 noch!) an einer Heerde dieser Viecher nicht unbefangen vorbeigehen, und – als ob die Bestien ahnten, wie viel Roastbeef ich esse, – thatsächlich fast *jedesmal* beginnt irgend ein Bulle Miene zu machen, auf mich loszugehen. Ich weiß nicht ob ich mich als Esser oder als Professor dadurch getroffen fühlen soll. Sonst war alles schön, solange wir auf der Südseite des großen Pic de Vignemale waren. Das Überschreiten der Schneefelder, angeschwollener Bäche und des Gerölls, in welches die Pferdehufe alle Wege verwandeln, war sehr anstrengend, – so daß ich die letzten 10 Minuten meinerseits ritt und Marianne lief! – aber die blauen Gletscher über und gegenüber uns und die abenteuerlichen Formen der Berge entschädigten für Alles. Aber als wir auf dem 9000 Fuß hohen Col de Vignemale, unterhalb seiner ca 11000 Fuß hohen Spitze, angelangt waren und nach Norden abzusteigen begannen, hatten wir unseren Proviantsack und Weinschlauch verloren und steckten zugleich im dichtesten Nebel, so daß wir, da es schon 3 Uhr war, um nicht in die Dunkelheit zu gerathen, in größter Hast absteigen mußten. Es begann zu regnen und wir hörten – zum ersten Male – das Donnern einer vom Regen losgethauten Lawine, auf der entgegengesetzten, uns verhüllten Seite des Thales. Alle Wege wurden Ströme, zahllose Bäche mußten, bis an die Knie ins Wasser stapfend, passiert werden, aber in einem Gewaltmarsch bis in die Nacht hinein setzten wir es doch durch, nach Cauterets zurückzukommen, in einem Zustande wie in Schottland nach der Glencoe-Partie. Als wir am folgenden Tage – gestern – zuerst auf der Correspondance und dann per Bahn hierherfuhren, strahlten, namentlich vom Pau aus gesehen, die Pyrenäen, wenn auch noch immer wolkendurchzogen, doch in jenen blaß-graugrünen und gelblich leuchtenden Farben, über die die Nachmittagssonne bei uns nur nach Gewittern zu verfügen hat. Da massenhaft frischer Schnee gefallen war, präsentierte sich die wiederum endlos sich hinstreckende und auch hier riesenhaft hoch erscheinende Wand mit ihren graziösen Zinnen und Zacken in überaus vornehmer Schönheit. Spät in der Nacht kamen wir hier an und wollen heute Abend auf einige Stunden nach dem Badeort Arcachon südlich der Mündung der Gironde, morgen Abend nach Biarritz und übermorgen (Dienstag) über Irún, wo wir (endlich!) wohl etwas von Euch werden hören können, nach San Sebastián. –

Bordeaux ist eine ganz unvergleichlich viel schönere Stadt als die nächstgrößte Stadt im Südwesten, Garonne-aufwärts, Toulouse. Von dem großen, ½ Kilometer langen steinernen Pont de Bordeaux aus gesehen, zieht sich die Stadt in einem wirklich imponierenden Halbrund um die ziemlich scharfe Biegung der Garonne südlich herum. Der meerbusenartig breite, sich zur „Gironde" erweiternde Fluß ist zugleich der Hafen. Da der Hamburger Hafen jetzt zerlegt ist und der Liverpooler nicht leicht zu übersehen ist, auch in Antwerpen und Rotterdam kein eigentlich geschlossenes Hafenbild mehr besteht, so kann sich der den Fluß entlang gestreckte Quai von Bordeaux, hinter welchem unmittelbar die öffentlichen Gebäude der Stadt und die Uferstraßen aufsteigen, sehr wohl daneben sehen lassen. Auch sind einige der großen Straßen der Stadt, an und in denen Theater, Börse, Banken und die größten Hotels liegen, gut gepflastert, sehr breit, die Häuser zwar von französischer Eintönigkeit: – stets die vergitterten Fensterbalkons und die Dachstuben-Aufbauten, sonst keinerlei Unterschiede, kaum je ein Erker etc. – aber doch sehr sauber und oft ganz außerordentlich stattlich im Gesammteindruck, stattlicher als etwa Rotterdam, Bremen etc. sich präsentierten. Aber man hat den Eindruck, als ob der Wohlstand zwar bedeutend, aber nicht im Ansteigen begriffen sei. Da der Wein hier entscheidend ist, kann das nicht Wunder nehmen. Die Reblaus ist noch immer unerbittlich am Werke. Die kleineren Winzer-Besitzungen sind nicht mehr haltbar, da die Zahl der Jahre mit halben Ernten nun schon seit den 70er Jahren anhält. Zu solchen „kleineren" Besitzungen aber werden hier auch solche von 50 Ha Weinland noch gezählt. Diese Wirtschaften können die ganz enormen Kosten einer wirklich absolut wirksamen Durchführung aller gegen die Reblaus wirksamen Maßnahmen, einer vollständigen Ausstokkung und Neu-Anlage, nicht bezahlen. Die großen Besitzer – so Rothschild, welcher Chateau Lafite besitzt – können es, aber die Bordeaux-Wein-Cultur wird auf diese Art aus einer Massencultur ein Betrieb, der als Luxusgegenstand, ähnlich dem deutschen Rittergut, nicht um seiner wirtschaftlichen Rentabilität willen, von

Millionären gehalten wird, und ein Produkt erzeugt, welches immer mehr *nur* dem Luxusconsum dient. Die mittleren und kleineren Weinsorten müssen verschwinden, soweit sie die Existenzgrundlage für einen breiten, geschulten Winzerstand bildeten, die Weine für den Massen-Consum werden in höchst primitiver Art auf den Kartoffeläckern draußen, gewissermaßen in zerstreuter Flucht vor der Reblaus, produziert werden, soweit nicht durch den schon jetzt nur durch sehr hohe Zölle gehemmten spanischen und italienischen Import ein noch weiterer Rückgang des Weinbaus als Ergebnis sich herausstellt. Die Bedeutung von Bordeaux wird sich deshalb wohl keinesfalls auf dem aufsteigenden Ast bewegen. Wie überall in Frankreich, ist ein nicht unbedeutender Teil des Handels in deutschen Händen, es existiert eine protestantische Kirche, ein deutscher Friedhof, auf der Bahn sprach ein Gepäckträger gebrochen deutsch, schon in Cauterets wurden wir von Mitgliedern des französischen Club Alpin (= Pyrenäen-Club) deutsch angeredet. – Die Baulichkeiten von Bordeaux sind in verschiedenem Maße schön: das große Denkmal der vom Convent hingerichteten Girondins ist ganz französischer Geschmack, in Deutschland gradezu unmöglich: die Marmor-Säule mit Relief-Palmenwedeln, unten tost nach jeder Seite ein Muschel-Wagen mit Seepferden los, dirigiert von Genien und je einer Göttin unbekannten Berufs und Standes, auf der Muschel *hocken* je zwei (*nackte*!) *Porträt*-Ganzfiguren (Vergniaud etc. – eben die Girondins) Hand in Hand. Sieht man von diesen Tollheiten ab, so gehört das Ganze doch noch zu den entschieden schöneren französischen Monumenten.

Seltsam niedrig und fast wie eingeschrumpft präsentieren sich auch die in Wahrheit recht geräumigen, freilich aus den verschiedensten Jahrhunderten stammenden Kirchen. Die clocher's stehen bei der Cathedrale und St Michel separat, der eine vor der Façade, der andre am Chor, die Strebepfeiler sind in willkürlicher Zahl an willkürlichen Orten angelehnt, alle Formen der Gothik gehen durcheinander; die Kathedrale hat zwei Cigarren-artig geformte Spitzen auf der einen Querschiff-Façade sitzen; ihr Glockenthurm war in der Revolution auf Abbruch verkauft, die Spitze halb niedergerissen, auf dem Stumpf steht eine maßlos plumpe riesige vierge;

gradezu zahllose Wasserspei-Viecher aller Art übergeben sich von ihrem Dach aus und von allen möglichen Stellen aus auf die Straße, im Innern ist die eine Hälfte des Längsschiffs halb so hoch als die andre, der Chor wieder höher, etc. etc. – ein ganzer Knäuel von unverbundenen architektonischen Ideen, und doch ein nicht unbedeutender Gesammteindruck. Alles in Allem lohnt es sich doch recht sehr die Stadt gesehen zu haben, obwohl ich zu den eingehenderen Erkundigungen nach den Wirkungen der Kunstwein-Gesetzgebung, die ich eigentlich hier einziehen wollte, nicht kommen werde, da wir nun doch endlich zum Stillsitzen kommen wollen. –

Abends: Wir kommen eben von Arcachon zurück und wissen jedenfalls, daß *dies* nichts für uns gewesen wäre. Der Ort liegt mit der einen Hälfte, namentlich den zum Teil sehr schönen Hotels, an einer durch eine lange Dünen-Landzunge fast ganz umschlossenen Meeresbucht, mit der andren, der sog. „ville d'hiver", in einem in seiner Art recht schönen hügeligen Pinienwalde und besteht aus vielfach allerersten Villen, Osterien, Läden etc., ist den ganzen Winter hindurch, seines milden Klimas wegen, im Gange und von Tausenden von Curgästen gradezu vollgepfropft. – Aber von Wellen ist recht wenig zu spüren, und darauf kommt es uns doch an. – In der Bai ist eine der größten, sorgsam gepflegten Austernbänke der Welt. Das Dutzend kostet in Arcachon im Laden 15–20 Centimes! – aber ich muß doch sagen, daß ich Kempinski in Berlin bewundre. Man zahlt bei ihm 2 Mark, in den *Hotels* in Arcachon schon 1 Fr. 25 für das weit weniger gute Dutzend! – Wir aßen auf einer hübschen Terrasse zu Abend und hatten als Entschädigung für die Enttäuschung in Bezug auf das Meer eine violett-rothe Abendbeleuchtung, wie ich sie auch in Italien nie gesehen habe. – Die Fahrt von Bordeaux nach Arcachon führt durch die „Landes", einen jetzt mit großen Kosten teilweise mit Kiefern bepflanzten und seitdem colonisierten Landstrich. Bis dahin und wo die künstliche Anpflanzung fehlt auch jetzt bestehen sie aus Wüsten-Flugsand, dessen ungeheure Fläche, vom Seewinde erweitert, in bedrohlicher Weise zunahm und die kleinen Oasen in seiner Mitte, in welchen plötzlich Mais, Wein, Bohnen wachsen, ebenso dezimierte, wie das rückwärts gelegene Binnenland. Er war, – und ist, wo er noch vorherrscht, noch jetzt, – so locker, daß die Bewohner sich, da erst jetzt Chausseen u. dgl. entstanden sind, Jahrhunderte lang nur auf *Stelzen* von großer Höhe – auf diesen allerdings mit Bummelzugs-Geschwindigkeit – bewegten und bewegen. Der Contrast zwischen den Weinbergen um Bordeaux und dieser Wüste ist ganz außerordentlich schroff. – Jetzt sieht man überall die Holzhütten der durch diese „innere Colonisation" geschaffenen Kleinbauern, und an den Kiefern fällt dem Fremden der an *jedem* Baum befindliche breite Streifen von Rinde entblößten weißen Holzes auf, unter dem ein kleines Töpfchen für den herausfließenden Harz – das Hauptprodukt des Landstrichs – festgebunden oder hingestellt ist. –

Marianne ist schon zu Bett, ich will auch brav sein und daher lieber schließen.

Herzlichen Gruß!
Max

Helene Weber

Brief vom 10. September 1897, Deva

Deva 10/9 97

Liebe Mutter!

Einige Zeilen möchte ich Mariannes Brief noch hinzufügen, da ich morgen, wo ich in Bilbao und Portugalete (resp. las Arenas) sein werde, kaum dazu komme. Wir sind im Ganzen bis auf das Wetter recht gut gefahren. Manche Eigenarten der Kost muß man ja erst capieren: so ist es Geschmacksache, ob man für die *täglichen* weißen Bohnen und Taubenei-großen Erbsen mit Speck fanatisiert ist, ebenso für das Anmachen der Gemüse, das Braten der Fische und der – ausgezeichneten, aus fein geriebenen Kartoffeln mit Milch angerichteten – Pufferts mit Öl statt – Margarine (*ich* ziehe Öl vor). Wie man früher „Doppelbier" unterschied, so kocht man hier „Doppelsuppe" aus Rindfleisch *und* Huhn, das bis zur völligen Geschmacklosigkeit ausgelaugte Fleisch erscheint dann mit besagten Bohnen als erstes Gericht. Ferner berührt es uns etwas kindlich, wenn, um die maßlos große Zahl der Gänge voll zu machen, welche das ausgehängte Schild verspricht, als ein Gang einfach Kartoffeln erscheinen. Dagegen sind die Fische, zumal frische Sardinen, die hier gefangen werden, die Beefsteaks von ganz jungem Vieh etc. sehr gut, ebenso der schwarze Wein à discrétion, und man wird knallig satt. In der Pension ist auch das Bad eingeschlossen, mit höchst dezenten, d.h. Mann wie Weib bis an Hals, Ellbogen und Knie umhüllenden Badetrachten und einem caballero – so heißt hier vom Hausknecht an Alles – der die Honneurs macht und wenn bei Herren oder Damen z.B. die Badehosen rutschen, Miene macht, sehr handgreiflich Hülfe zu leisten. Morgen wird sich Marianne mit ihm allein vergnügen müssen. – Auch das hierzulande charakteristischerweise einfach „la miseria" genannte Ungeziefer hat sich Gott sei Dank *nur* in Gestalt von Flöhen eingestellt. Vom Lande haben wir erst wenig gesehen, nächste Woche wird das anders. Jedem muß sofort der schöne Bauernschlag auffallen. Die stolze Freiheit des Wesens, die den spanischen Bauern im Norden und in der Mitte des Landes überhaupt auszeichnet, ist hier mit kaufmännischer Klugheit gepaart: aus dem glattrasierten Gesicht, mit zahlreichen Falten um den ironischen Mund schauen die lebhaften Augen förmlich lustig heraus. In den baskischen Provinzen beherrscht der Einzelhof die Landschaft, den Mittelpunkt auch des bäuerlichen Lebens bilden die zahlreichen kleinen, oft sehr kleinen Städte. Überall kleine Häfen für die Fischer, aber auch für den Schmuggel. Ein solcher ist auch hier, dazu streckt unter dem Berge her in einem Tunnel der Verkehr einen Finger in Gestalt einer kleinen Sekundärbahn her. Draußen an der Küste tritt hie und da neben dem Schiefergestein die Steinkohle zu Tage. Erst seit zwei Jahrzehnten wird der Eisenerzbau bei Bilbao, mit jetzt gewaltig zunehmenden Dimensionen, betrieben. Dazu das relativ kühle Klima, in starkem Gegensatz gegen den Süden. Während der Südabhang der Pyrenäen und ihre Fortsetzung sich in das zum Teil halbwüste Salzplateau Castiliens und Aragoniens hinabsenkt, ist hier Überfluß an Niederschlägen, es regnet jetzt fortwährend und keine Spur von Herbststimmung liegt in der Vegetation. Wasserkräfte hat das Land in Fülle, und sobald die Technik ihrer Voll-Ausnutzung entsprechend fortentwickelt sein wird, kann die ganze Küste im Norden Sitz eines Gewerbes in den wirtschaftlichen Formen des Occidents werden, wie es weiter östlich in Catalonien schon im Entstehen begriffen ist, nachdem die orientalischen Formen des Gewerbes im Süden seit dem 15ten Jahrhundert für immer erloschen sind. Zur Zeit ist noch immer – wennschon zufolge der Zölle weniger als früher – die französische Reblaus Quelle des Wohlstandes des Landes auch hier im Norden. Aber schwerlich auf die Dauer, so schön der nicht verschnittene Landwein auch ist.

Für heute genug, herzlichen Gruß,

Max

Helene Weber

Brief vom 12. September 1897, Deva

Deva 12. 9. 97
Hotel Deva

Liebe Mutter!

Weder in San Sebastián noch in Bilbao sind – so scheint es – bisher Briefe von Euch eingetroffen. Hoffentlich hören wir in den nächsten Tagen hierher etwas, denn unsre Nachrichten liegen nun schon der Zeit nach fast 14 Tage zurück. Möglich ist auch, daß die spanische Post-Schweinerei Schuld an Allem trägt und die Beamten, denen ich meine Adresse zurückließ, die Briefe einfach verbummeln. – Gestern Abend habe ich im deutschen Club in Bilbao – Skat gespielt, bei Pilsner Bier, und mit dem Consul, bei dem ich vorher zu Abend gegessen und glänzende Moselweine – doch noch etwas Anderes als die hiesigen Getränke – vorgesetzt erhalten hatte, nachdem er sich als Kartellbruder aus Tübingen entpuppt hatte. – Die Fahrt nach Bilbao durch das Bergland gehört zum Schönsten was ich gesehen habe. Kastanien, Platanen und Eichen füllen die Thäler; wo sie sich erweitern, wächst in ihrem Grunde Mais und die spanische Pfefferstaude, die beide mit ihren großen und glänzend-dunkelgrünen Blättern den gesättigten Farbenton der bestellten Felder ergeben. Überall kleben an und zwischen den Bergen die kleinen Nester, dicht geschaart um ihre, mit Ausnahme einer d.h. ornamentlosen runden Öffnung Rose auf der einen Schmalseite und einem hoch oben befindlichen Fenster in der einen Langseite fast stets ganz fensterlosen, unregelmäßigen Kirche, die fast nur aus Wänden, Strebepfeilern und dem ganz kurzen viereckigen, an irgend einer Ecke aufgesetzten Glockenturm besteht. (– So auch die Kirche von Deva. Sie alle sehen äußerlich höchst unansehnlich, nur ziemlich groß, wie Befestigungen aus. Tritt man in den dunklen Raum, so sieht man, daß seine meist „frühgothischen" Wölbungen dennoch durchaus regelmäßig, meist dreischiffig gegliedert sind und das Innere mit großer Liebe, oft wirklich schön, ausgestattet ist. Jeder Besucher bringt, um lesen zu können, sein Lichtchen mit und kniet daneben auf der Erde, ein ganz eigentümlicher Anblick.) – Die Bahn nach Bilbao fährt 2 Stunden durch diese reizende, im ganzen Aufbau gradezu deutsch anmuthende, nur üppigere und etwas farbenreichere Berglandschaft, bis auf einem Hochplateau bei Durango, einem von üppigen Gärten umgebenen kleinen Städtchen, plötzlich südlich wie eine ungeheure Säge die Klippen der hohen kahlen, in allen denkbaren Formen gezackt und schief in die Luft ragenden Berge hervortreten, welche Castilien nördlich begrenzen. Man behält dann diese und ähnliche Bergformen in Sicht, wenn man in dem Gartenthal des Nervion nach Bilbao hinabsteigt. Bilbao selbst liegt in dem immerhin engen Thal, umgeben von hohen Bergen, dicht am Fluß, der hier bis in die Stadt von der Fluth angestaut wird, so daß zur Fluthzeit die größten Schiffe bis an die Stadt kommen. Der Mangel an Platz treibt die Häuser 5–6 Stock hoch in die Höhe, die schmalen Straßen der Altstadt lassen eben noch den Himmel sehen, jedes Haus hat entweder seine Serie von 5 Balcons über einander, über jeden der Vorhang herabhängend, oder – moderner – einen 5 Stockwerke hohen Glaskasten vom 1 Stock an – eine Serie von Erkern aus Holz und Glas. Nervionabwärts breitet sich die moderne Neustadt aus, rapide wachsend, denn Bilbao ist in schnellster Entwicklung begriffen. Schon in den Bergthälern auf der Fahrt und bei Spaziergängen von hier aus, bemerkt man, daß nicht nur unser „Hotel", sondern alle Landsitze, alle die malerischen dreckigen Nester der Küste elektrisch beleuchtet sind – von Siemens & Halske (dessen Ingenieur ich in Bilbao kennen lernte) unter Ausnutzung der Wasserkraft, – sondern daß auch, bis hoch in das Gebirge hinauf, kleine Brutstätten des Capitalismus sich eingenistet haben, hier Cementwerke, dort Maschinenfabriken, Stahlwerke, Eisenhütten, Möbelfabriken etc.

In Bilbao selbst und eine halbe Stunde flußab- und aufwärts aber verändert sich dies ganze Landschaftsbild. Über das Thal und die Berge hin führen Viadukte, Drahtseilfähren für Kohlen- und Erzeimer, Eisenbahngleise, Schüttvorrichtungen bis zum Fluß herunter, die Eisengruben hier, zur Zeit in *dieser* Art wohl die größten der Welt, haben schon ganze Berge vollständig abgetragen und sind weiter am Werke. Die Entwerthung des Papiergeldes führt dazu, daß die 3 Peseta Lohn jetzt nur noch ⅔ soviel, in Mark ausgedrückt, für den Unternehmer kosten, wie früher, als der Lohn auch 3 Peseta betrug, und die Arbeiterschaft, die aus dem Nachwuchs der prachtvollen, klugen und kräftigen, durchaus modern und nordeuropäisch gearteten Bauern herangezüchtet wird, soll vorerst allen Anforderungen mehr als gerecht werden, zugleich wurde Fabelhaftes über das Maß der Ausbeutung, Truck, Cottage etc. in den trivialsten Formen von Anfang des Jahrhunderts in England erzählt. Unter diesen Umständen kann zur Zeit Eisen *nach England* exportiert werden und wird es zunehmend. Nach 20–30 Jahren freilich werden die Eisengruben erschöpft sein, dann kommen die jetzt noch unzugänglichen Gruben in Galicien und Asturien an die Reihe und Bilbao ist gewesen. Aber vorerst stehen noch 2 Jahrzehnte rapider capitalistischer Entwicklung bevor, und wenn neben der großen catalonischen Textilindustrie bei Barcelona, die Eisengruben der Pyrenäen, jetzt noch ohne Eisenbahn, erschlossen sind und der Kohlenzoll, der jetzt noch die Entwicklung der Eisenindustrie hemmt, den Kohlenbergbau entsprechend gefördert haben wird, um wegzufallen, kann der Norden Spaniens Schauplatz einer industriellen Entwicklung werden, deren Entwicklungsfähigkeit allerdings vorerst durch die traurigen politischen Ereignisse weit zurückgedämmt werden kann. Die Madrider Zeitungen scheinen zum Teil Cuba schon verloren zu geben. In jedem Fall schreitet der latente Staatsbankrott langsam weiter fort. Eine der bisher stärksten

Einkommens- und damit Steuerquellen, der Wein, hat seine große Zeit hier auch hinter sich.

An der Mündung des Nervion, der bis dahin von Bilbao an – ½ Stunde mit der elektrischen Bahn – ein einziger Kai ist, liegen an der großen, von hohen Küsten, an der einen Seite von einem ganz ungeheuren spitzen Kegel, eingefaßten Ria de Bilbao der Hafen Portugalete und der Badeort Las Arenas einander gegenüber, über den Nervion hinüber verbunden durch eine Schwebefähre, d.h. je einen kirchthurmhohen graziösen Eisenpfeiler auf jeder Fluß-Seite, verbunden durch Eisengehänge und -gestänge, an welchem, tief bis auf die Uferhöhe herabhängend, eine Fähre in der Luft über dem Fluß schwebend sich hin- und herbewegt. Landschaftlich schöner ist es *hier*, nur hätte man in Las Arenas Anschluß nach Bilbao gehabt. – Wir sind aber hier, nachdem schönes Wetter eingetreten ist, sehr zufrieden. Wir gingen gestern Abend, als das Meer in allen Regenbogenfarben spielte, die Felsenküste entlang bis zum nächsten Flußausgang. An diesem liegt ein allerliebstes kleines Felsennest die Felsenbucht hinaufgeklebt, davor – wie überall – ein aus zwei gemauerten Pieren, zwischen denen ein schmaler Einlaß frei bleibt, bestehendes kleines Miniatur-Hafen-Exemplar, gefüllt mit buntbewimpelten Fischerbooten. Auf dem Rückweg stieg der Mond dunkelroth aus dem Meer.

Heut fuhren wir nach der andren Seite einige Stunden durch schönes, unwillkürlich an Thüringen und die Thäler und Berge in der Heimath Luthers erinnerndes Bergland nach Azpeitia, einem kleinen, wie alle diese Nester, am Mittag von Markt, Bauern, Schweinen, Spektakel aller Art erfüllten Nest in einem freundlichen und fruchtbaren, rings von Bergen, teils kahlen grauen Kuppen, teils grün bewaldeten Gipfeln, umschlossenen Hochthal. Eine Viertelstunde davon liegt, in lachenden Wiesen und Gärten, das Kloster Loyola, erbaut auf der Geburtsstätte des Hl. Ignaz und alle Reminiscenzen an denselben conservierend, neustens durch eine trotz des schwarzen Marmors im Innern zufolge ihrer zopfigen Überladenheit unschön wirkende Kirche, und im Übrigen jetzt Convikt. Nach dem Essen in einem dabei liegenden Hotel wurde man zunächst, in Begleitung von Bauern, einem Capuziner, einem jungen Zögling mit seinem geistlichen Leiter, einem alle Knixe etc. mitmachenden Juden (offenbar Bankier) und mehreren Damen durch die ganze Reliquien- und Reminiscenzen-Sammlung geführt. In das Kloster durften die Frauenzimmer nicht mit hinein. Und doch war dieses allein wirklich sehenswerth. Elektrisches Licht, Dampfwäsche, W.C., wunderschöner Klostergarten, ebenso schöne Höfe, fließende Brunnen mit Gläsern und Handtüchern, sehr saubere, Bett, Kommode, Tisch und Stuhl enthaltende weißgetünchte Zellen für die jungen Priester und Akoluthen, an der Thür ein Zettel mit ihren Reih-um gehenden Obliegenheiten darauf gedruckt, bei jedem ein Stift neben die ihm grade zufallende gesteckt, Schulstuben, die Schüler selbst zu 40–50 in dichter, schweigender Schaar – dem absoluten Schweigegebote dieses Stadiums entsprechend – bei Voll die Treppe hinabströmend, in den großen Refectorien der große gedeckte Hufeisentisch. Die Bibliothek aber war an *deutschen* Sachen etwas seltsam ausgestattet: *Adelung* „Vom deutschen Stil", eine längst verschollene Schwarte, war die pièce de résistance. Wenn man durch alle Fenster diese reizende, keineswegs ernste Luft aus der schönen Berglandschaft hereinfluthen sah und fühlte, war der Contrast der Menschen gegen Anstalt und Umgebung gleich eigenartig. – Alles in Allem würde Niemand darauf verfallen, daß grade dies Ensemble die Heimath des Stifters des Jesuitenordens sein müsse, – so wenig wie man den friedlichen kleinen Nestern am Meer ansehen würde, daß in einem von ihnen – hier in der Nachbarschaft – der spanische Ministerpräsident Cánovas vor 4 Wochen von Anarchisten ermordet worden ist. –

Hiermit genug für heute des Plauderns. Du nimmst mit Unrecht an, daß es mir ein „Opfer" sei, es ist die bequemste Zeitausfüllung nach dem Abendessen sich in geschwätziger Breite über das Erlebte zu ergehen, das Einem selbst dabei noch einmal deutlich wird. – Marianne läßt Dich bitten, ihr den *2ten* Band von Alexis Ruhe ist die erste Bürgerpflicht nach *Heidelberg* zu schicken. – Sonst ist nichts zu bestellen außer sehr vielen herzlichen Grüßen.

Bis Ende der Woche sind wir hier, d.h. wohl jedenfalls bis Montag, Briefe, die *Freitag* spätestens Nachmittag abgingen, träfen uns noch eben an. Dann ist unsre Adresse für Briefe bis Montag abgehend: *Zaragoza*, poste restante, dann bis Donnerstag *Barcelona* poste restante. Wir werden noch eine Tour auf Kloster Montserrat bei Barcelona machen, ehe wir uns heimwärts bewegen.

Nochmalige herzliche Grüße, Marianne mahnt zu Bett

Max

Eben kam Dein Brief!

Helene Weber

Brief vom 18., 19. und 20. September 1897, Las Arenas

Las Arenas 18. IX. 97

Liebe Mutter!

Es ist richtig, was Du schreibst, daß unter normalen Verhältnissen die Vielheit der Eindrücke, die wir an uns vorübergehen lassen, vielleicht nicht wohlthuend wäre. Aber so lange von Arbeiten bei mir keine Rede war und sein konnte, hätte ich es an einem Ort nicht ausgehalten; jetzt kommen die Nerven allmälig wieder in Ordnung, und man würde entweder sich irgendwo festgesetzt haben oder – an sich am liebsten – nach Heidelberg an die Arbeit gehen. Aber das Letztere ist Berthas wegen unmöglich – die letzten Nachrichten waren nicht gut; wir bleiben deshalb so lange als möglich, bis 2.X., fort. Das Erstere wird durch das Wetter erschwert, mit welchem wir Unglück haben. Es ist viel Föhn, und es zeigt sich, daß Marianne dies feuchte Klima hier nicht gut thut, was ich freilich nicht erwartet hätte. Sie hatte heute Nacht einen stärkeren Asthma-Anfall, als je seit wir verheirathet sind und ist ihn noch nicht los. Es ist die Anlage, eben doch ein nervöses Erbteil (*nichts* Periodisches). Sie hat eine Geduld dabei, wie ich sie glaube ich schwerlich hätte. Wir wollen aber unter diesen Umständen doch in das trockene Aragonien und dann an das Mittelmeer aufbrechen, reisen also Dienstag nach Zaragoza – 13 Stunden! – und dann nach Barcelona. Dort wollen wir etwas bleiben und das Kloster Montserrat von da aus besuchen, dann geht es heimwärts. Von eigentlichem Arbeiten ist doch – da wir eben doch einen gewaltigen Rückweg vor uns haben – keine Rede, zum Naturgenießen in der unbefangenen Art wie sonst wäre ja natürlich auch die Stimmung nicht da, man kann eben nur die ganze Fülle der gewaltigen Eindrücke, die Einem hier zugänglich sind, auf sich wirken lassen, um so zunächst nervös vollständig kräftig und dem objektiven Durcharbeiten alles Erlebten gewachsen zu werden. Das ist jetzt, glaube ich, erreicht, und zugleich habe ich speziell doch eine solche Fülle des Interessanten gesehen und gehört, daß die Reise auch nach dieser Seite nicht nutzlos gewesen ist. Wenn ich Dir so ausführlich davon erzähle, so geschieht es auch und namentlich, weil bei der Vielseitigkeit der Eindrücke es angenehm ist, sich Abends von ihnen kurz Rechenschaft zu geben. –

So auch heute. –

Ehe wir hierherkamen, und hier selbst, hatten wir genugsam Gelegenheit, den unerhörten Contrast zwischen der Tüchtigkeit der Landbevölkerung in diesen schönen Provinzen und der Niederträchtigkeit der spanischen Verwaltung kennen zu lernen. Der Schuft fängt beim Beamten an. Keinen Pfennig Geld vertraut der Staat seinen Postbeamten an. Die Postmarken kann man *nur* von der Tabaks-Monopol-Pacht-Gesellschaft kaufen – sie vertreibt sie gegen Tantièmen –, nicht am Schalter. Post-Anweisungen giebt es nicht, Werthbriefe nur für den Auslandsverkehr. Wie recht der Staat thut, zeigt sich beim Telegraphieren, der einzigen Gelegenheit, bei der der Postbeamte *Geld* vereinnahmt. Man muß sich bei Aufgeben des Telegramms eine Quittung – gegen Entgelt – geben lassen, sonst kommt es, wenn man nicht ansässiger Kunde ist, einfach nicht an, der Beamte steckt die Peseta einfach ein. Es ist uns zwei Mal so gegangen und geht hier Jedem so. – Dagegen ist die Bauernschaft sicher eine der glänzendsten der Welt. Die Leute sind wie es scheint – ich konnte volle Klarheit noch nicht gewinnen – meist Erbpächter großer Grundherrn, (denen der Wald und die Berge zum Teil noch gehören), und sitzen zu Primogenitur-Erbrecht auf ihren Höfen. Die ganze soziale Verfassung des Landes, gesellschaftliche Gewohnheiten und Institutionen sind streng demokratisch. Im Gegensatz zu den innerspanischen Bezirken mit landwirtschaftlichem Großbetrieb und feudalen Gepflogenheiten wird ein Unterschied der Klassen hier, z. B. an der Wirthstafel oder wo immer sonst, in keiner Weise gemacht, Niemand höflicher als der Andre bedient. Kommen die Grundherren zur Jagd ins Bergland auf ihre zum Teil reizenden, aber einfachen Landsitze, so akkommodieren sie sich der Sprache und den Gewohnheiten. Die Kirchenzucht ist streng: die Kirche setzt durch, daß hier im Allgemeinen *nur* „*offen*" getanzt wird – und zwar höchst graziös. Ebenso schreiben sich die scheußlichen ganz einhüllenden schwarzen oder braunen Badeanzüge in den Landbädern wohl sicher daher – hier in Las Arenas, am internationalen Hafen, trägt man ähnliche wie bei uns. Die untere, nicht akademisch gebildete Schicht der Geistlichen verkehrt höchst unbefangen und freundschaftlich mit der Bauernschaft, teilt auch ihre Leidenschaften, so das Rauchen, – selbst bei heiligen Akten gelegentlich verstohlen und ebenso im Leichengefolge, – und Spucken. Die obere Schicht scheint hier zumeist aus Jesuiten – an der schwarzen Schärpe kenntlich – zu bestehen. Die öffentlichen Gemeinde-Einrichtungen der kleinen Städte umfassen außer der offiziell obligatorischen, faktisch miserabel besuchten Schule: die Anstellung der Ärzte gegen Gehalt. (Auf Entgelt haben sie keinen Anspruch, die Wohlhabenden zahlen freiwillig. Die Zahl ist groß; die daneben bestehenden die Praxis als Privatzweck treibenden „médicos" affichieren ihr „cabinete" wie eine Barbierstube). Ferner hat die Gemeinde zu besorgen die Anstellung von *Spielleuten*, die Abends und an Sonntagen Mittags zum Tanz und Spaziergang aufspielen. So haben auch die Städte, z. B. Bilbao, ihre Kapelle. Dazu gehört dann: der „paseo", die Promenade, bei gutem Wetter in einer Allee, für schlechtes Wetter ist ausnahmslos überall eine überdeckte Säulenhalle von großer Ausdehnung hergestellt, oft im Anschluß an die Kirche, oder unter dem Rathause. Der paseo vertritt unseren Ball als Heirathsmarkt für alle Stände, vom Dienstmädchen bis zur jungen Dame präsentiert sich hier Sonntags bei Musik Alles – eventuell mit der Mama – in der mantilla, Reflektanten suchen durch Vermittlung die Erlaubnis nach, mit der jungen Dame „zu gehen", – Assistenz der Mama für die besseren Stände selbstverständlich; da ein Familienverkehr unserer Art nicht stattfindet, beschränkt sich die Bekanntschaft der künftigen Eheleute mit einander oft auf paseo-Unterhaltungen. „Verlobungen" giebt es im Allgemeinen nicht: der Zukünftige kommt entweder eines Tages als Werber und es wird geheirathet, oder er „schwimmt ab". Das *Tanzen* betreibt hier nur die *untere* Schicht. Die „Gesellschaft" tanzt nicht und giebt keine Gesellschaften. Einziger Luxus der Damen: Toiletten für die Kirche (2 Mal täglich) und den paseo (jeden Abend und Sonntag Mittags). Der Mann lebt im Café. Geistige Interessen: keine. Abends mit den Hühnern zu Bett, Morgens Toilette bis zur Vormittagsmesse, im Haushalt *nichts*, nur Kinder-„Verziehung". – Des Weiteren stellt jede Gemeinde den Ballspielplatz, eine Ecke von 2 sehr hohen glatten Wänden an einem mit Fliesen gedeckten Platz, – oft überdeckt, – auf dem das Lawn-Tennis-artige baskische Ballspiel täglich geübt und an Wettspieltagen – so heute in Bilbao – öffentlich aufgeführt wird, nächst den Stierkämpfen, deren Reizen sich auch die hier ansässigen Deutschen *nicht* entziehen, das Hauptvolksvergnügen. – Höchst eigenartig ist die feste Zunft-Organisation der Sardinenfischer in den Küstennestern. Jeder Fang, von wem immer gemacht, wird in das gemeinsame Verkaufshaus gebracht und gehört der Fischer-*Zunft*, also Zunft-Communismus. Der Fang wird im Wege der Versteigerung veräußert. Dafür existiert eine kleine Börse, in der jeder Händler der Händlergilde seinen festen nummerierten Platz hat. Der Auktionator versteigert, indem er einen Preis nennt und damit herabgeht: 30, 29¾, … 29½ … etc. – bis ein Händler, der zu dem Preise kaufen will, auf einen Knopf an seinem Platz schlägt. Darauf springt beim Auktionator seine Nummer hervor und er hat nun – die Vorhand zu kaufen so viel er haben will. Die Sardinen werden teils frisch verhökert, teils an Ort u. Stelle in Öl gelegt. Sinken die Preise, so wird eine rothe Fahne aufgesteckt, – worauf Niemand auf die See ausfahren darf. Classische Zunftinstitution!

Die Gemeinden wie die Bezirke der baskischen Provinzen verwalten sich streng demokratisch selbst. Es existiert *keine* allgemeine Staatssteuer, sondern die Provinzen, die bis zum letzten Carlistenkriege *nichts* an Spanien zahlten, leisten jetzt eine feste „Kriegsentschädigung", ein Aversum, welches *ausschließlich* durch die alte historische Grundsteuer und Accisen auf notwendige Lebensmittel gedeckt wird. Besitz und Einkommen sind *steuerfrei*. Dabei beruht das Wahlrecht auf dem allgemeinen *gleichen* Stimmrecht *Aller*, die zwei Jahre in der Gemeinde ansässig sind. Für die Praxis bedeutet das, daß die Wahl Kaufgeschäft ist. So für die Cortes, wo die Stimme 25 Pesetas (= 25 Francs, heute nur = 13 Mark) kostet, die gedruckten Parteiwahlzettel aus 2 Talons bestehen, deren Einer dem Wähler bei der Wahl abgetrennt eingehändigt wird zum Stimmen, deren andren er nach Abgabe des ersteren als Anweisung auf die Parteikasse erhält. Ebenso bei den Municipalwahlen. Die geschonte Steuerkraft des Capitals wirkt so als „Stimmkaufkraft" bei den Wahlen, der Besitzende zahlt statt der Steuern Wahlbestechungsgelder. –

Diese „demokratische" Organisation ist an die Stelle der alten feudalen „junta" der Basken getreten, deren Rechte in den „fueros" verbrieft waren, einer Notabelnversammlung, welche an der heiligen Eiche in Guernica, 2 Stunden mit der Bahn von hier in einem schönen Bergthal, zusammentrat. Die abgestorbene Eiche, seit einigen Jahrzehnten durch eine neue ersetzt, wird als Strunk von einem Glashäuschen umgeben, noch als Nationalheiligtum verwahrt. Wir waren auf der Reise hierher dort, man fühlt sich an die Dortmunder Vehmlinde erinnert. Das Landtagshaus, in dem in den letzten Jahrhunderten getagt wurde, ist von geschmackvoller Einfachheit. Die juntas waren Träger der Carlistenbewegungen, was 1875 nach dem letzten Kriege ihre Abschaffung zur Folge hatte. Auch zur Zeit ist eine, wennschon aussichtslose, separatistische Bewegung im Gange. Man will die Contribution los sein. – Daß jene „Demokratie" überhaupt zu einer brauchbaren Verwaltung führt, ist erstaunlich, indessen es muß anerkannt werden, daß der Zustand der Straßen und die Reinigung der Städte etc etc. jedenfalls weit bessere sind, als man erwarten sollte, besser z.B. auch als in Südfrankreich (Bordeaux ausgenommen!). Die *höhere* Schweinerei fängt erst beim Gouverneur, dem ersten *staatlichen* Beamten, an. –

Auf diesem Untergrunde entfaltet sich nun der modernste Capitalismus mit unerhörter Wucht. Ich war mit dem Ingenieur der „Orconera"-Gesellschaft – bestehend aus Krupp, 2 Engländern und 3 oder 4 Spaniern ähnlichen „Kalibers" – einen Vormittag über in den Eisengruben dieser Gesellschaft. Das Terrain ist einer grundherrlichen baskischen Familie abgepachtet, gegen 1 Shilling pro geförderte Tonne Erz, – also, da 1 Million Tonnen gefördert werden, 1 Million Shilling Rente pro *Jahr*. Die Gesellschaft – Direktor ein Herr Gill, der Erscheinung nach Bruder oder Vetter des verstorbenen Berliner – montiert die Gruben, welche ein ganzes Gebirge umfassen, mit Bahnen, Schüttwerken etc. etc. und leitet die Förderung. Die Beschaffung der Arbeitskräfte ist an einen Unternehmer für jede Grube vergeben, der pro Tonne bezahlt wird und ein glänzendes Geschäft macht. Die Gesellschaft ihrerseits verteilt das Rohprodukt an die Partner, die es in ihren Betrieben verwenden, verhütten etc. – Die nominelle Dividende pflegt ca 40–50% zu betragen. Großartigeres als diese Gruben giebt es auf der Welt nicht. Keine polizeilichen Vorschriften hemmen die Kühnheit des Technikers. Man fährt auf einer Lokomotive oder in einem kleinen, an den Güterzug der Grube angehängten Wagen in die Berge, dann auf einer selbstthätigen Drahtseilbahn, auf welcher die vollgeladen führerlos bergab sausenden Wagen die leeren, die am andern Ende des Drahtseiles hängen, in rasender Eile bergauf reißen, auf einen der letzteren empor, im Ganzen gegen 1000 Fuß hoch, und kann das fieberhafte, Terrassen-förmige Abtragen der Erzberge – es wird *nur* „über Tage" gearbeitet – beobachten. Für die mehreren Tausend Arbeiter sind auf den Höhen dieser Berge Dörfer angeklebt, gebaut einschließlich der Kirchen, Hospitäler, Polizeiwachen, Kneipen, Kleinkinderbewahranstalten durch die Gesellschaften, – *in* ihrem zum Teil scheußlichen Schmutz, ständig die schwarzen Pocken etc. Die Arbeiter sind für die Masse der einfachen Handlangerarbeiten ohne Qualitätsansprüche Galicier, für die Qualitätsarbeit – Bohren etc. – Basken, die sehr gesucht sind und höhere Löhne – 14–15 Realen = 3½ Pesetas pro Tag – erhalten, – kein niedriger Lohn, auch im Vergleich mit Deutschland. Das *technische* Problem ist reines Transportproblem, d. h. es kommt nur darauf an, die unter dem Rasen zu Tage liegenden bräunlichen Erzmassen bis auf den tief darunter liegenden Kalkfels abzusprengen oder zu -hacken, von Thon und Abfällen oberflächlich zu reinigen und unter möglichster Ersparnis an Menschenarbeit hinab an den Nervion-Fluß zu befördern. Mir fehlen die technischen Kenntnisse, um die genial-einfache Art richtig zu schildern, in welcher es gelöst ist: wie das Erz ganz oben, zunächst durch eine gewaltige Trichter-Öffnung in der Erde in einen darunter herlaufenden Tunnel sich hinabergießt, durch den eine Maschine die vollzuladenden Wagen fährt, wie diese dann durch ein System von schiefen Ebenen allmälig hinabgleitend durch ihre Schwere andere leere hochziehen, sich auf selbstthätige Umstürzvorrichtungen begeben, welche die mit Erz beladenen Wagen in andre größere hinein umkippend sich ergießen lassen, während der Abfall an andren Stellen tief hinab ins Thal gestürzt wird, und wie schließlich durch zahllose sich kreuzende hoch über das Thal sich bewegende Drahtseile mit daran hängenden Eimern, oder Kleinbahnen, „Schüttschnauzen" etc. das Erz in die Schiffe geschüttet wird. Das Ganze ebenso wie die Rundsicht von den allmälig sich durch den Abbau verkleinernden Bergen nach Santander zu, über das Meer und das aus hundert Schloten rauchende Thal des Nervion ist so einfach großartig, daß man es nicht vergißt.

Die gewaltige Macht der auf solchen Unterlagen ruhenden Capitalien, die auf dem Gebiet des Eisens jetzt auch Hochofen-Anlagen, Gießereien, selbst einige allerdings technisch noch rückständige Maschinenfabriken und Waffenfabriken gezeitigt haben und daneben in allen denkbaren Produktionszweigen Anlagen gesucht und gefunden haben, nutzt nun den trostlosen Zustand der spanischen Verwaltung in ungeheuerlichen Dimensionen aus. Die Bestechlichkeit des Gouverneurs, der Minister, aller staatlichen Beamten überhaupt ist den Herren, die ich hier sprach, schlechthin selbstverständlich. Mag manches übertrieben sein, so bleibt des Wahren genug. Unter diesen Verhältnissen in Verbindung mit der schlechten Finanzlage entwickelt sich Das, was man bei uns „Cartelle" nennt, hier in einfachster Form folgendermaßen: die Regierung hat z. B. die Dynamit-Fabrikation „monopolisiert". Das heißt zunächst: *neue* Fabriken dürfen nicht in privaten Händen entstehen. Die Regierung selbst ist natürlich weit entfernt, solche zu gründen – woher die Mittel? Sondern da wie im alten Rom die Erhebung *aller* Steuern *verpachtet* wird an private Unternehmer gegen feste Pachtsummen im Wege des Meistgebotes, so geschieht dies auch mit dem

Betrieb der „staatlich“ monopolisierten Dynamitfabrikation. Es wird zu Meistgeboten aufgefordert für die Conzession zur Dynamitproduktion. Natürlich läuft nur *ein* Gebot ein: das der schon bestehenden Fabriken, die sich zu einem Ring zusammengeschlossen haben. Sie zahlen also der Staatskasse einen festen Betrag jährlich dafür, daß sie das Recht haben, fortan allein, ohne Concurrenz, Dynamit zu fabrizieren, und kommen auf ihre Kosten für jene Abfindungssumme an den Staat, indem sie – wie es geschehen ist – den Preis auf das Doppelte erhöhen: das ist das Ergebnis des „staatlichen“ Monopols. *Genau* so ist es jetzt mit dem Petroleum, welches soeben ebenfalls – als Raffinieren – „staatlich“ monopolisiert ist, verlaufen. Die Regierung schrieb die Verpachtung aus und verlangte pro Jahr 18 Millionen Pesetas. Resultat: Es liegt *ein* Gebot, aus Bilbao, vor, in Höhe von nur *14* Millionen. Die Blätter sind wüthend, rechnen aber mit der Chance, daß dasselbe dennoch acceptiert wird. Und in der That: selbst bei Aufwendung von 2–3 Millionen Bestechungsgeldern *pro Jahr* würden die Offerenten ja noch billiger als der staatliche Mindestpreis es zulassen wollte, wegkommen. Der Petroleumpreis würde beliebig diktiert werden. – So knechtet der Übermuth des Kapitals in aller Form Rechtens den hülflosen Staat.[1)]

Sonntag Abend. Schon gestern, bei meiner Partie in die Minen, war *Marianne* nicht mit, da sie in der Nacht ziemlich starkes Asthma gehabt hatte. Die Nacht von gestern auf heute war es leider *recht* schlimm: das arme Frauchen hatte die ganze Nacht im Bett sitzend so furchtbar zu arbeiten, um Luft zu bekommen, daß wir heute Alles was wir vorhatten, aufgaben, und sie ganz im Bett blieb, was glücklicherweise auch bedeutend geholfen hat. Da ich aber inzwischen gehört habe wie überaus ungünstig speziell das jetzt hier

[1)] Die Arbeiter werden als nüchtern, genügsam etc. gelobt. Das Maß ihrer Ausbeutungsfähigkeit – politisch und ökonomisch, Ersteres noch mehr als Letzteres – beruht natürlich in erster Linie auf der Festbannung im Traditionalismus durch den Clerus. Die Sozialisten sind jetzt stark am Werke. Was werden wird, wenn mit der „Demokratie“ einmal Ernst gemacht wird, kann Niemand wissen.

herrschende Wetter auf alle zu Lungenaffektionen etc. Neigenden wirkt – z. B. wird der tuberkulöse Direktor Gill daran sterben – so wollen wir, wenn irgend möglich, Dienstag früh über Miranda de Ebro das Ebrothal hinab nach Zaragoza und Donnerstag nach Barcelona fahren. Da der Strand hier ganz ausgezeichnet, die Wellen von riesiger Stärke und die ganze Umgegend herrlich ist, so ist es jammerschade, aber doch besser. Ich denke, am Mittelmeer vergeht es; so meinte man wenigstens auch hier. –

Ich schließe – Briefe bis Sonnabend *früh* abgehend treffen uns in Barcelona, poste restante. Auf Alles Andre in Deinem Brief ein ander Mal. Marianne grüßt herzlichst, ebenso, Dich und die Geschwister,

Dein Max

Montag: Der Brief ist vergessen worden. Es geht heute, nachdem ich vom Arzt ein Lösemittel erhalten habe, besser. Das schlechte Wetter hält an, wir wollen *jedenfalls* morgen fort.

Wir haben bisher *2* Briefe von Dir:

1) in Irún
2) in Deva.

Ich habe Alles nach Bilbao nachbestellt, aber wie weit die Postschweinebande darauf reagiert, wer weiß es?

Amerika

1904

Reisestationen Amerika 1904

Anlässlich der Weltausstellung in St. Louis, Missouri fand ein internationaler Wissenschaftskongress statt, zu dem Max Weber als Teil der deutschen Delegation eingeladen wurde. Max und Marianne Weber reisten gemeinsam und berichteten in Form eines Reisetagebuchs an Helene Weber und die Familie. Aus Platzgründen werden hier nur die von Max Weber verfassten Teile abgedruckt. Die Briefteile Marianne Webers finden sich in MWG II/4. Bei fortlaufenden Briefen fehlt manchmal eine Unterschrift Max Webers.

20.–29. Aug.	Schiffsreise von Bremerhaven nach New York
30. Aug.–4. Sept.	New York
5.–9. Sept.	Niagara Falls, New York
9.–17. Sept.	Chicago, Illinois
17.–26. Sept.	St. Louis, Missouri; International Congress of Arts and Science (Marianne Weber bleibt dort bis zum 1. Oktober)
26./27. Sept.	Bahnfahrt Max Webers nach Guthrie, Oklahoma – Aufenthalt abgebrochen
27. Sept.–1. Okt.	Muskogee, Indian Territory
1./2. Okt.	Bahnfahrt nach Memphis mit Zwischenstopp in South McAlester, Indian Territory
2.–3. Okt.	Memphis, Tennessee (Zusammentreffen von Max und Marianne Weber, gemeinsame Weiterreise)
3.–5. Okt.	New Orleans, Louisiana
5.–7. Okt.	Tuskegee, Alabama
9.–12. Okt.	Knoxville, Tennessee
12.–13. Okt.	Asheville, North Carolina
14.–16. Okt.	Mount Airy, North Carolina
17. Okt.	Richmond, Virginia
18.–24. Okt.	Washington, D.C.
24.–28. Okt.	Philadelphia, Pennsylvania
28. Okt.–4. Nov.	Boston, Massachusetts
4./5. Nov.	Über Providence, Rhode Island, und New Haven, Connecticut nach New York
5.–19. Nov.	New York
19.–29. Nov.	Schiffsreise von New York nach Hamburg und Bahnfahrt nach Heidelberg

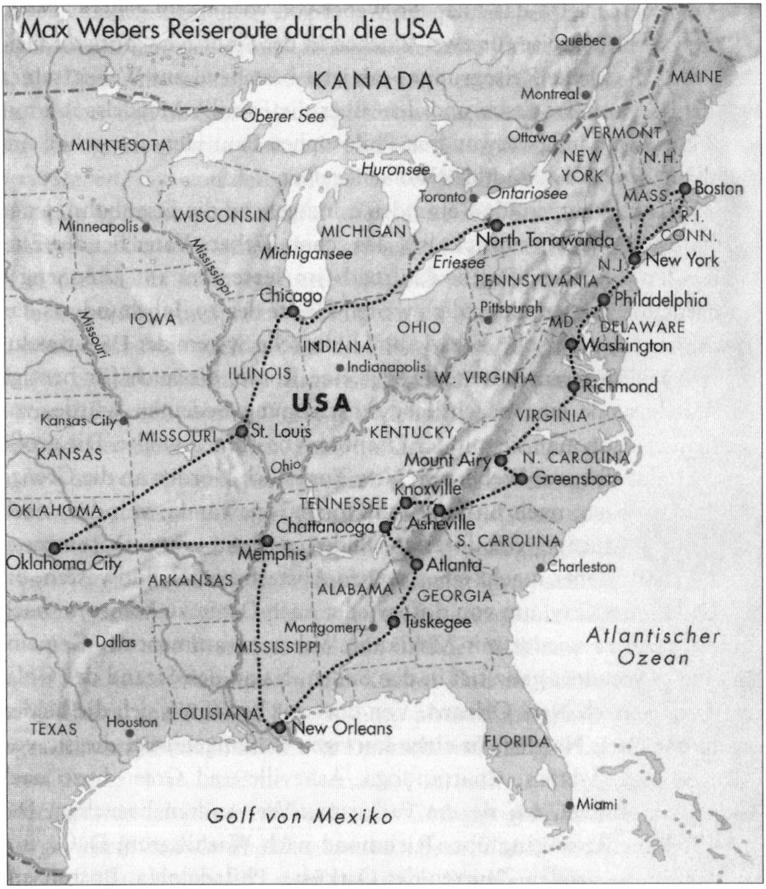

Amerika-Karte mit der Reiseroute Max Webers

Helene Weber und Familie

Briefzusatz vom 4. und 5. September 1904, auf der Fahrt nach Niagara Falls und dort

Marianne Weber berichtete über die ersten Eindrücke nach ihrer Ankunft in New York und setzte den dort am 2. September begonnenen Brief auf der Eisenbahnfahrt nach Niagara Falls fort. Max Webers Zusatz zum Brief seiner Frau beginnt mit einem Kommentar zu deren Aussage: „Am eindeutigsten begeistert ist wie immer auf Reisen: Max, er findet dank seines Temperaments u. wohl auch seines überschauenden Wissens u. wissenschaftlichen Interesse's erst mal grundsätzlich alles schön u. besser als bei uns […]." (MWG II/4, S. 266 f.).

Max Weber versah den Brief seiner Frau mit einem längeren Zusatz:

NB! Von besondrer Begeisterung ist bei mir nicht die Rede, ich ärgere mich nur über die deutschen Mitreisenden, die nach 1½ Tagen New York über Amerika stöhnen. – Die weitaus großartigsten Eindrücke in New York sind einerseits der Blick von der Mitte der Brooklyn Bridge, andrerseits der große Greenwood Cemetery in Brooklyn, zu dem hin man mit der Elevated über die Brücke fährt. Der Contrast ist fabelhaft. Auf der Brooklyn Bridge ist der Fußsteig in der Mitte erhöht, zu beiden Seiten sausen an einem, wenn man Abends gegen 6 Uhr drauf steht, die Dächer der Eisenbahnwagen der Elevated-Züge, in Abständen von ¼ Minute von einander, vorüber, noch weiter nach außen beiderseits die Trams, in wenigen Metern Abstand von einander, alles gestopft mit Menschen, die halb daran hängen, – ein ewiges Sausen und Zischen, zwischen das Eisenbahngepolter heulen die Dampfpfeifen der großen Fährschiffe tief unten, – dabei der großartige Blick auf die Zwingburgen des Capitals auf der Südspitze der Insel, auf welcher die City von New York liegt, lauter Türme wie auf den alten Bildern von Bologna und Florenz, überall die leichten Dampfwolken der Elevatoren-Maschinen um sich – dazu die ausgequetschten Menschen, die an einem vorüberstürzen – das ist ein in der That durchaus einzigartiger Eindruck, zumal verbunden mit dem Ausblick auf den weiten äußeren Hafen, die Freiheits-Statue und die ferne See. Ich kann auch die „Wolkenkratzer" nicht „häßlich" finden. Unsre Mietskasernen mit ihrer öden Front 10 Mal auf einander gestellt ergeben ein Bild wie ein gemaserter Felsen, mit einem Räubernest darauf, was gewiß nicht „schön" ist, aber auch nicht das Gegenteil, sondern jenseits von beiden liegt und, nicht von zu nahe gesehen, ein Symbol dessen ist, was sich hier abspielt, wie ich mir kein passenderes denken könnte. Innen sind sie meist vortrefflich eingerichtet, das Comptoir unsrer Bank, ich glaube im 14ten Stockwerk, höchst praktisch und geschmackvoll mit Marmor etc. decoriert. Der Platz ist aber eng auf der Manhattan-Insel, die Miethen teilweise wahnsinnige. Der Gewerberath beim deutschen Consulat mußte für *1* Zimmer nebst Schlafkammer u. Baderaum durchschnittlich pro Monat 120 $ (jährlich 6000 Mk) zahlen. Boarding House ist natürlich weit billiger, für *wöchentlich* 25 $ kann man da schon leidlichen full board haben. Aber wer sich seine Gesellschaft gern selbst aussuchen will, der pflegt darnach zu streben, in einen der großen Clubs, die in Unmassen existieren, aufgenommen zu werden (sehr hohes Aufnahmegeld!) und dann für ca 60 $ im Clubhaus zu wohnen. Was theuer ist, ist bei dieser Massenanhäufung eben jede Regung von *Individualismus*, sei es im Wohnen, sei es im Essen.

So war denn auch die Wohnung von Professor Hervey, einem der Germanisten an der Columbia University, ein wahres Puppenheim. Winzige Zimmerchen, Wasch- und Bad-Gelegenheit und Abtritt in einem Raum (wie fast immer), Gesellschaften mit mehr als 4 Gästen unmöglich (beneidenswerth!), dabei 1 Stunde Fahrt zum Centrum der Stadt. Die Leute waren von fast übermäßiger Liebenswürdigkeit und er sowohl wie sie leidenschaftlich „deutsch" in ihren Gewohnheiten. Von ihr wird Marianne wohl erzählen. Was ihn anlangt, so erzählte er mit Stolz, daß jetzt zwei Mal jährlich ein „deutscher Commers" in der germanistischen Abteilung der Universität gefeiert werde, mit Schlägern, Liedern und Bier vom Faß, die 8 germanistischen teachers, die graduates und die college-Studenten außer den freshmen (Füchse). Es sei – hieß es dann ganz im üblichen Styl – das erste Universitätsgebäude in Amerika, in welches ein Faß Bier gebracht worden sei. So ernst nimmt man es hier mit der Einführung der Studenten in den Geist der deutschen Cultur. – Die Frau sprach von nichts als Haushalt, zeigte ihr Eingemachtes etc. etc., erzählte mir von Lebensmittelpreisen – Fleischpreis per ℔ 1 Mk. (Rindfleisch bester Sorte) wie bei uns! Brot wie bei uns – etc. Es war ein Stück professoralen Lebens von durchaus deutschem Charakter, obwohl beide Gatten von Rein-Amerikanern stammen. Der Mann hatte 13, die Frau 9 Geschwister, sie selbst sind kinderlos, die Geschwister haben *zusammen* ca 8–9 Kinder (das jetzt hier Übliche, die alten Anglo-Amerikaner sterben allmälig aus). –

Niagara. Vorstehendes wird wohl nur in der Idee zu lesen sein, da es auf der Bahn geschrieben wurde. – Der Niagara ist nicht so einfach mit Worten zu beschreiben. Genug, daß er unglaublich viel gewaltiger wirkt, als irgend Einer von uns erwartet hatte. Alles Menschenwerk, die Schornsteine, Boulevard-Arbeiten etc. in der Nähe vergißt man doch über der Stimmung, welche vom canadischen Ufer aus der scheinbar aus unbekannter Ferne heranströmende riesenbreite Fluß und die stets in dichtem Wasserdampf halb verhüllten Abstürze machen. Man lebt hier wie in einem Badeort und fabelhaft billig. Für je 3 Dollar wird man in einem allerliebsten deutschen Hotel fast zu Tode gefüttert. Überhaupt ist die Sache nur halb so teuer, wie ich gerechnet hatte. Exclusive Eisenbahn – die so teuer ist wie bei uns, nicht teurer, und dabei so behaglich wie ein Salon – verbrauchen wir per Person und Tag in New York ca 26 M. bei brillantester Kost in reizend anmutigen Restaurants.

Helene Weber

Brief vom 8. September 1904, Niagara Falls

Hotel Kaltenbach.
Niagara Falls, Donnerstag 8/IX *1904*

Liebe Mutter!
Marianne ist mit Prof. Conrad aus Halle und dessen Schwiegertochter, Frau Pfarrer Haupt, nach Buffalo, um dort einige „settlements" anzusehen, von denen sie dann wohl erzählen wird. Ich blieb hier, um mich von dem vielen Herumlaufen und Sprechen auszuruhen in der überraschend schönen Ruhe dieses in jeder Hinsicht herrlichen Platzes, an dem wir nun 3 Tage sind. Morgen fahren wir nach Chicago – wo wir endlich auch europäische Nachrichten zu finden hoffen – und ich will daher noch schnell ein paar Zeilen für Dich zu Papier bringen, während Hensel und Tröltsch durch die grüne Insel zwischen den beiden großen Fällen gegangen sind, wo unzählige stille Plätze in dichtem Grün und an dem stürmisch vorüber- und dem Fall zu eilenden Wasser ein ganz eignes Gefühl tiefer Ruhe vor dem Sturm geben. So wunderbar die Naturschönheit – trotz aller schmählichen Verhunzung – ist, so war das Interessanteste doch unser vorgestriger Besuch in dem Industriestädtchen North Tonawanda (Holzhandel und -Verarbeitung, 10000 Einwohner), eine halbe Stunde von hier, bei dem schon genannten Pfarrer Haupt, Sohn des Hallenser Theologen, Schwiegersohn Conrads, der, im Johannesstift gebildet, ohne Abiturientenexamen, mit seiner Frau vor ca 12 Jahren nach den Vereinigten Staaten ging und zuerst in der Prärie eine kleine Gemeinde leitete, jetzt hier eine reine Arbeitergemeinde hat, welche der „German Evangelical Church" angehört und offiziell den Bekenntnisstand der Preußischen Landes-

kirche hat, auch vom Johannistisch in Berlin aus mit Pfarrern gelegentlich unterstützt wird. Schon der Anblick des Städtchens ist ein Contrast sonder gleichen gegen die Wolkenkratzer von New York. Lauter 1–2 stöckige Holzhäuschen an einem aus quer gelegten Brettern bestehenden Trottoir, jedes mit Veranda, Blumen, kleinem Gärtchen, Bäumen an der Straße, unendlich freundlich und bescheiden im Äußeren, winzig im Innern. Die Häuser werden in großen Sägemühlen und Fabriken fertig zugeschnitten wie ein Rock, dann angefahren und aufgezimmert, haben natürlich fast alle dieselbe Raumeinteilung je nach der Größe, kosten per Stück 1000–3000 $ (4200–12800 Mk). Die Räume sind *sehr* klein, 6 Personen füllen mit Tisch und Stühlen den größten zum Bersten, die Decken kann man mit der Hand erreichen, aber die freundliche Dekoration mit den schönen amerikanischen Hartholz-Paneelen und Thür-Einfassungen und einfarbige Tapeten machen den Raum sehr freundlich. Küche liegt stets neben dem Eßzimmer, Closet, Waschtisch (*einer* für alle), Badewanne in einem Raum eng miteinander verschlungen. Die Fenster sind winzig. Nicht wesentlich größer als alle andren war auch das Pfarrhaus neben der kleinen, sehr freundlich und behaglich (mit Küche und Dining Room für die häufigen Gemeindefeierlichkeiten) eingerichteten Holzkirche. Die Gemeinde besteht aus 125 Familien, der Kirchenbesuch scheint (grade bei den Männern) ganz brillant zu sein, die Unterhaltung der Kirche und des Pfarrers bringt die Gemeinde – *fast alles ungelernte* Handarbeiter aus den Holzmühlen und Packhöfen pp. – natürlich selbst auf: den einzelnen Arbeiter *kostet* das an Umlage ca 20–30 $ (*80–120* Mk) jährlich, daneben Collekten. Die Lehre, die gepredigt wird, ist ein so gut wie gänzlich *un*dogmatisches Christentum sehr freien Charakters, die Gemeinde sieht nur auf Persönlichkeit und Predigttalent des Pfarrers, macht die Generalsynode Schwierigkeiten, dann – meinte Haupt – würde die Gemeinde austreten. Der Pfarrer ist auf 3monatliche Kündigung (wie fast alle) angestellt, die aber sehr selten vorkommen soll. An Gehalt bezog Haupt – in seiner Erscheinung und Redeweise an Rade erinnernd – s. Z. in der Prärie 250 $ (1050 Mk) *pro Jahr*, daneben luden ihn die Farmer Sonntags zu Tisch und schickten ihm *Schweine* etc., während die Frau Kaninchenfallen stellte. Jetzt, in Tonawanda, scheint (nach seinen Andeutungen) sein Gehalt gegen 1000 $ (4200 M) zu betragen – ein Maurer in New York verdient 1½–2 Mal so viel, ein Arbeiter in Tonawanda jedenfalls ebenso viel. Das *15jährige* Dienstmädchen (Gemeindekind) bekommt 104 $ (422 M) pro Jahr. Die Frau kocht, macht die Hälfte des Hauses mit rein, der Mann schleppt schwere Sachen u. dergl. mit ins Haus, Wäsche ist nur im Haus, Kleider der Frau und (4) Kinder werden ganz im Haus gemacht. Die Modejournale und Modehandlungen verkaufen in dünnem Papier vollständig bis auf das T. Z. zugeschnittene Kleider, nach denen auch – wie die Frau sagte – Jemand, der noch nie eine Nadel in der Hand gehabt hat, die compliziertesten Kleider selbst zuschneiden und nähen kann. Das älteste Mädchen muß natürlich mithelfen. Fleisch, Brot, Schuhe sind so billig wie bei uns, teuer nur Hüte, Kleider des Mannes u. dgl. Es bleibt trotzdem ein Rätsel, wie die Leute auskommen und dabei nett und cultiviert (wenn auch – die Frau – *nicht* elegant) aussehen, aber die Pfarrgehälter scheinen sehr oft zwischen 600 und 1000 $ zu variieren, außer für die „Stars“ der Großstädte. Welche Contraste gegen Gehalte wie die des Steel Trust-Präsidenten (1 Million $ = 4,2 Millionen Mk)! Und dabei welch ungeheuer arbeitsreiches und hartes Leben für Mann und Frau, besonders für so eine deutsche Professorentochter – vollends, nach dem was sie von ihrer Existenz in der Präirie erzählten. Dabei sind sie im Vorwärtskommen überall gehemmt durch ihren deutschen „Accent“, der namentlich bei Predigern jede Avancements-Chance fast ausschließt. Der Mann ist deshalb im Tonfall schon stark anglisiert. Er predigt – noch – meist deutsch, aber dazwischen auch englisch, die high schools (höhere Bürgerschule oder Quarta bis Untersekunda eines Gymnasiums etwa) sind natürlich rein englisch, er muß bei sich, seinen Kindern und seiner Gemeinde auf englische Sprache dringen, wenn sie nicht dauernd second rate bleiben wollen. „Geselligkeit“ ist schon durch die Raumverhältnisse ausgeschlossen, aber auch durch die Wohngegend. Es ist üblich, daß die Leute, die in derselben Straße wohnen, sich besuchen, er wohnt aber nur unter seinen Arbeitern. Der Doktor und Apotheker in der zweitnächsten Straße besuchen ihn deshalb nicht, vollends nicht die „first set“-

Familien aus den andren Stadtvierteln. Denn erst das Miethen einer Wohnung in einer Straße, die als zum „first set" gehörend gilt, bekundet hier den Entschluß, zu den gentlemen zu gehören, und führt – auch für den Reichsten! – zur Aufnahme in die „society", – eine wunderliche Consequenz der rein mechanischen Merkmale, nach denen die demokratische Gesellschaft hier gegliedert ist. Wir haben einen gewaltigen Respekt davor, daß unter solchen Lebensbedingungen die Leute (und ihre Kinder) geblieben und geworden sind, was sie sind. – Gestern trafen wir dann hier Mr. James, Präsidenten der Northwestern University, der einen von den beiden in Chicago residierenden Universitäten – die andre ist die von dem Petroleum-König Rockefeller gegründete –, mit seiner aus Halle stammenden Frau (er war Schüler von Prof. Conrad dort), die in ihrer deutschen äußeren und inneren Formlosigkeit und mangelhaften Toilette „terribly dutch looking" aussah, während *er*, wie die meisten Präsidenten – sie nehmen eine Stellung zwischen einem Cultusminister, Curator und Rektor der betreffenden Universität, die ja eine autonome Corporation ist, ein – durch mächtige Haarmähne, gewählte Toilette und gemessene Grandezza des Wesens keinen Moment die „repräsentative" Persönlichkeit vergißt, übrigens ganz nett war. Die beiden Söhne waren, der eine graduate student, der andere Cadett, eben in die Marine als Offizier eintretend, äußerst angenehme junge Leute, denen kein Mensch ansieht, daß sie, wenn ihre Mutter grade kein Dienstmädchen hat – ein Fall, der jede Stunde jedes Tages eintreten kann, das Trottoir vor dem Hause fegen, den Flur reinigen, Kohlen tragen etc., wie die Mutter selbst dies natürlich auch immer wieder thun muß. Die besten Dienstboten hat man – meinte Mrs James – aus armen Studenten der Universität, die sich in den Ferien in den Badeorten, während des Semesters bei Professoren (und andren guten Familien) auf den halben Tag zum Aufwarten etc. vermiethen. Die Zahl solcher Studenten scheint in der North Western University besonders groß, angeblich die große Mehrzahl (?) zu sein.

Helene Weber

Brief vom 19. und 20. September 1904, St. Louis

St Louis 19/IX 04

Liebe Mutter!

Wir feiern nun hier an den Ufern des Mississippi morgen unsren 11ten Hochzeitstag, fürstlich einquartiert mit zwei Riesenzimmern und der üblichen Combination von Bad, Waschgelegenheit und W. C., bei einem Deutschamerikaner, Herrn A. Gehner, einem geborenen Westfalen – Bauernsohn – mit einer ebenfalls aus kleinen Verhältnissen stammenden sehr angenehmen deutschen Frau. Er fing an als Beamter der Vermessungsbehörden des Staates Missouri nach dem Bürgerkrieg, den er auf Seiten des Nordens mitmachte, kannte so die Besitzverhältnisse genau und machte sein Vermögen durch eine etwa unsrem Notariat entsprechende Thätigkeit: die Controlle und Prüfung der Besitztitel bei Käufen. Da man hier kein Grundbuch deutscher Art hat, muß man bei jedem Kauf die Urkunden bis zum ersten Ansiedler, 150–200 Jahre zurück prüfen, um sicher zu gehen, daß man vom richtigen Eigentümer gekauft hat. Mit diesem verantwortlichen aber einträglichen Geschäft verband er, wie dies ja nahe lag, die Vermittlung von Hypothekendarlehen und hat sich jetzt auf dies Geschäft zurückgezogen. Er ist also völlig selfmade, dabei ein completter gentleman, schön und stattlich, von vortrefflichen Formen, besseren als sein Schwiegersohn, ein Eisenfabrikant; die Tochter ist natürlich college-bred und sehr comme il faut. Das Haus ist sehr groß und äußerst geschmackvoll ohne Prunk, mit einfarbigen (waschbaren) Leinentapeten und den üblichen aus den schönen amerikanischen Harthölzern hergestellten Holzpaneelen, Thürpfosten etc, das Essen – denn wir sind zu vollem Quartier eingeladen – erfreulich einfach. Tröltsch, der einsam in einem Club untergebracht war, erschien gestern (Sonntag), wo Alles – auch die World's fair – zu war, verzweifelt hier und blieb alsbald ebenfalls hängen. Heut Abend geht der Congreßschwindel los. Alles bisher ist also äußerst behaglich, und, bis auf 3 schlechte Tage in Chicago, – wo wir Deinen Brief übrigens richtig erhalten hatten – geht es mir nach wie vor brillant, trotz endlosen Geplauders mit all den vielen Leuten. Das Wetter ist jetzt feucht und kühl, während gestern früh und auf der Fahrt hierher 92° Fahrenheit, zeitweise mehr, also über 30° Celsius, herrschten. –

Chicago ist eine der unglaublichsten Städte. Am See liegen einige behagliche und schöne Villenviertel, meist Steinhäuser schwersten und lastendsten Stils, direkt dahinter liegen alte Holzhäuschen, genau wie sie in Helgoland sind, dann kommen die Tenements der Arbeiter und ein wahnwitziger Straßenschmutz, kein Pflaster oder miserable Chaussierung außerhalb der Villenviertel, in der city zwischen den sky-scrapers ein haarsträubender Straßenzustand. Dabei wird Weichkohle gebrannt. Wenn nun der heiße trockene Wind aus den Wüsten des Südwestens durch die Straßen fegt, so ist der Anblick der Stadt, zumal wenn die Sonne dunkelgelb untergeht, ein phantastischer. Man sieht am hellen Tage 3 Straßen-Blocks weit, auch von den Aussichtstürmen, Alles ist Dunst, Qualm, der ganze See mit einer violetten Rauchathmosphäre turmhoch bedeckt, aus der die kleinen Dampfer plötzlich auftauchen und in dem die Segel der auslaufenden Schiffe rasch verschwinden. Dabei eine endlose Menschenwüste. Man fährt aus der city durch die – ich glaube 20 (englische) Meilen lange Halsted street in endlose Fernen, zwischen Blocks mit griechischen Aufschriften, Xenodochien etc., dann andre mit chinesischen Kneipen, polnischen Reklamen, deutschen Bierhäusern – bis man an die „stock Yards" gelangt: so weit man von dem Uhrturm der Firma Armour sehen kann, nichts als Hürden mit Vieh, Gebrüll, Geblöke, endloser Dreck – am Horizont aber rundum – denn die Stadt geht noch Meilen und Meilen weiter, bis sie sich im Grün der Vorstädte verliert – Kirchen und Kapellen, Elevator-Speicher, rauchende Schlote – jedes große Hotel hat einen für seine Elevators etc – und Häuser jeden Formats. Meist kleine für höchstens 2 Familien, daher die ungeheueren Dimensionen der Stadt und je nach den Nationalitäten differenziert in der Sauberkeit. Der Teufel war los gewesen in den Stock yards: ein verlorener Streik, massenhafte Italiener und Neger als Streikbrecher: täglich Schießereien mit Dutzenden von Toten auf beiden Seiten, Trambahnwagen umgestürzt und dabei ein Dutzend Frauen zerquetscht, weil ein Nonunion-man darauf gefahren war, Drohung mit Dynamit gegen die Elevated, von der richtig ein Waggon entgleiste und halb in den Fluß herabstürzte. Dicht bei unsrem Hotel ein Mord eines Cigarrenhändlers am hellen Tage, wenige Straßen davon in der Dämmerung ein Raubanfall von drei Negern auf einen Tramwagen etc, etc. – eine eigentümliche Culturblüthe Alles in Allem. Rasant ist das Durcheinanderquirlen der Völker: die *Griechen* putzen Straßauf-Straßab den Yankee's die Stiefel für 5 cts, die Deutschen sind ihre Kellner, die Iren besorgen ihnen die Politik, die Italiener die schmutzigsten Erdarbeiten. Eine sehr instruktive Zeichnung im Hull House, – von dem Marianne wohl erzählte – zeigte wie dies Durcheinanderwehen der nationalen Zusammengruppierung Platz macht, die Lehrtafel daneben zeigte (zu meinem Erstaunen), daß die *Italiener* die niedrigsten Löhne haben, niedriger als die *Russen*. Die ganze gewaltige Stadt – ausgedehnter als London! – gleicht außer in den Villenvierteln – einem Menschen, dem die Haut abgezogen ist und dessen Eingeweide man arbeiten sieht. Denn man sieht *Alles* – Abends z.B. in einer Nebenstraße in der city die Dirnen *ins Schaufenster* bei elektrischem Licht gesetzt nebst Preisangabe! Charakteristisch ist hier wie in New York die Behauptung einer eigenen *jüdisch*-deutschen Cultur. Theater spielen in Judendeutsch der Kaufmann von Venedig[1)] und eigne Judenschauspiele, die wir uns in New York ansehen wollen. Die Rolle der Deutschen ist in Chicago – trotz großer Zahl – ganz unbedeutend, selbst ihr „Schiller"-Theater haben sie – infolge Uneinigkeit – verkauft. Dagegen hat St Louis eine große Zahl höchst angesehener deutscher Familien (natürlich mit amerikanisierten Kindern) und der deutsche Reichtum ist dem angloamerikanischen äquivalent. Carl Schurz lebte früher hier, ihm gehört noch die Mississippi-Zeitung zu ⅔, welche die originelle Leistung fertig bringt, in einer streng *republikanischen Morgen*-Ausgabe und – mit andrem Redakteur – einer ebenso streng *demokratischen Nachmittags*-Ausgabe zu erscheinen. Für das hiesige Parteiwesen und seine rein auf Ämterbesetzung gerichtete Eigenart oder vielmehr Charakterlosigkeit spricht das Bände!

---

1) Wobei aber Shylock *Recht* behält.

20/IX (unser 11ter Hochzeitstag!)

Chicago ist – infolge der Völkermischung – weniger kirchlich als selbst New York – trotzdem ist grade in den Arbeitervierteln die Zahl der (von den Arbeitern selbst bezahlten) Kirchen sehr groß. Hier liegen die charakteristischsten Züge amerikanischen Lebens, zugleich auch die schicksalsvollsten Momente tiefer innerer Umgestaltung. Orthodoxe Sekten waren es bisher, die dem ganzen Leben hier ihr Gepräge gaben. Alle Geselligkeit, aller soziale Zusammenhalt, alle Agitation zu Gunsten philanthropischer oder ethischer, auch – bei Campagnen gegen die Corruption – politischer Zwecke fanden an ihnen Halt. Jetzt ist, neben den Katholiken (die nur durch die Einwanderung ihre Zahl behalten bzw. vermehren) nur die altlutherische große Missouri-Kirche noch ein Fels der Orthodoxie. Sonst ist Alles im Fluß. Die Presbyterianer haben die Prädestinationslehre und die Verdammnis der ungetauft Sterbenden abgeschafft, die großen Sekten stehen im „pulpit change" (d.h. ihre Geistlichen predigen oft gegenseitig in den andren Kirchen), die Arbeiter wollen von Dogmatik gar nichts hören. Die „ethische Cultur" hat einen Tempel mit sonntäglicher Predigt in New York. Vor Allem stehen überall Tempel der Christian Science, oft riesengroß, und die Staaten müssen gegen die Unsitte, keinen Arzt zu rufen, die Dyphteritis- etc. -Kranken nicht anzuzeigen u. nicht zu behandeln etc, mit dem Strafgesetz vorgehen. Die alte scharfe methodistische Kirchenzucht ist ebenfalls verblaßt. Es ist schwer zu sagen, wie sich diese Dinge weiter entwickeln werden. Unglaublich muthet es an, wenn man in den *Statuten* der Northwestern University in Chicago (methodistisch ursprünglich, die große Rockefeller'sche Gründung ist baptistisch, beide concurrieren in *derselben* Stadt!) liest: der Student muß von den täglichen Gottesdiensten 3/5 besuchen, *doch* kann er aber *statt* je 3 Stunden Gottesdienst 1 Stunde Colleg *mehr* hören. Hat er einen größeren „*Chapel record*" (!!) als verlangt, so wird es ihm *auf das nächste Studienjahr gutgeschrieben* u. er braucht dann so viel weniger attendance zu leisten, bei ungenügendem „Chapel record" wird er nach 2 Jahren relegiert. Der „Gottesdienst" ist dabei eigenartig: Vorträge über Harnack's Dogmengeschichte z.B. ersetzen ihn zuweilen. Am Schluß werden die Zeiten des nächsten Foot-Ball, Base-Ball, cricket etc. verkündet – wie früher in den deutschen Dörfern die Erntearbeit. Das Ganze ist ein wildes Durcheinander – es ist schwer zu sagen, wie stark die Indifferenz zur Zeit ist, daß sie zugenommen hat – namentlich durch die Deutschen – ist ziemlich sicher. Aber die Macht der kirchlichen Gemeinschaften ist noch immer gewaltig im Vergleich zu unsrem Protestantismus.

Überall fällt die gewaltige Intensität der Arbeit ins Auge. In den Stock yards mit ihrem „Ozean von Blut", wo täglich mehrere Tausend Rinder und Schweine geschlachtet werden, fällt sie am meisten in die Augen. Von dem Moment an, wo das Rind ahnungslos den Schlachtraum betritt, vom Hammer getroffen zusammenstürzt, dann alsbald von einer eisernen Klammer gepackt in die Höhe gerissen wird und seine Wanderung antritt, geht es unaufhaltsam weiter, an immer neuen Arbeitern vorüber, die es ausweiden, abziehen etc., – immer aber im Tempo der Arbeit an die Maschine gebunden sind, die es an ihnen vorbeizieht. Man sieht ganz unglaubliche Arbeitsleistungen in dieser Athmosphäre von Qualm, Koth, Blut und Fellen, in der ich mit einem Boy, der mich allein gegen ½ $ führte, herumbalanzierte, um nicht im Dreck zu ersaufen, – und wo man das Schwein von der Kofe bis zur Wurst und Conservenbüchse verfolgt. – Stundenweit haben die Leute vielfach, wenn um 5 Uhr die Arbeit aus ist, nach Hause zu fahren, – die Tram-Gesellschaft ist bankrott, seit Jahren – wie üblich – verwaltet sie ein „receiver", der kein Interesse an der Abkürzung der Liquidation hat und daher keine neuen Wagen anschafft – die alten versagen alle Augenblick. Jährlich gegen 400 Leute werden tot- oder zu Krüppeln gefahren, ersteres kostet laut Gesetz die Gesellschaft 5000 $ (an die Wittwe oder Erben), letzteres 10000 $ (an die Verletzten), so lange sie keine Vorsichtsmaßregeln trifft. – Sie hat calculiert, daß sie die 400 Entschädigungen weniger kosten als die verlangten Vorsichtsmaßregeln und bringt diese nicht an. – Die Stadt Chicago trinkt das Wasser des Michigan-Sees, unfiltriert – der Dreck der Stadt floß bis vor Kurzem ganz und jetzt noch zum Teil dahin: ein österreichischer College bekam alsbald gastrisches Fieber, Typhus ist alltäglich. Jetzt hat man den Chicago-River gestaut und nach der Wasserscheide zum Mississippi hin abgeleitet, und läßt mit ihm den Dreck der Stadt St Louis in den Mund laufen. Der Tunnel der Underground-Strecke unter dem River wird sicherlich bald einstürzen, da die Schiffe mit größerem Tiefgang fast immer auf ihm festlaufen: Niemand denkt dran, *ehe* er einstürzt, etwas zu thun. U.s.w. u.s.f. in infinitum. Es ist ein wildes Leben trotz der raffinierten Culturschicht, die darüber liegt, wir sind ganz vergnügt – zumal auch die (Nacht-)Züge beraubt worden sind (2 Mal innerhalb 14 Tagen!) – wir fahren nur am Tage – jetzt hier zu sein, wo es ruhiger zugeht.

Sehr erquicklich war der Besuch der Northwestern University in der Vorstadt Evanston, schön im Grünen am See, mit großen Playgrounds und reizenden Holz- oder auch Steinhäusern der Professoren. Wieder die kleinen, oft winzigen Räume der Professorenhäuser – ein Paff aus meiner langen Pfeife würde das Arbeitszimmer dauernd verfinstern –, ein sehr hübsches Heim einer studentischen Verbindung („Greek letter society"), die – außer Mensuren und Saufereien – Alles machen wie wir, hübsche Albums einer Student*innen*-Verbindung gleicher Art, mit amüsanter Schilderung der Art, wie die „alten Herren" oder vielmehr „alten Damen" der Verbindung vor Beginn des Semesters kommen, um Füchse („freshmen") „keilen" zu helfen etc. etc. – kurz viele hübsche Einblicke in das *ebenso* arbeits- wie Poesie-reiche amerikanische Studentenleben.

Die Poesie ist anders als die des unsrigen, – denn während der amerikanische Junge auf der primary school, grammar school u. high school sehr langsam u. wenig zu arbeiten hat, ca 17–18 Jahre wird, bis er so weit ist wie ein Untersekundaner, die denkbar größte Freiheit genießt, deshalb für unsren Geschmack oft schwer erträglich, aber allerdings sehr kräftig und selbständig wird, – geht der College-Student (17/18–21/22 Lebensjahr) – normalerweise ins Internat, hat sich der Hausordnung zu fügen, ist bezüglich des Trinkens etc. wenn nicht formell, so doch faktisch controlliert, sein Studiengang ist – mit gewissen elective lessons – vorgeschrieben, Schwänzen giebt es nicht, Kirchgang mindestens wöchentlich, Examina alle Vierteljahr. Trotzdem liegt bei allen älteren Leuten der ganze Zauber der Jugenderinnerung allein auf dieser Zeit. Massenhafter Sport, hübsche Formen der Geselligkeit, unendliche geistige

Anregung, zahlreiche dauernde Freundschaften sind der Ertrag u. vor Allem wird ernstlicher als bei uns die Gewöhnung zur Arbeit erzogen. Der Schwiegersohn unsres Gastfreundes versicherte, ein college-bred-man lerne das Geschäft in ½ Jahr, andre in 2–3. Erst nach der Graduierung als B.A. beginnt für die graduates – also Leute, die unsren Abiturienten entsprechen, nur einige Semester philosophischer, naturwissenschaftlicher, classischer und historischer Studien hinter sich haben und volljährig sind, – ein Studium von ca 2–3 Jahren bis zum Ph.D., Ll.D., M.A. oder D. in Science, welches unserm Universitätsleben entspricht. Die jungen Professoren – meist auf Kündigung angestellt, – unterrichten mehr am college, die älteren – speziell die „heads of department", unsern Institutsdirektoren in der medizinischen Fakultät entsprechend – nur oder doch meist die graduates. Die Einnahmen sind niedrig: Die höchste in den Vereinigten Staaten ist 9800 $ für den Präsidenten – = Curator, Cultusminister und Professor – am Harvard College, sonst meist für ordentliche Professoren zwischen 3000 und 5000 $, dabei meist 8–10 vorgeschriebene Colleg-Wochenstunden, die jüngeren *mehr*, so daß grade für diese wissenschaftliche Arbeit nicht leicht ist. Die Kosten des Studiums sind – auch an den auf Stiftung beruhenden Universitäten, denn an den Staatsuniversitäten ist Alles frei oder doch so gut wie frei – nicht hoch. Der Gesammtverbrauch in Chicago pro Jahr wurde uns als im Minimum ca 300 $ (1250 M), bei gut Situierten bis zu 500 $ geschildert, da die College-board-Gelder sehr niedrig sind. Anderwärts (New York) werden 800 $ genannt. Das Verdienen eines Teils davon ist sehr häufig, vom Stundengeben bis zum Stiefelputzen ist jede Form im Gange. Die Concurrenz der Universitäten (im Staat Illinois allein 3, von den kleinen Colleges ganz abgesehen) treibt wunderliche Reklameblüthen, starker Lokalpatriotismus der Studenten, daneben der Verbindungen (Greek Letter Societies) entwickelt sich. Es war rührend, als in Evanston unser Gastfreund – Goetheforscher – im „Couleurhaus" einen freshman, der grade da war, einhakte und mit Begeisterung den „cantus" ihrer society („ΒΘΠ" – die Bedeutung der Buchstaben ist „Couleur"-Geheimnis, sie entsprechen sonst dem „Zirkel" unserer Couleurn), anstimmte – Melodie: „O Tannebaum, o Tannebaum“! In der Kirche haben sie bekanntlich oft (besonders die Methodisten) Commerslieder-Melodien. – Die Sachen haben, wie so vieles hier, etwas Kindliches, aus gesundem Menschenverstand, Enthusiasmus und Naivität seltsam Gemischtes. – Doch nun mag Marianne weiter erzählen. Sie ist eben in der Ausstellung mit Mrs Gehner. Über diese kann ich nur sagen, daß der Eindruck gestern Abend am großen Bassin, als die Linien der Architekturen ruhig und vornehm durch Glühlampen erleuchtet waren, einer der grandiosesten war, die wenigstens ich mich entsinnen kann je gehabt zu haben. –

Wir denken viel daran, daß nun *Alfred* bald seine Koffer packt. Das ist ein großer Abschnitt, hoffentlich kommt er nicht gleich zu sehr ins Geschirr und geht Alles gut an und Du kommst über die Zeit dieser Änderung des Lebens gut fort!

Ich schicke den Brief lieber doch ab, – wer weiß wann Marianne zum Schreiben kommt u. ich muß morgen sprechen. Dann zahllose receptions. Sonntag through-train in 24 Stunden nach Washington zu Roosevelt.

Von James oder William Miller *bisher* keine Antwort, ich habe nun „eingeschrieben“ geschrieben. Hinreisen werden wir jedenfalls.

Herzlichst – mit vielen Grüßen und Wünschen
auch für Alfred –
Dein Max

Helene Weber

Brief vom 28. und 29. September sowie 2. und 3. Oktober 1904, Muskogee und auf der Fahrt nach Memphis

Missouri, Kansas & Texas Railway System.
Hotel and Restaurant Department.
Muskogee, Indian Territory 1904 28/9

Liebe Mutter!

Ich komme eben vom Lunch bei einem Mitglied des Stammes der Cherokee-Indianer. Der Mann gehört zum Stamm, weil seine Mutter Indianerin ist, während sein Vater Virginier war und sie heirathete, als sie auf dem *College* in Richmond war. Die 73jährige alte Dame erinnert im Äußern etwas an „Tante Mons", ist aber eine perfect lady, malt Stilleben und Porträts und ist im Indian Building der Ausstellung mit einigen Bildern vertreten. Der Sohn heirathete in Virginia, wo er geboren wurde, eine Weiße und ging dann mit Mutter und Frau hierher zurück, „to make money". Als Stammesmitglied hatte er das Anrecht auf einen entsprechenden Anteil des Bodens, er wurde als Vertreter der „five civilized tribes", denen das Territory bis vor wenigen Jahren reserviert war, nach Washington geschickt, wurde Indian agent, spekulierte offenbar, als das Privateigentum durchgeführt wurde, sehr glücklich in Land und besitzt jetzt eine reizende große und behagliche Holzvilla. Da der Redakteur des „Muskogee Phoenix", den ich in der Bahn traf, meine Anwesenheit hier unter der riesengroßen Überschrift „Very distinguished visit" publik gemacht hatte, kam er alsbald heute Morgen – er kennt Heidelberg, wo er als Tourist war – und hat ein höchst intelligentes, eigentümlich südländisch anmuthendes Gesicht. Das Land hier ist bei Weitem das Interessanteste, was ich sah. Bis 1889 gehörte das ganze alte Indian Territory den Indianern, die wie eine fremde Macht behandelt wurden. Dann verkauften die Creeks und Cherokees die Hälfte für 15 Mill $. an die Vereinigten Staaten – das jetzige Territorium Oklahoma. Das Geld verteilten sie – Mr Owen war noch entrüstet über die Niedrigkeit des Preises und diese Dummheit – an die Stammesmitglieder, die es natürlich (pro Nase

500 $) schleunigst durchbrachten. Der Rest, das heutige Indian Territory, ist eben im Begriff, das Schicksal Oklahoma's zu teilen. Den Indianern ist das Privateigentum oktroyiert, das Land vermessen und den einzelnen Familien zugeteilt worden. Die zahlreichen Neger – meist die Sklaven der Indianer – waren nach dem Bürgerkrieg von diesen als citizens zugelassen worden und erhielten folglich auch ihren Landanteil. Nun ist den Negern seit 2 Jahren erlaubt, ihr Land bis auf die homestead von 40 acres, die unveräußerlich ist, zu verkaufen: Die Folge ist, daß jedes Jahr 2000 Negerfarmen von Weißen – bis auf die homestead – aufgekauft werden. Jenes selbe Gesetz erlaubte auch den Indianern den Verkauf des Landes, nur muß derselbe unter Vermittlung des Indian agent der Vereinigten Staaten in öffentlicher Versteigerung erfolgen und es wird ein Minimalpreis – meist 10 $ pro acre (ca. 24 Mk pro Morgen, 96 pro Ha) festgesetzt. Etwa 8–900 Indianerfarmen gehen jährlich in weiße Hände über. Daneben gab es von jeher zahlreiche weiße Pächter auf dem Indianerlande. Jetzt ist Asphalt und Petroleum gefunden worden, und die weiße Bevölkerung ist schon stärker als die rothe, selbst mit Einschluß der Halbblütigen, – Vollblütige gibt es hier ca 14–15000, und diese verschmähen jede Beschäftigung außer Viehzucht, Jagd, Fischerei, Ackerbauprodukte gewinnen sie, indem sie Weiße als Teilpächter ersetzen. Oklahoma und Indian Territory werden demnächst zum Staat erhoben, man streitet nur, ob zu einem – worin die Republikaner die Mehrheit hätten, oder zu zwei – dann hätten die Demokraten im Indian Territory Chancen die Mehrheit zu haben. –

Nirgends so wie hier mischt sich nun die alte Indianerpoesie mit modernster capitalistischer „Cultur". Die neu angelegte Bahn von Tulsa nach Mc Alester führt zuerst, am Canadian River, eine Stunde lang durch veritablen Urwald – nur darf man sich nicht das „Schweigen im Walde" mit Riesenstämmen etc. darunter vorstellen. Undurchdringliches Dickicht – so dicht, daß man gar nicht merkt, außer an wenigen Durchblicken, daß man nur wenige Meter vom Canadian River entfernt fährt, – dunkle Bäume, denn das Klima ist schon ziemlich südlich, Schnee selten, bis oben hin von Schlinggewächsen übersponnen, dazwischen gelbe stille Waldbäche und kleine Flüsse, vollkommen vom Grün übersponnen, – am meisten Lederstrumpf-Poesie haben die größeren Flüsse, wie der Canadian River, die in ihrem gänzlich wilden Zustande, mit riesigen Sandbänken und dichtem dunklem Grün an den Ufern, in Verkrümmungen und Verzweigungen ihre Fluthen dahinwälzen und einen eigenen Eindruck von etwas Geheimnisvollem machen, – man weiß nicht, woher sie kommen und wohin sie gehen, sie sind, ein einziges indianisches Fischerboot abgerechnet, welches ich sah, völlig tot. – Aber die Stunde des Urwalds hat auch hier geschlagen. Man sieht im Walde zwar gelegentlich Gruppen richtiger alter Blockhäuser – die indianischen kenntlich an den buntfarbigen Shawls unter der aushängenden Wäsche, – aber daneben auch ganz moderne Holzhäuser und -häuschen aus der Fabrik, zum Preise von 500 $ an, auf Steine gelegt, dabei eine große Lichtung, mit Mais und Baumwolle bepflanzt: die Bäume hat man unten mit Theer beschmiert und angezündet, sie sterben ab und recken ihre bleichen, angeblakten Finger durcheinander in die Luft, was *so* mit den frischen Saaten unter ihnen zusammen einen wunderlichen, aber keineswegs anheimelnden Eindruck macht. Dann kamen große Prairiestrecken – teils Weiden, teils ebenfalls Baumwoll- und Maisfelder – und plötzlich fängt es an nach Petroleum zu stinken: man sieht die hohen Eiffelturm-artigen Gerüste der Bohrlöcher, selbst mitten im Wald, und kommt an eine „Stadt“. Eine solche ist nun vollends ein tolles Ding. Zeltlager der Arbeiter – besonders der Streckenarbeiter der zahlreichen im Bau befindlichen Bahnen, „Straßen“ im Naturzustande, meist mit Petroleum zweimal im Sommer getränkt gegen den Staub und entsprechend duftend, Holzkirchen von mindestens 4–5 Denominationen (Muskogee hatte vor 4 Jahren 4000 und hat jetzt 12000 Einwohner, meist Methodisten), auf diesen „Straßen“ als Verkehrshindernisse Holzhäuser, auf Rollen gesetzt und so fortbewegt: der Eigentümer ist reich geworden, hat sie verkauft und sich ein neues Haus gebaut, das alte wird aufs Feld gefahren, wo ein Newcomer, der es gekauft hat, hineinzieht. Dazu das übliche Gewirr von Telegraphen- und Telephondrähten, elektrische Bahnen im Bau – denn die „Stadt“ erstreckt sich in unermeßliche Fernen, wir fuhren in einem kleinen Wagen mit einem Riesengaul darum herum, 4 Schulen der verschiedenen Sekten, dazu public schools (gratis) – Schulzwang ist in Sicht – ein Hotel mit bescheidenen Zimmern, aber – trotz niedriger Preise – Teppiche auf allen Fluren und allen „accomodations“, Interviewer, die von der Größe ihres Landes hören wollen, etc. etc. – ein fabelhaft reizvolles – d.h. nicht ästhetisch reizvolles – Bild des Werdens, welches im nächsten Jahr schon ganz den Charakter von Oklahoma City etc., d.h. den jeder andren westlichen Stadt angenommen haben wird. Die Einwanderer kommen aus dem Norden und Osten, sind meist arme Teufel und können thatsächlich in wenigen Jahren reiche Leute sein: der „boom“ ist daher kolossal und trotz aller Gesetze blüht die Landspekulation. Kein Wunder, da hier das Land mit 10 $ bezahlt wird und in Oklahoma der Preis schon jetzt auf 75 $ steht. 2 Real Estate men, 1 Asphaltkerl und 2 Handlungsreisende sprachen mich an.

29/9

Heute oder morgen Abend werde ich einen „trip“ nach Fort Gibson und dem Canadian River mit einigen hiesigen Anwälten machen, die ich kennen lernte, und so etwas Urwald-Poesie genießen, denn das Clubhaus, in welchem wir das supper nehmen sollen, liegt an einer Stelle, die durch Longfellow und andre bekannt ist – sogar die Hiawatha-Legende wird dorthin verlegt. Ich habe nun Vertreter fast aller beteiligten Interessenten und Ämter gesprochen, den Indian Inspector, den Indian Agent, den Vorsitzenden der Indian Comission, welche sämmtlich für Beschränkung des Landverkaufs, sorgfältige Auswahl der settler zum Ausschluß der Landspekulation und Erlaubnis, das Geld in Renten zu zahlen, sind, letzteres um deutsche Bauern aus Iowa und Wisconsin heranzuziehen. Die Landspekulanten, – ich sprach heute lange einen köstlichen Typus dieser Real estate men – verlangen, daß nur Vollblut-Indianer und nur ein Besitz von 40 acres (homestead) geschützt werden solle, und ein Teil der Indianer – die zum Teil steinreichen und äußerst geschäftskundigen großen Heerdenbesitzer – unterstützen sie darin. Sie wollen schnell Geld haben und es paßt ihnen die Bevormundung nicht. Sie hatten schon die leidenschaftlichste Opposition gemacht, als der alte Landcommunismus, der faktisch ihnen (als

Heerdenbesitzern, die Weideland brauchen) zu Gute kam, aufgehoben und *jedem* Indianer jeden Alters und Geschlechts der gleiche Teil (dem Werth nach) zugewiesen wurde, ein Geschäft, welches nächstes Jahr fertig sein wird und übrigens – ich sah die Aufmessungskarten etc. etc. – eine gewaltige Arbeitsleistung gewesen ist. Morgen findet nun eine Landauktion von Creek-Land statt, der ich beiwohnen werde, und dann kommen 5000 Creeks, lagern hier in Zelten und empfangen die Zahlung, die unter sie verteilt wird. Den Häuptling der Cherokee's verfehlte ich leider, er ist in St Louis. Alle Führer der Indianer sind übrigens Mestizen, mit den Vollblutleuten, – vielleicht 15000 – ist nichts anzufangen, sie sind geblieben, was sie waren. Heut sah ich auch das seltene Beispiel eines Indianermädchens, die etwas Negerblut hatte und einen Wagen mit wundervollen Schimmeln kutschierte – die einigermaßen Geschäftskundigen unter den five tribes sind alle steinreiche Rentiers geworden – aber Mischung von Indianern und Negern findet sonst nicht statt. Es ist ein fabelhaftes Getriebe hier und ich kann mir nicht helfen, ich finde einen gewaltigen Zauber darin trotz Petroleumdrecks und Qualm, spuckender Yankee's und des entsetzlichen Getöses der zahlreichen Bimmelbahnen. Ich kann auch nicht leugnen, daß ich die *Kerle* – im Allgemeinen – angenehm finde. Alle Beamten empfingen natürlich in Hemdsärmeln und wir streckten gemeinsam die Beine auf die Fensterbank, die „Rechtsanwälte" etc. machen einen etwas verwegenen Eindruck – aber es herrscht eine fabelhafte burschikose und doch den gegenseitigen Respekt stets im Auge behaltende Ungezwungenheit. Was ich Alles gefragt worden bin: – wie wir mit den *Negern* in Deutschland fertig würden? war noch nicht das Tollste – ist unglaublich, aber die Leute erzählen auch und ich glaube seit meinem ersten Studentensemester nicht mehr so lustig gewesen[1)] zu sein als hier mit diesem kindlich-naiven und doch jeder Situation gewachsenen Völkchen. „Civilisation" ist hier *mehr* als in Chicago, es ist ganz falsch zu glauben, man könne sich benehmen wie man wollte: die Höflichkeit liegt bei der freilich

[1)] trotz des hier herrschenden absoluten – und auch faktisch wirksamen – Verbotes alles Alkohols.

sehr kurz angebundenen Rede in Tonfall und Haltung und der Humor ist gradezu köstlich. – Schade: in Jahresfrist sieht es hier aus wie in Oklahoma, d.h. wie in jeder anderen Stadt Amerikas. Mit gradezu rasender Hast wird Alles, was der kapitalistischen Cultur im Wege steht, zermalmt.

Doch genug. – Ich glaube mein letzter Brief, den ich durch Marianne an Dich schicken wollte – von Oklahoma aus –, ist verloren gegangen, ich finde ihn nicht in meiner Tasche und erinnere mich nicht ihn abgeschickt zu haben. Ich trage daher nur nach, daß ich auch dort höchst interessante Dinge, aber meist nur solche sah, die man im Osten heut auch sieht. Die Stadt hat seit 7 Jahren von 7000 auf 35000 Einwohner zugenommen, das Land ist fast ganz vergeben und in vollem Anbau. Ich ging schnell von dort fort, zumal der Redakteur, an den ich empfohlen war, soeben seinen Concurrenten totzuschießen versucht hatte – und zwar, was die Zeitungen an der Sache ungentlemanlike und für das Ansehen des Westens compromittierend fanden, nachdem er ihn zu einem „drink" in die Zimmer gelockt hatte und ihm dabei überdies eine entsetzlich zerknirschte Abbitte gewisser Angriffe entpreßt und diese publiziert hatte. Das ging mir doch etwas zu weit.

Ich reise nun 1. Oktober (Sonnabend) von hier nach Memphis und treffe dort Marianne. Dann gehen wir entweder nach New Orleans[2)] – wahrscheinlich, da wir so nahe sind – oder direkt zu den zwei Führern der Neger, Booker Washington und Du Bois, die ich besuchen möchte, – und dann zu Bill und James.

Herzlichst Dein

Max

[2)] so weit von hier – der Fahrzeit nach wie Rom von Berlin. Aber man vergißt alle Entfernungen.

McFarland's Hotel and Cafe
South McAlester I. T., ...1904

Auf der Reise nach Memphis.

Ich kam gestern Abend nicht von Muskogee fort, denn der gentleman, der mich in das Clubhaus in Fort Gibson am Canadian River kutschierte, verlor auf dem Rückweg den Weg und erst als der Mond aufstieg, konnten wir wieder etwas in der weiten Prärie unterscheiden. So kamen wir erst um 2 Uhr nach Haus und mein Zug war fort. Fort Gibson, d.h. das Clubhaus, ist ein reizender Punkt im Walde ziemlich hoch über dem Grand River, das Clubhaus, wie alle seinesgleichen, ein Ort, in dem eine „Gemüthlichkeit" herrscht, die wir in Deutschland nicht kennen. „Aunt Bessie" und „Uncle Tom", zwei steinalte Schwarze, sind als Bedienung angestellt, Betten für Leute, die in der Zeit glühender Hitze für die Nacht kommen, vorhanden, einfache „country-dinners": rohe Tomaten, Schinken, Eier, wilder Honig, Milch zu haben und vor Allem fast stets lustige Gesellschaft. Der Club besteht – ohne Parteiunterschiede – aus ca 40 Leuten aller möglichen Berufe, ergänzt sich durch Ballotage und kostet seine Mitglieder pro Mann ca 75 $ (310 M) pro Jahr. Dafür ersetzt er die Kneipe, den Dämmerschoppen, die Gesellschaften (für die Herren, die Damen haben ihre receptions) und ist Gegenstand des Stolzes, weil Träger sozialer Exclusivität aller Beteiligten. Er ist das ins Amerikanische übersetzte Symposion, denn es wird nur Unterhaltung und Scherz gepflogen, allenfalls etwas Sport – wozu aber am Grand River keine Gelegenheit ist, auch existieren dafür andere Verbände.

Die Sache war sehr nett, mein Kutschier-Kamerad ein Sohn deutscher Eltern, der Vater ein Ingenieur, der seinen Namen gewechselt hat (wie Onkel Fritz) und der Frau und den Kindern *nie* den richtigen verraten hat. Ich will ihn nun nach bestimmten Anhaltspunkten in Heidelberg, wo er promoviert hat, festzustellen versuchen. Meinem Hinterviertel ist freilich nie eine solche Bastonnade zugemuthet worden, wie auf diesen „Straßen", d.h. die schnurgrade auf- und ablaufenden section lines der Landvermessung. „Löcher" wäre keine richtige Bezeichnung für diese Thalformationen, in die der Wagen hineinsaust, um dann wieder herausgerappelt zu werden, Pfützen, Sümpfe, Baumstämme, alles läßt die Pferde kalt und thut den stahlharten dünnen Rädern aus hickory-Holz nichts. Man fährt über eine lange Eisenbahnbrücke, – auf die Gefahr hin, daß ein Zug sich den Spaß macht einen auf seine cow-catcher zu nehmen – setzt auf einer Floß-artigen Fähre über eine andre Stelle des Flusses – dazu die Wildheit der Rodungsgegend: angekohlte Baumstämme, dabei Zeltlager von Ansiedlern, zuweilen hochbepackte Wagen umziehender kleiner Pächter, Blockhütten älteren Datums, halb aufgeschlagene moderne Fabrikhäuser, dicht mit schwarzem Volk angefüllte Negerhütten, alles in weiten Entfernungen über die Prärie und durch den dichten Wald am Fluß zerstreut, dann plötzlich so eine im Entstehen begriffene „Stadt" wie Fort Gibson, mit vielleicht 100 weit verstreuten Häuschen, aber Elektrizitätswerk, Telephonnetz etc. Dann wieder die absolute Einsamkeit, zweimal überfuhren wir eine Kuh, einmal eines jener schwarzen scheußlichen Texas-Schweine, dann mußten wir um Mitternacht mehrmals Farmer, die wir bei offenem Fenster bzw. Zeltthüre schnarchen[3)] hörten, aus dem Schlaf rufen, um den Weg zu erfragen – ich wunderte mich wie höflich die Leute blieben – kurz es war erst in der Finsternis, dann bei Mond eine eigenartige „Spazierfahrt". Heut sah ich die Indianer truppweise kommen ihr Geld zu holen – die *Voll*blutleute haben einen eignen müden Zug im Gesicht und sind sicherlich dem Untergang geweiht, unter den Andren sieht man intelligente Gesichter. Die Tracht ist fast regelmäßig europäisch. – Ich habe noch sehr viel Interessantes von den verschiedensten Leuten gehört und denke, mein Gastfreund, der Cherokee, wird im „Archiv" gegen die weiße Indianer-Politik der Vereinigten Staaten losschlagen. Seine Augen funkelten als er davon sprach. Doch genug von dieser Fahrt ins „alte romantische Land" – wenn ich das nächste Mal hinkomme, wird der letzte Rest

---

3) À propos „schnarchen". In dem Zimmer des Muskogee Hotel steht auf dem Preiscourant bei der elektrischen Klingel: *„Frog in your throat?* – 10 cts." Ich habe für „Schnarchen" weder je einen so guten Ausdruck noch eine so verdiente Behandlung gefunden.

„Romantik" dahingegangen sein. Morgen früh treffe ich Marianne hoffentlich gesund und wohl in Memphis.

Nach beidseitiger Nachtreise sind wir nun wieder zusammen in Memphis, fahren morgen nach New Orleans, wo wir Nachricht von Bill und James finden.

Max

Helene Weber

Brieffragment vom 12. Oktober 1904, Asheville

The Manor
Albemarle
Park …
Asheville, N. C.
Mittwoch 12. Oktober 04

Liebe Mutter!

An diesem wunderbar schönen und – zumal jetzt außerhalb der Saison – stillen Platz hoffen wir uns von den nicht geringen Strapazen der letzten Zeit auszuruhen, ehe wir Freitag nach Mount Airy gehen. Über Bill und sein Haus wird, denke ich, Marianne schreiben, ich trage einige andre Dinge nach. Ich schrieb zuletzt auf dem Wege nach New Orleans. Dort erwartete uns eine Hölle von Temperatur, die höchste nicht nur dieses, sondern einer ganzen Reihe von Jahren. Kein Gedanke an Schlaf, man wälzte sich nackt auf dem Bett, klingelte Nachts nach Eiswasser, suchte sich durch Baden zu helfen – aber nichts nützte gegen diesen furchtbaren glühenden Wind aus Südwest, der Qualm und Staub der Stadt mit dem Wasserdunst des Mexikanischen Golfes und den Mosquitos der umliegenden Sümpfe vermischt ins Zimmer trug. Selbst den Negern ging diese – in dieser Jahreszeit ganz unerhörte – Temperatur über den Spaß. Die Stadt war eine einzige Staubwolke, und da das alte Creolenviertel ohnedies stark in Verfall und amerikanisiert ist, St Charles Avenue mit den Residenzen der Zuckerkönige Nachmittags glühend heiß war, die zum Teil schönen Steineichen und südliche Vegetation zeigenden „Parks" (d. h. meist play grounds) von Mosquitos schwirrten und die interessante Fahrt nach den cemeteries – wie immer – infolge der unglaublichen Dimensionen dieser zur Hälfte aus dürren Grasflächen bestehenden Städte meilenlange sehr strapazante Wagenfahrten auf entsetzlichen „Straßen" kostete, so waren wir froh das verfluchte Loch nach 2 ½ Tagen hinter uns zu haben und den Alabama River entlang nordwärts zu fahren, – durch Gegenden, die alle Spuren des scheußlichen Raubbaus der alten Baumwoll-Plantagen tragen, einst Centren der Pflanzerwirtschaft, jetzt Pinienwald, Holzexportgebiete mit elenden Negerhütten. In der Dunkelheit kamen wir in Tuskegee (Alabama) an und ein schwarzer Kerl fuhr uns in das „Hotel", d. h. ein altes Pflanzerhaus mit feiner Holz-Säulenfront, in dem ein alter Bauer, der gut ein Deutscher hätte sein können, die großen Zimmer jetzt parzelliert hat und an die Handlungsreisenden vermiethet. Zwei der alten Räume waren ungeteilt, im einen logierten wir, im andren ein Deutscher, der behauptet ein Graf von Vornstock oder Fonstock zu sein, jetzt den Namen „Becker von Grabill" führt, als Pianist auftritt und im Winter in dem (weißen) Frauen„college" in Tuskegee Musik-Unterricht giebt: die südlichen Mädchen werden etwa so erzogen wie unsre „höheren Töchter". Es stellte sich alsbald heraus, daß Marianne dies College nicht gezeigt bekommen würde, da wir kein Hehl daraus machten, Booker Washington's und seiner Negerschule wegen gekommen zu sein. Am nächsten Tage fuhren wir dorthin: leider war er selbst nicht da – er muß die 150000 $, die er jährlich braucht, persönlich collektieren – aber die Bekanntschaft mit seiner Frau – bei der wir lunchten – seinem Lehrkörper, seinen Schriften und der ganze unvergeßliche Eindruck der Sache ersetzte das einigermaßen. Ich denke, Marianne wird davon erzählen. Es unterliegt nicht dem mindesten Zweifel, daß die 1500–2000 jungen Leute, die hierher kommen, scharf arbeiten lernen wollen – und zwar *Feld*arbeit, Handwerk (für Reparaturzwecke), Elektrotechnik, Druckerei, Lehrfach und „Bible lecture" (teils Vorbildung für den Predigerberuf, teils um der Bibel willen, dabei – ebenso wie der Gottesdienst – streng confessionslos bezeichnenderweise!). Niemand darf *nur* geistige Arbeit treiben,

Zweck ist die Züchtung von Farmern, der „conquest of the soil" ausgesprochenes Ideal. Ein ungeheures Maß an begeistertem Enthusiasmus wird bei Lehrern und Schülern entwickelt, und zumal für die zahlreichen Halb-, Viertels- und Hundertstels-blütigen, die ja alle *gesetzlich* von der Ehe mit Weißen, faktisch von jedem Verkehr ausgeschlossen, auf eigne Waggons, Wartesäle, Hotels, Parks (so in Knoxville) angewiesen sind und die kein Nicht-Amerikaner von Weißen unterscheiden kann, bildet Tuskegee die einzige Stätte sozial u. geistig freier Luft. – Fürchterlich ist der Contrast einerseits der Halbaffen, die man in den Plantagen und Negerhütten des Cotton Belt's sieht, aber ebenso der geistige Zustand der Weißen des Südens, sobald man durch die menschlich anziehende Oberfläche hindurchsieht. Über Booker Washington u. sein Werk hat jeder von ihnen eine andere Meinung, von tiefstem Abscheu gegen jede Negerbildung, welche den Pflanzern die „Hände" nimmt, bis zu der bei südlichen Weißen nicht seltenen Meinung, er sei der größte Amerikaner aller Zeiten außer Washington und Jefferson, – aber ausnahmslos teilen sie die Ansicht „social equality" oder „social intercourse" sei ewig undenkbar, auch oder vielmehr *grade* mit der gebildeten und oft zu 9/10 weißen Oberschicht der Neger.[1] Dabei Planlosigkeit, ohnmächtiger Haß gegen den Yankee – ich habe wohl hundert weiße Südstaatler aller Parteien und sozialen Klassen gesprochen und das Problem scheint darnach absolut hoffnungslos, was aus diesen Leuten werden soll. In der That, unser Onkel Fritz, der nie einen Sklaven besaß, strenger Abolitionist war, dabei aber für die Sklavenhalter ins Feld zog, weil nach seiner Jefferson-Calhoun'schen Theorie sein Staat, Virginia, das formale Recht der Sezession hatte, der immer zu viel Pferde hielt und die höchsten Kaufangebote abwies, weil dann sein Nachbar ein schöneres Pferd haben würde als er, der Methodist war, weil sein *Scheusal* von Frau – Bill erzählte von ihr mit tiefster Erbitterung – sich täglich mit dem Chaos der Höllenstrafen plagte, denen er sonst verfallen würde

[1] Dabei verbluten sich die Weißen bei dieser als „Rassenschutz" gedachten Absperrung – und der einzige Enthusiasmus, der im Süden zu finden ist, ist bei den Negern – d. h. jener Oberschicht.

– paßte zu diesen braven, stolzen, aber kopflosen und im heutigen Daseinskampf verlorenen Menschen. – Auch Bill, zu dem wir über Atlanta und Chattanooga von Tuskegee aus fuhren, gehört in manchem Sinn dahin. Marianne wird ja von seiner Häuslichkeit erzählen. Sein Einkommen beträgt 1000 $ ca (4200 M), er hat davon noch abzuzahlen an Schulden für seine Bureau-Einrichtung und legt etwas zurück, spekuliert etwas in Boden, sein Häuschen und Land hat er für 900 $ gekauft (½ des Werthes), Nola's Haushaltungsbudget beträgt, – da sie sweet potatoes u. dgl. selbst ziehen, – 20–25 $ (80–100 Mk.) monatlich. Solche Ziffern sind nur in den Südstaaten möglich, wo der Boden z. B. in Tennessee nur ½, in Alabama nur ⅕–⅒ so viel kostet wie in den von den Yankees eben erst seit einigen Jahren in Besiedlung genommenen Indianergebieten von Oklahoma. Entsprechend sind nun aber auch die Menschen hier. Bill schärfte mir immer wieder ein, Dir zu sagen, er werde nie ein „rich man" werden, aber er sei ein „very happy man". In der That so ist es – Marianne wird es wohl erzählen – eben diese Mischung von demokratischen Instinkten und Jefferson'schen Ideen, dem Typus der Fallenstein'schen Unfähigkeit sich zur Geltung zu bringen, wie ihn Onkel Roderich's meiste Kinder repräsentieren und eben doch mit dem aristokratischen Instinkt des alten Miner's, des weißen Südstaatlers und des werdenden Honoratioren ist doch etwas sehr Wunderliches und zeitigt nicht unbedenkliche Erziehungsprinzipien, welche die Kinder außer stand lassen wird, hier im Land in die Höhe zu kommen. Er arbeitet mit einem Iren zusammen – d. h. *Bill* thut die Arbeit; der Ire ist Assembly-Deputierter, Politiker und Schwerenöther, jener Typus des jovialen Schwadroneurs, der hier am ehesten politische Carriere macht, freundete sich sehr mit mir an, fand, ich sähe wie ein Tennesseeman oder doch wie ein Kentuckyman aus etc., u. hat es hinter den Ohren. Trotzdem ist die Verbindung, wie ich nach Darlegung der Verhältnisse einsehen mußte, für Bill vorteilhaft. Der Ire thut zwar nichts, zahlt aber ⅓ des Bureaus und sein Anteil am Gewinn ist sehr klein. Der alte Kerl, der mich alsbald mit Geschenken von (ganz werthvollen) Büchern überschüttete, hat Bill nach dessen 2jährigem „Universitätsstudium" eines Tags auf der Straße gesehen, in sein Office geholt und sich Knall u. Fall mit ihm assoziiert und ihn so „gemacht". Es ist eben Alles ein tolles Wechselspiel in diesen halbfertigen Verhältnissen – daß Bill 7 Monate miner, 5 Monate primary-school-teacher zu sein pflegte, wußte ich bisher auch nicht, sein Bruder wurde vom miner aus als physician auf die Menschen losgelassen. Vor Kurzem vertrat Bill, dessen Juristerei der eines deutschen Bureauvorstehers entspricht, den „Professor" für common law auf 14 Tage, d. h. fragte die „Studenten" das aufgegebene textbook-Pensum ab u.s.w. u.s.w. – ein tolles Durcheinander, in dem nichts bleibt als der ewige Wechsel aller Dinge, vor Allem des „Berufs."

Helene Weber

Brief vom 14. und 19. Oktober 1904, Greensboro, N. C. und Washington D. C.

Hotel Huffine,
Gresham & Co., Proprietors
Greensboro, N. C., 14/X. *1904*

auf dem Wege nach Mount Airy

Liebe Mutter!
Wir haben hier 3 Stunden Aufenthalt, Marianne schläft etwas – wir mußten in Asheville um 5 Uhr aufstehen – und so kann ich wieder etwas zu erzählen anfangen. Asheville, in den südlichen Alleghenies (Smoky Mountains und Blue Ridge Mountains) gelegen, ist einer der schönsten Punkte, die wir sahen. Rundum blaue waldige Berge und der Wald in der Pracht seiner Herbstfarben, dazu ein ganz reizendes Hotel, in lauter Cottages auf grünem Rasen zerstreut, unmittelbar anstoßend steigt man in den Wald hinein, man sitzt mit netten Leuten zusammen an kleinen Tischen zum Essen, geht um 9 zu Bett und zahlt (da weder Sommersaison – für die Südländer – noch Wintersaison – für die Nordländer – ist) *deutsche* Hotelpreise. Dazu die schönsten Wagenpartien in die Umgegend, gestern waren

wir mehrere Stunden in Vanderbilt's berühmten „Estate", so groß wie das Fürstentum Lippe, mit Chausseen darin von 71 (englischen) Meilen Länge, d.h. soweit wie von Heidelberg nach Straßburg. Schwarze Schweine, die täglich geseift und wie Odysseus mit Öl massiert werden, Kühe aller denkbaren Rassen, jede in ihrer stilvollen cottage[1)] – ganz brillanter frischer Ice-cream, d.h. *hier* wirklich gefrorne Sahne – prachtvolle Hühner etc. etc. – Jagdgründe, die mehrere hohe Bergkuppen und Quadratmeilen von dichtem Walde umfassen, die Farmer hat er (à la „Jakob der Letzte") ausgekauft, dazu auf einer Hügelkuppe das prachtvolle, für uns – da er anwesend war – leider nur von der backside anzusehende Schloß, endlich ein höchst „stilvoll" gebautes Dorf nebst Kirche, vermiethet teils an die 500 Mann betragende Dienerschaft bzw. die Förster u. dgl., teils an Kurgäste, – ein ungeheurer Eindruck von Besitz und – Vergeudung von Kraft, Land und Leuten. Aber allerdings wundervoll. –

Die Eisenbahnreiserei ist hier eine eigne Sache. Nach Asheville hatten wir mit der ordinary car fahren müssen, wenn der ganze lange Wagen voll ist (60 Leute) kein großes Vergnügen, zumal alles auf hagere Leute berechnet ist. Ausnahmsweise bekamen wir bei dieser Tour nicht das geringste zu essen, da Alles auf Lokalverkehr berechnet war – sonst ist, abgesehen von dem in keinem Wagen fehlenden Eiswasserkübel, stets Jemand im Zuge, der Früchte, Gebäck, Magazines und Romane ausbietet. Der Unterschied der Pullman-Cars – namentlich der Chair cars in den Tageszügen – ist gegenüber dieser Reiserei, was Behaglichkeit anlangt, ganz außerordentlich, stets sind behagliche Rauchzimmer, Schreibzimmer, library, oft hinten Aussichtswagen mit Plattform da, die großen Sessel sind drehbar und die Zwischenräume sehr weit, die Wagen luftig. Der Preisunterschied gegen die gewöhnlichen Cars ist meist minimal, für eine volle Tagesfahrt 2½–3 $ oder weniger,– es ist wie auf dem Schiff: die Masse, der es auf jeden Dollar mehr ankommt, muß die Einnahme bringen, die Pullman's dienen der Reklame. Weniger anmuthig sind die Schlafwagen. Ein Gang in der Mitte, an den Seiten die Bettstät-

---

[1)] Die in einer Art Schweizerstil gehaltenen Schweine-cottages haben reichlich die Dimensionen von Bill's Haus.

ten, je zwei übereinander in der Richtung des Zuges, mit Gardinen verhängt. Man zieht sich hinter der zusammengezogenen Gardine auf dem Bett sitzend oder auch liegend aus und an. Als wir z. B. heut Morgen in Asheville einstiegen, schlief noch Alles und erst lange nach Sonnenaufgang begann die Maulwurfsarbeit in den Betten, und dann schlich jeweils eine unvollkommen toilettierte Gestalt nach dem gemeinsamen (d. h. nur je 1 für ladies u. „gent's") Waschraum – ich fand es, als ich von St Louis nach Oklahoma fuhr und der Neger mich spät morgens weckte, weiter nicht so besonders erquikkend, in jenem Raum – der bei den „gent's" zugleich Rauchzimmer ist, vor 3 rauchenden und spuckenden gentlemen Toilette zu machen. Im Übrigen läuft in den Pullman-Cars fortwährend eine Unmasse Bedienung um Einen herum und man bekommt natürlich Breakfast, Lunch u. Dinner serviert genau wie im Hotel, d. h. man kann à prix fixe die ganze (sehr lange) Speisekarte incl. Eis etc. herunterfressen. Heut zogen wir es vor, hier in einem kleinen „Inn" am Bahnhof zu lunchen. Zum Erstaunen der Leute hier – die, wie meist im Süden, noch halbe Bauern sind, noch nie einen Deutschen gesehen hatten und meinen Reiseanzug für die deutsche Nationaltracht hielten – mußten wir doch lachen, als in der früher allgemein üblichen, im Norden aber schon in Verfall gerathenen Weise, der Neger nun jedem von uns gleichzeitig je 12 Näpfchen mit: 3erlei Fleisch, 1 Fisch-„steak", Bohnen, grünem Mais, Nudeln, Turnips, Kohl, heißem Weizenbrot, Butter, Pie und ferner je eine große Tasse Kaffee – wird zu jeder Mahlzeit getrunken – setzte. (Die Sache kostete – man durfte beliebig nachfordern – ½ $ (2 Mk) – die Preise des Südens sind darin in der That billiger als die deutschen). Der Kellner absolviert so jeden Gast auf einmal, der Gast kann so schnell schlucken wie es ihm behagt und hat nicht zu warten, – was er übrig läßt, wird weggeworfen, wie denn die ungeheuerlichste Verschwendung in diesen Dingen Charakteristikum auch jedes amerikanischen Haushalts – im Gegensatz z. B. zu den hiesigen Deutschen – ist. – Die Fahrt durch Nordcarolina war teilweise wundervoll: waldige Thäler, viel Ähnlichkeit mit der Schwarzwaldbahn, und meist Laubwald in Herbstfarben und dichtes Buschwerk, Immergrün und Rhododendron auf dem Boden, dazwischen die winzigen Holzbrett-

Häuschen, „Städte“, d.h.: etwas näher zusammengerückte Häuschen, einige Backstein-Geschäftsstraßen mit elektrischer Bahn selbst in den kleinsten Nestern und ein paar Kirchen, Unmassen der kleinen Farmer-Wagen mit den haardünnen, aus dem harten Hickory-Holz gemachten Rädern, ohne Bremse (bei den hiesigen Wegen Thal-auf Thal-ab) eine gewaltige Strapaze für die Pferde. – Zerzauster Wald, aus dem die massenhaften kleinen mit kleinen Geleisen in den Wald hineingreifenden Sägemühlen die großen Stämme herauspicken, Mais- und Baumwollfelder, viel Grün um die Häuser, die „Städte“, wie fast immer, ganz im Grünen.

– Nun sind wir begierig, was „Jeff“ und „Jim“ mit uns in Mount Airy aufstellen werden. Ich schrieb ihnen, daß meine „tonnage“ es leider für Marianne unmöglich mache, mit mir, selbst in einem double-bed, zusammen zu schlafen. Bei Bill hatte die *Sauberkeit* der Kinder und auch der Frau doch sehr ihre Grenzen. Überhaupt, wie wir schon schrieben, es sind Südländer und zugleich deutsche Bauern oder Kleinbürger ihrem Wesen nach. Z.B. war weder Schreibpapier noch Tinte im Haus, Bücher nimmt er nie mit dorthin – es stehen einige von seinem Vater ererbte und seine Text-books von der „Universität“ im Parlour. Nun bin ich begierig, wie die waschechten Bauern, – „Jim“ hat ca 300 acres (100 Hektar), „Jeff“ ca 100, letzterer soll der klügere Landwirth sein, – zu denen wir heute kommen, ausschauen werden. – Es ist jetzt Zeit, daß ich Marianne wekke, der Zug geht in ½ Stunde.

The Raleigh
Washington, D. C. Mittwoch 19/X *1904*

Nach Mount Airy.

Hier endlich Nachrichten von Dir – zwar 4 Wochen hier lagernd und 6 Wochen alt, aber Gott sei Dank gut. –

Wir sitzen hier bei ziemlicher Wärme gut luftig im 8ten Stock und ziehen uns kühl an, nachdem wir vor 2 Tagen noch in Mount Airy am grellen Kaminfeuer bei starken Nachtfrösten uns dick eingepackt hatten. Die Fahrt nach Mount Airy ist schier endlos auf einer kleinen Sekundärbahn durch Buschwald langsam im Thal eines kleinen „River“ zwischen den Vorhügeln der Blue Ridge Mountains (Grenze zwischen North Carolina u. Virginia) bergan. Unterwegs sprach uns im Waggon ein alter Gentleman an, der der banker des „old cap'tain“ (Onkel Fritz) gewesen war. In der Dunkelheit kamen wir nach Mount Airy, „Jim“ und sein ältestes Söhnchen (ein netter Bengel, der ein guter Farmer wird) holten uns ab im Wagen und dann gings 1½ Stunden in völliger Nacht bei beginnendem Mond durch Buschwald, über Furten durch den River, thalauf thalab, fürchterliche Wege. Einmal glaubten wir ernstlich, alle Rippen gebrochen zu haben, der Wagen krachte in allen Fugen – wir hatten einen dicken Baumstamm, der quer lag, überfahren. Aber die Pferde blieben ruhig und „Jim“ erst recht.

Dann Empfang durch Jim's Frau, eisige Kälte – der erste Frost, diesmal spät: sonst am 20. September, der letzte am 10. Mai – und von vorn geblendet und gebraten durch den Kamin. Marianne kämpfte beide Nächte (die dritte waren wir in Mount Airy im „Hotel“) mit Asthma, glücklicherweise erfolgreich. Im ganzen Haus kein Fetzen Papier – weder zum Schreiben[2)] noch zu *irgend* welchen sonstigen Zwecken, denen der Culturmensch es zu widmen pflegt – dagegen ein Brunnen (bei Bill hatten wir nur Cisternenwasser), eisiges Wasser, 2 (Gott sei Dank) sehr gute Betten in einem Zimmer oben in dem zweistöckigen Holzhäuschen. – Über die Personen mag nun Marianne berichten, ich schildere mehr die Äußerlichkeiten und äußeren Hergänge. Die Häuser der beiden Brüder Jefferson (der Älteste) und James (der Jüngste) liegen auf zwei nach dem kleinen Bach in der Mitte zu ziemlich steil abfallenden Hügeln einander gegenüber in Rufweite von einander. Unten in der Niederung ist der gute Boden, wo sie – jeder auf seinem Anteil – Tabak, Mais (hauptsächlich) und Weizen bauen, auf dem Hügellande grast das Vieh (neben dem Tabak einziges Absatzprodukt), das Korn essen sie selbst oder verfüttern es. Jefferson hat ca 160, James etwas über 200 acres (à ⅓ Hektar), James mehr gutes Land, der größere Teil ist bei Jedem von beiden Buschwald (James z. B. hat ca. 35 acres Weizen, 35 acres

---

2) James schreibt seine Briefe in Mount Airy, wenn er dort hinkommt.

Mais, 15 acres Tabak in Cultur). Jefferson's Haus ist ein altes Backstein-Pflanzerhaus, einst in Emil Fallenstein's Besitz, der hier gänzlich scheiterte (weil er „zu hoch lebte") und dem „Jeff" die Sache abkaufte. James hat sich sein Holzhaus selbst gebaut. Das kleine Sterbehaus von Onkel Fritz lag abseits im Buschwald. Sein Grab und die kleine gänzlich schmucklose Methodistenkirche (wie eine große Scheune aussehend) sahen wir Sonntag beim Kirchgang. Davon nachher. James hat 7 Kinder, Jefferson 10 (davon zwei Töchter verheirathet, eine an einen Farmer in Oklahoma, eine an einen Arzt in Virginia, beiden geht es gut). Jeff's beide Söhne sind keine Farmer, sondern sehr begabt für „Engineering", der Eine ist Handwerker auswärts, der Andre soll nach Raleigh auf die Ingenieurschule – *wenn* Jeff das Geld dazu hätte – die jüngeren Töchter, sehr hübscher schwarzer Typus, wie die Söhne nach Italienern aussehend, tragen Modetracht und -Frisur, die eine war Hotelköchin. James ist der bessere und gut prosperierende Farmer – *Baar*einnahme ca 1000 $ im Jahr (4200 M) – handelt mit „buggies" (Wagen) und Pferden neben dem „farming", hält einen Neger-Arbeiter, und ist, was Jeff und einige andre Farmer mißbilligend constatierten, „busy" wie ein Yankee. Eine Meile entfernt lebt die Schwester Betty – offenbar jetzt schwindsüchtig, sehr nervös, wir sahen sie in und nach der Kirche – mit einem „Gambler", Mr Rawley, verheirathet, der nichts vor sich bringt, aber mit tüchtigen Kindern, der Eine ist Kaufmann in Mt Airy (d. h. Commis). Der Bruder George, nach dem Du fragst, ist tot, lebte in Arkansas mit seiner Frau (Indianerin, d. h. Halbblut), die jetzt dort mit ihren Kindern lebt. Sonntag früh kam Frank Fallenstein (der *Einzige*, der durch seine zwei Söhne erster Ehe Deinen Namen fortpflanzt!) mit seiner Tochter hinter sich auf einem Maulesel angeritten. Es geht ihm, sagte er, jetzt ökonomisch besser, er soll eine ganz vorzügliche (zweite) Frau geheirathet haben. Ein kleines nervöses Männchen, vollständig verbauert. Rundum leben angeheirathete Verwandte, Freunde des Onkel Fritz etc. in Masse, wären wir länger dageblieben – wofür aber Marianne nicht wohl genug war – so hätten wir mindestens 12–15 Farmen besuchen müssen, bei Strafe des Übelnehmens. So besuchten wir Sonnabend Jeff, waren Abends zu Hause, Sonntag früh mit James, Frank u. Betty die Kirche. Der junge Methodistenprediger war dann Mittags mit bei James, ebenso der gänzlich unkirchliche Jeff und Familie. Nachmittags ging Alles zu einer Baptistentaufe. 8 Leute: 3 Frauen, mehrere Halberwachsene, 2 Männer wurden in der freien Natur in dem eisigen Wasser des Gebirgsbachs untergetaucht – die einzig gültige Form der Taufe nach strenger Baptistenlehre. Der Prediger steht in schwarzem Anzug bis an die Hüften im Wasser, nach einander steigen die Täuflinge in vollem „Dress" in den Bach, reichen ihm die Hand und – nachdem die verschiedenen Gelübde gesprochen sind, lehnen sie sich, in den Knien einknickend, in seinem Arm hintenüber bis das Gesicht unter Wasser ist, kommen prustend heraus, steigen ans Land, werden congratulated und fahren pladdernaß entweder nach Haus oder ziehen sich, wenn es weit ist, in einer Holzbude um. Sie praktizieren Das auch mitten im Winter, hacken das Eis dazu auf – „faith" schütze sie vor Erkältung meinte James –; Jeff, der die Sache für „Unsinn" hält, erzählte, daß er Einen gefragt habe: „didn't you feel pretty cold, Bem?"– Antwort: „I thought of a pretty hot place, (= Hölle natürlich) Sir, and so I didn't care for the cool water." Betty ist streng kirchlich – „almost as fanatic as her mother was", meinte Jeff, den – wie die Anderen – die fürchterliche Härte der Mutter – ihr Gesicht sieht aus wie das eines Priesters auf dem Bild – aus allem Verband mit der Kirche getrieben hat. – Die Kirchlichkeit ist im Rückgang, d. h. die alten methodistischen revivals und class meetings (wöchentliche Beichte Aller Einzelnen im Kreise der Nachbarn), sind, wie der junge Prediger zugab, verfallen, – die Predigt war gut, rein praktisch, mit starker Erregung vorgetragen, wer sich „erweckt" fühlte, kniete dann, vortretend an den Altar, ein alter Bauer betete laut und leidenschaftlich für Alle, – aber der unsäglich schauderhafte Gesang der schrillen Stimmen brachte Einen immer in die Nüchternheit der Scheune, in der man sich befand, zurück. Natürlich fehlte jeder Talar, der Pfarrer – er darf, dem Missionscharakter der Methodistenkirche entsprechend, wie alle Methodistenprediger nur für höchstens 4 Jahre in demselben „circuit" bleiben, der 8 Kirchen umfaßt, die er abwechselnd besucht – sprach im Jacket und ganz wie ein politischer Redner, auf dem „Altar" (Tisch) lag sein Filzhut. *Poësie* war in der Einsamkeit des bunten Waldes umher und nachher bei jener Taufe, ebenso in dem Ernst der alten Bauern, von westfälisch-holsteinischem Typus. Auch die alte soziale Funktion dieser Sekten ist abgeschwächt. Zwar wird ein jeder, auch der Pfarrer, als „brother" X vorgestellt, aber James gehört einem „Orden" an,[3] in den man auf Vorschlag von 5 Mitgliedern cooptiert und aus dem man bei schlechtem Wandel ausgestoßen wird: *dieser* ist Kranken-, Sterbe- und Wittwenkasse und verpflichtet die Mitglieder zur gegenseitigen Hülfe im Falle unverschuldeter wirtschaftlicher Noth durch Creditgeben – bei Strafe der Ausstoßung im Falle unmotivierter Weigerung. Das war *einst* die wichtigste weltliche Funktion (und der mächtigste Hebel) der amerikanischen Sekten. – Das Ceremoniell des überreichlichen und *sehr* guten, aber ganz einförmigen Essens: gekochtes Rindfleisch, Schweine-Haché, Obstconserven, „hot rolls" (Maiskuchen, glühend heiß gebacken), eingekochtes Obst, Kaffee und Milch *drei* Mal täglich – war überall dasselbe. Eines der Backfische wedelte mit einem gewaltigen Fliegenwedel um Einen herum, James bzw. Jeff packten die Teller brechend voll, die Frauen standen und schenkten Caffee oder Milch ein, reichten das Obst etc. – wenn dann die Alten gegessen hatten, kam die zweite Serie, zuweilen noch eine Dritte (die Kinder) an den Tisch, der Neger allein zuletzt, (er lebt in einer Bude mit etwas Land, was beides er von James erhält), bei James bei Beginn ein kurzes Tischgebet, bei Jeff, dessen Kinder, außer einer Tochter, zu keiner Kirche gehören, nichts dergleichen. Nachher sitzt man um den Kamin, – draußen sitzen gilt nicht als behaglich – und alles kaut Tabak, Jeff spie wohlgezielte Ströme brauner Sauce zwischen uns über die Beine der Zwischensitzenden in das Feuer. Wir waren ganz vergnüglich, nur Jeff, der eine tiefe Abneigung gegen das „Farming" hat, blieb meist in gedrückter Stimmung. Davon wird wohl Marianne erzählen. – Welch ein Schicksal dieser Familie, d.h. speziell Deines Bruders. Nachdem er vom Schiff entlaufen war, focht er zuerst in Florida und Georgia gegen die Seminolen-Indianer. Dann wanderte er nordwärts, so weit sein Geld reichte, um New York zu erreichen, und

---

3) *Darauf* beruht zum guten Teil die Creditwürdigkeit, Jeder trägt daher im Knopfloch die „badge" seines Ordens.

suchte sich durch Cabinet-making (Tischlerei) durchzuhelfen. Hätte er den Norden erreicht, wäre sein Glück gemacht gewesen, tüchtig wie er war. Aber einige „Moravians“ (mährische Herrenhuter) wiesen ihm den Weg ins Gebirge in Virginia, da blieb er hängen und heirathete, zu seinem Unglück. Zwar hatte die Frau wohl an sich recht, als sie ihn veranlaßte lieber Farmer zu werden, denn im Gebirge machte jeder Farmer sich seine Sachen selbst – aber er verstand kaum Englisch, die Leute hielten ihn für einen „fool“, ihm und der Frau war dies blutarme, aber immer lustige, fiedelnde und tanzende Gebirgsvolk (die Erzählung davon erinnerte an Gottfried Keller's Romeo u. Julia) tief zuwider, er wechselte zwei Mal den Ort und kam nach dem Krieg nach North Carolina, wieder hoch oben im eiskalten Gebirge. Vom „Farming“ verstand er nicht das Geringste, mußte einen Großknecht halten, verdiente etwas durch Tischlern (bis an sein Lebensende), aller „Handel“ war ihm zuwider, noch die Kinder warnte er vor dem Versuch, durch Viehverkauf und Viehhandel Geld zu machen. Der älteste Sohn Jefferson brachte ihn schließlich dahin, wenigstens in das Hügelland zu ziehen, Vater und Sohn rodeten das Land, welches die Brüder jetzt noch besitzen. Aber ihn interessierte nur der „Garten“ (fehlt jetzt gänzlich) und bis auf die paar hundert Dollar für die zwei Reisen nach Europa verdiente er nichts oder doch fast nichts. In seinem ganzen Leben hatte er nur 3 Freunde, alles tüchtige Farmer – der Sohn Eines von ihnen wurde mir gezeigt, sonst lebte er einsam. Dabei war er je länger je mehr angesehen, captain in der conföderierten Armee – Jeff schilderte das Fürchterliche der Gefangenschaft nach diesem „foolish war“, den sie, selbst Abolitionisten, aus Loyalität gegen ihren Staat mitmachten – dann „county commissioner“ (Mitglied der aus 3 Mitgliedern bestehenden county-Behörde, die, wie Alles, gewählt wird).– Wenn alle diese Fallensteins um den Tisch sitzen – Jefferson sieht dem Onkel ähnlich, ist 58 Jahr alt, James lacht wie Julius Jolly, Betty sieht Lieserle ähnlich, Frank gleicht Poppy, – alle an ihren Bergen hängend: deshalb und weil es so einsam sei, gehen sie nicht nach dem Westen, alle einig in der Abneigung gegen die Yankee's, alle richtige Bauern und mit Ausnahme von James und einigen der Kinder dazu bestimmt nie etwas Anderes und nie reich oder auch nur wohlhabend zu sein, dann wird Einem doch ganz eigen zu Muthe. – Doch mag Marianne von den Personen erzählen. –

Sonntag Abend fuhren Jeff und Jim uns nach Mount Airy in das „Hotel", Montag früh ging unser Zug, Abends waren wir in Richmond, nahmen von der einstigen Hauptstadt des Südens Dienstag einen kurzen Eindruck mit und kamen gegen Abend nach Washington. Hier bleiben wir 5–6 Tage, dann geht es nach Baltimore, Philadelphia, Boston, zuletzt New York. –

Helene Weber

Brief vom 1. oder 2. November 1904, Boston

Young's Hotel
Boston

Liebe Mutter!

Wir haben nun Wyoming (= Laura von Klock) hinter uns, wo wir zwei Tage waren und worüber Marianne gern berichten möchte. Ich schreibe daher nur über einige Äußerlichkeiten: Der Mann, Otto v. Klock, kam in den 70er Jahren, nachdem sein Vater sein Vermögen verloren hatte u. er deshalb seine Studien mit dem Physikum abbrechen mußte, hierher, war zunächst mit Zimmerfegen etc. in einer Buchhandlung beschäftigt, gelangte aber bald in die Stellung eines Commis daselbst. Die Handlung war ein bekanntes Importhaus französischer, deutscher u. italienischer Belletristik u. illustrierter Werke, daher oft von den Predigern hier attackiert, – als Residuum ist ein intensiver „Pfaffenhaß" bei ihm geblieben. Er gebe nie jemand Credit, der Frömmigkeit „heuchele" – das sei das Princip seiner Firma gewesen. Dann kam er in ein Typewriter- und Übersetzungs-Geschäft u. lernte dort zufällig Laura kennen, die dort etwas bestellte, heirathete sie (nach einem erstmaligen „Korb") sehr bald und, da er contraktlich kein gleichartiges Geschäft unter seinem Namen beginnen durfte, wählte er ihren als Firma: L. Fallenstein & Co. Er floriert *sehr*, – d.h. nach den Chancen solcher Geschäfte gemessen – beschäftigt Gehülfen, ist Notar u. Justice of the Peace, – Einnahmen ca 1500 $ (6300 M), besitzt ein ca 5000 $ kostendes 12zimmriges Haus in der Vorstadt Wyoming, wovon ca ⅓ baar bezahlt ist, ist ein *sehr* gut unterrichteter, *sehr* viel lesender, *recht* intelligenter kleiner Mann, der einem bei längerem Verkehr besser als anfangs und *zunehmend* besser gefällt, leidenschaftlicher Deutscher, voll Haß gegen die Yankees, dabei die meisten Deutschen hier als dem Biertrinken ergeben verachtend, und von sehr entschiedenem Selbstgefühl. Daß er sich einer so entschiedenen Willensnatur wie Laura gegenüber so gut behauptet – denn das Verhältnis zu Frau und Kindern ist ersichtlich zärtlich und in jeder Hinsicht auch nach deutschen Begriffen normal – spricht entschieden für ihn. Wir haben uns *sehr* gut vertragen. Sein ersichtliches Bedürfnis war, constatiert zu sehen, daß er die Hülfe, die ihm Tante Laura Bunge in einem unbegreiflichen Brief „bei nachweislicher Notlage" in Aussicht stellte – er hatte sie, ihrer früher gegebenen Zusage und Aufforderung entsprechend, um ein *Darlehen* zum Ankauf des Geschäfts seines Principals gebeten, – niemals bedurft habe. Laura und er hatten das Bedürfnis, auch über ihre Beziehung zu Otto zu sprechen u. es scheint, daß in der That da auch von Otto's Seite Misverständnisse obgewaltet haben, ich habe ihnen aber gesagt, daß u. warum diese Misverständnisse mir sehr erklärlich seien u. habe überhaupt Ottos Standpunkt gewahrt, obwohl ich den sicheren Eindruck habe, daß von Lauras und Klock's Seite die Sache anders gemeint war, als in Deutschland vorausgesetzt wurde. – Das Nähere würde hier zu weit führen. –

In seinem Geschäft macht er nun auch Stammbaumforschungen, für Astor z.B. u. ähnliche Familien, die sehr einträglich sind, u. dadurch ist er auf die so viel belachten Forschungen über unsre Vorfahren gekommen. Ich muß sagen, er hat da sehr interessante Dinge gefunden: Deines Vaters Schulzeugnisse z.B. – in Bezug auf „Fleiß" und „Betragen" frappant meinem Abiturientenzeugnis gleichend – hat er in amtlicher Abschrift bekommen; – hast Du ferner gewußt, daß Dein ältester Bruder (Adalbert) *einen* Monat nach der Eheschließung Deines Vaters (Februar 1811) zur Welt kam? u. dgl. mehr. Daß er dabei die alten Adelsprädikate aufwärmt, ist eine kleine Schwäche, – er ist ein Familienfanatiker, *daher* auch sein Wunsch, das Silber von Lauras Mutter zu haben. Kurz der Eindruck der Dinge in Wyoming ist *weit* günstiger als ich erwartete. – Laura ist *ganz* dieselbe wie in Straßburg, frappant an Clara Friedländer erinnernd, (nur ohne deren Humor), strotzend von Energie inmitten der unausgesetzten Arbeit und des Tumults ihrer acht *reizenden* Kinder. Das Nähere wird darüber ja Marianne erzählen.

Bei all ihrem Zorn gegen die Corruption und die Rechtsbeugung hier ist sie doch dem Leben hier tausendmal mehr angepaßt als einer Existenz in Deutschland. Fürchterlich waren die Schilderungen ihrer Existenz im Süden, bei Frank und einer verarmten Pflanzer-Familie – aber das schlimmste sind doch die unerhörten Misgriffe, die *Bunge*'s, wo *immer* sie in das Schicksal der verschiedenen Fallensteins eingriffen, gemacht haben. Daß Eduard Bunge Mount Airy eine „Idylle" nennen konnte, zeigt nur wie unfähig reiche Leute sind überhaupt zu *verstehen*, was das Leben außerhalb ihres Comptoir's und ihres Schlemmerlebens ist. Doch genug davon. –

Ich schrieb zuletzt von Baltimore, glaube ich, oder von Washington, – nein richtig: kurz nach der Ankunft in Washington. Seitdem tausenderlei Eindrücke: die weiträumige Hauptstadt der Union mit schönen, überbreiten Avenues, dem (äußerlich) prachtvollen Dom des Capitols und dem ebenso prachtvollen riesenhaften Washington Obelisk, stimmungsvolle Fahrten nach Mount Vernon (Washington's Wohnhaus) auf dem Potomac – die Landschaft etwa der Havel gleichend, nur schöner herbstlich bunter Blätterwald statt der Fichten, der Arlington-Friedhof mit General Lee's (des Onkels Chef im Civil War) Haus und den Gräbern von 16000 Soldaten, darunter am eindrucksvollsten die endlosen kleinen Granitklötze nur mit den Namen, unter den alten Bäumen unabsehbar weit sich hügelauf hügelab erstreckend. Dann Conferenzen mit Mr Gompers, dem amerikanischen Trade-Union-Führer, – hyperdiplomatisch und immer sich interviewt fühlend – schluckte er immer die zweite Hälfte eines Satzes, der etwas Interessantes enthielt, herunter, so daß ich seine Gedanken mehr errieth als erfuhr. Dann die elegante

19th Street Baptist Church – eine *Neger*kirche u. zwar die der feinen Negerwelt. Alles in Seide, hochelegante schwarze ladies, feine und kluge Neger- und Mulatten-Gesichter; der Prediger war verreist, ein Laie und dann ein Gast von auswärts vertraten ihn. Unheimlich, wie mit der zunehmenden Eindringlichkeit und schließlichen Leidenschaftlichkeit der Predigt dumpfes Stöhnen anfing, zuerst ziemlich an Magenknurren erinnernd, dann eine Art flüsterndes Echo: die letzten Worte jedes Satzes erst leise, dann mit schrillen Stimmen wiederholend, mit „Yes, Yes!" oder „No, no" auf das Apostrophieren des Predigers – der nicht leidenschaftlicher war als der junge Methodist in Mount Airy und an Stöcker nicht entfernt heranreichte – wiederholend – es wurde einem doch eklig unheimlich – und dabei dann andrerseits hinten, wo wir saßen, lächelnde Quadroons und kichernde Mulattenmädchen, – welche Contraste *innerhalb* der für unsre Vorstellung uniformen Negerschicht! In Baltimore hörte ich eine Stunde Undergraduate-Unterricht eines Extraordinarius, die übliche Textbook-Methode: der „Student" lernt zu Haus ca 30–40 Seiten eines nationalökonomischen Lehrbuchs (Hobson's Evolution of Capitalism) und wird dann *abgefragt*, wurde hier recht geschickt mit einer Art Vorlesung combiniert. Dann Seminar; eine *gute* Seminararbeit wurde (sehr streng) kritisiert u. ich hatte die Frechheit, mit meinem Nigger-English die Diskussion mit den Studenten an mich zu reißen. – Dann Philadelphia und Haverford College (orthodoxes Quäker-College), wo ich die Bibliothek für meine Arbeit durchsah, bei einer reizenden Familie (der Mann hat *Alfred* im Frühling in Berlin in den Cursen gehört, er hatte sein „Sabbath-year", d. h. der Urlaub, den jeder Professor hier alle 7 Jahre für 1 Jahr erhält) lunchte, u. am andren Tag mit Marianne – die inzwischen Bryn Mawr ansah – einem Quäker-Gottesdienst beiwohnte. Auch *diese* Quäker sind *nur* noch insofern „orthodox", als sie nicht „Unitarier" sind, alle andren alten Gewohnheiten sind geschwunden, ihr Cricketteam gilt als das beste des Landes, die Bengels sind steinreich, in einer Studentenbude fand ich gekreuzte Schläger und den Anschlag: „Raucher", offenbar aus einem deutschen Rauchcoupée stibitzt. Aber der Gottesdienst ist doch noch eigenartig. Tiefe Stille: man hört in dem *vollständig* schmucklosen

Raum – jeder Altar etc. fehlt – nur das Knistern des Kamins und unterdrücktes Husten (es war eiskalt). Endlich steht Jemand auf, den „der Geist treibt“, und spricht was er will. *Meist* ist dies einer von den „elders“, die, – von der Gemeinde nach mehrfachen Ansprachen dazu bestimmt, – auf einer etwas erhöhten Bank sitzen, gleichviel Männer und Frauen. Leider war es diesmal nicht, wie Marianne hoffte, eine Frau – eine steinalte Quäkerin soll die beste Rednerin sein – sondern der Bibliothekar des College, ein tüchtiger, ziemlich lederner Philologe. Der Geist trieb ihn, eine Anfangs recht lederne, dann aber recht hübsch praktisch gewendete, Interpretation der verschiedenen Bezeichnungen, die das Neue Testament den Christen giebt, zu liefern, – sorgsam präpariert, – dann wieder langes Schweigen, ein improvisiertes Gebet eines andren elder, – langes Schweigen, – Aufbruch. Gesang etc. unbekannt.

Doch ich sehe, daß Marianne das schon erzählt hat. – Der Aufbruch nach Boston hätte fast seine Schwierigkeiten gehabt. Es reiste nämlich das Football-team der Pennsylvania University zum Kampf mit Harvard nach Boston ab, u. alle 2000 Studenten gaben ihnen das Geleit zum Bahnhof, Hunderte fuhren die 10 Stunden hierher mit. Der Bahnhof war infolgedessen den einen Abend stundenlang unzugänglich, die Bengels ließen Niemand durch, Alles verpaßte seine Züge, eine Dame wurde übel zertrampelt. *Hier* sahen wir dann den Game vom Wagen aus; die „alten Herren“ haben für ½ Million ein gewaltiges steinernes Amphitheater gebaut, so groß wie das Amphitheater, mit Platz für 40000 Menschen. Donnernder Gesang der jeweils siegreichen Partei – denn ganz Boston und ein gut Teil Philadelphia war da – ertönte nach jedem play, die City Hall und die ganze Stadt war geflaggt, – und als dann Harvard unterlag, folgte tiefe Depression – ½ Seite über den ostasiatischen Krieg, 3 über die Präsidentenwahl, *8* über den Game in den großen Bostoner Zeitungen, dann endlose Interviews mit jedem Einzelnen der 22 mitspielenden Bengels hier – in Philadelphia Illumination und natürlich Einstimmigkeit in der Ansicht, daß die zertrampelte lady durch diesen Erfolg weit aufgewogen sei. Eine unglaubliche Wirtschaft. – Doch es ist Essenszeit, von Harvard und dergleichen schreibe ich daher das nächste Mal.

Von hier geht es nach Providence, New Haven (Yale University), dann New York, von dort am *19ten* November mit der „Hamburg" (Hamburg-Amerika-Linie) nach Cherbourg-Paris-Heidelberg.

Herzlichst Euer

Max

Helene Weber

Brief vom 6. und 16. November 1904, New York

Zwischen den beiden Briefteilen Max Webers berichtete Marianne Weber am 11. und 15. November von ihren Erlebnissen, rückblickend noch von Boston und insbesondere dem Besuch des nahegelegenen Wellesley-Frauencollege, dann über Aktivitäten in New York: Frauen-Meetings, Vorträge, Treffen mit Verwandten und befreundeten Familien sowie den Besuch der Educational Alliance für jüdische Immigranten.

Holland House

New York 6/XI. 04

Liebe Mutter!

Nun ist unser „round trip" beendet – ca 180 Stunden Eisenbahnfahrt im Ganzen und wenn uns nicht noch hier etwas zustößt, so sind wir wenigstens den Eisenbahnen dieses „country" glücklich entronnen und nur die weit weniger gefährliche Seefahrt steht uns noch bevor, die freilich zu dieser Jahreszeit kein Vergnügen sein wird. Da das Billet nach Paris (direkt) so viel kostet, wie das Billet nach Bremen so zogen wir, um die stürmische Nordsee zu vermeiden, Paris vor und werden dort selbst im Fall *starker* Verspätung hoffentlich am 29ten November eintreffen. Wir erhielten hier Deinen lieben Brief und sehen, daß Alles so weit gut geht; wir sind natürlich besonders gespannt auf *Alfreds* weitere Nachrichten. Hoffentlich drückt ihn das Gefühl des Exils in Prag nicht zu sehr, denn ein solches, für eine Reihe von Jahren, ist es ja natürlich.

– Ich trage noch Einiges zu früheren Briefen nach. Wir haben glaube ich von Hugh, dem epileptischen Bruder in Mount Airy, zu berichten vergessen. Er ist nicht imstande seine Angelegenheiten zu besorgen, da er alle 10 Tage ca. einen Anfall hat, u., als er einmal einen solchen auf seiner eignen Farm hatte, in den Kamin fiel und fast verbrannte. Er sieht etwas struppig aus in seinem Bart, ist aber ein guter Kerl, *nicht* unintelligent trotz Allem, spricht sehr klar von seinem Zustand und Schicksal, hilft James als Arbeiter und ist Vorsänger in der Methodistenkirche. Wie Bauern sind, ist die Behandlung seitens der Brüder, wenn auch nicht unfreundlich, so doch natürlich auch nicht immer allzu rücksichtsvoll; sie betrachten ihn doch mehr als Last. Sein Geld verwaltet Bill. –

Von Wyoming zogen wir nach 2 Tagen – sehr zum Kummer des Mannes und besonders der netten Kinder – nach Boston zurück, um es näher zur Harvard University etc. zu haben. Der Mann mit seinem ruhigen Selbstgefühl des selfmade man und seinem Heimweh nach Deutschland – wohin er freilich absolut nicht passen würde, so wenig wie Laura, hat mir auch weiter gut gefallen. Die Kinder werden trotz des forcierten Deutschtums und Hasses gegen die Neu-Engländer ihren Weg schon machen. Der Älteste verdient schon jetzt gelegentlich. Die Mehrzahl sind protestantisch getauft (der Vater ist altkatholisch), der Rest soll „vielleicht gelegentlich" auch getauft werden. Im Übrigen kümmert sich Niemand um die Kirche etc., – der hervorstechendste Zug der jüngsten Generation der östlichen Amerikaner, soweit sie von Immigranten abstammen, – teilweise auch der Altamerikaner. Seltsame Widersprüche: heut war ich hier im „service" der „Christian Scientists" (Gesundbeter). Sie haben zwei pompöse Kirchen hier, vor denen je ein Dutzend feinster Equipagen halten, wenn „Gottesdienst" ist. Die „Christian Science Quarterly" giebt Programm, Text der Psalmen, Stellen aus der Bibel und aus dem symbolischen Buch „Science and Life" für die Predigt für alle Gottesdienste des Quartals im Voraus an, ihr „Hymn Book" ist compiliert aus Chorälen aller Nationen, mit Melodien von Händel, Haydn, Weber, Mendelssohn, deutschen Volksliedern, vielen englischen Melodien. Die „Kirche", ein gewaltiger gewölbter Raum mit Tribünen und mächtiger Orgel, war gestopft voll: Alles „gute Gesellschaft", aber incl. Mittelstand. Vor der Orgel sitzen erhöht ca 10–12 Männer und Frauen im Smoking bzw. weißer Seide, vorne zwei pulpits, von denen aus ein Mann im Smoking und eine Frau – ca 40 Jahr alt – in weiß, einen Immortellenkranz im

Haar, mit tiefer Altstimme den Gottesdienst leiten. Zuerst Chor aus dem „Messias“ (wundervoller Gesang), dann Liturgie: Psalm 38, abwechselnd von der Predigerin und der Gemeinde gesprochen, dann 10 Minuten tiefe Stille zum Gebet (um geistiges und körperliches Wohl der Nächsten) mit lautem allgemeinem „Amen“ am Schluß, dann Gemeindegesang, mit allgemeiner Beteiligung, unbedingt eindrucksvoll zu nennen, – dann „sermon“, d.h. die Predigerin *und* der Prediger wechseln sich ab im Vorlesen: *er* ca 30 Stellen aus dem Alten und Neuen Testament, *sie* aus dem Buch „science and life“, und wie es schien aus ihrem Predigtconzept. Inhalt: wieder und wieder die „immortality“, metaphysisch nach Art von Platons – oder wohl besser: Moses Mendelssohn's – „Phaedon“ in kurzen, feierlich und langsam gesprochenen Sentenzen begründet, dann die alleinige Realität des „spirit“ und die Nichtigkeit und Vergänglichkeit der Materie, Gottes unbegrenzte Allmacht über den Menschen und die Verworfenheit aller derer, die ihr sich zu entziehen versuchen und dadurch beweisen, daß sie nicht vom „spirit“ bewohnt, also nicht der immortality teilhaft sind, Warnung vor den „falschen Freunden“ (den Ärzten offenbar) – ¾ Stunden lang ohne alles Pathos und schließlich bis zur Langeweile vorgetragen; – dann Orgelfuge und Klingelbeutel (d.h. mit Papierdollars dicht bedeckte Teller vom Herrn im Smoking herumgereicht), dann ein Sopransolo (zu viel Tremolage und der englische Kloß im Munde, Gegenstand mir unbekannt, wohl moderne Composition), dann Gemeindegesang und Schluß, Abmarsch der hübsch angezogenen Kinder zur Sonntagsschule (in einem Nebenraum), die hier wie überall eine pièce de résistance ist. Es waren sicher 800, vielleicht 1000 Leute da und ihr Verhalten fällt unzweideutig unter den Begriff „Andacht“. – Die Bewegung hat ihren Höhepunkt noch nicht erreicht, sie geht durch alle großen Städte der Union. Inzwischen hörte Marianne einen presbyterianischen Gottesdienst in der fashionablesten Kirche hier neben unsrem Hotel, von dem sie wohl berichten wird. Auch unser Hotel hier in der 5th Avenue (= Unter den Linden hier) ist höchst fashionable und entsprechend teuer, morgen ziehen wir in ein Boarding House in Madison Avenue (Besitzerin eine Deutsche, Frau von Hilsen), das uns sehr empfohlen ist und uns viel Geld spart. Zwischen Boston und hier stoppten wir nur in Providence, Rhode Island, der ältesten Heimath voller Gewissensfreiheit (Roger Williams) und der Trennung von Staat und Kirche auf der Erde. Ich wollte auf der Bibliothek nach historischer Baptisten-Litteratur suchen, aber – wieder charakteristisch – die Leute dort wollen ihren jetzigen Charakter als *nicht*-mehr-„Sectarian University" *so* stark betonen, daß sie moderne Litteratur über die Geschichte derselben Denomination, die sie gegründet hat, überhaupt nicht anschaffen. Ich werde wohl ein kleines Baptisten-College auf dem Lande aufsuchen müssen.

– Doch nun hat Marianne das Wort. – […]

NB. Freitag ist (am letzten Tage) noch eine „Reception in honour of *M*rs Weber" im University Club.

16.XI.04

Otto Weber war eben nochmals (allein) hier und machte wieder einen ganz guten Eindruck. Hermann Rösing, mit dem ich heut lunchte, gab sein Einkommen auf 1400 \$ (5700 M.) an, mit dem er offenbar reichlich auskommt (Rösing braucht – als Junggeselle – 1800 \$ – 7400 M., obwohl sein Zimmer ihn nur 25 \$ per *Monat* kostet, er fortwährend eingeladen ist und weniger Anzüge braucht, als sonst hier üblich ist: Theater und Sommerfrisch-Wohnung an der See kosten eben viel). Von dem Strudel von Eindrücken der letzten Woche hat ja Marianne berichtet. Ich habe daneben noch Colleg auf der Columbia University gehört u. Collegen kennen gelernt, auch etwas auf den Bibliotheken gearbeitet. Der gewaltigste Eindruck war der des Judenviertels und der jüdischen Erziehungsanstalten für Immigranten. Das absolute self-government der Kinder, mit Clubs, in die sie Niemand hineinreden u. Fremde auch nicht hineinsehen lassen, ist doch das wesentlichste Amerikanisierungsmittel. Die absolute Autoritätslosigkeit der Jugend trägt im Kampf ums Dasein *hier* ihre Früchte. Als Kinder von Schnorrern, die streng an allem Rituellen der Religion festhaften, kommen sie hierher, als „gentlemen" verlassen sie diese Trainierungsanstalt und – stürzen sich auf die Neger des Südens, die sie fürchterlich auswuchern. – Dann eine so imponierende Frau wie Florence Kelley mit ihrem leidenschaftlichen Sozialismus. Die ganze Hoffnungslosigkeit sozialer Gesetzgebung bei dem System des Staatenpartikularismus, der Korruption vieler Arbeiterführer – die Strikes anrichten u. sich dann für die Beilegung von den Fabrikanten bezahlen lassen (ich selbst hatte einen letter of introduction an so einen Hallunken!) – die Zustände in Chicago, wo sie war, wo es trotz leidenschaftlicher Agitation nicht gelang, ein Gesetz zum Schutz von Frauen gegen die Gefahren bestimmter Gewerbe zu schaffen, bis eine Firma entstand, die solche Schutzapparate herstellte und nun durch *Bestechung* der Abgeordneten verschiedener Staaten durchsetzte, daß ihre Benutzung gesetzlich vorgeschrieben wurde! – etc. etc. – und dennoch ist es ein wunderbares Volk und nur die Frage der Neger und die entsetzliche Einwanderung bilden die großen schwarzen Wolken. Und auch New York ist eine wunderbar anziehende Stadt. Der Blick in der Abenddämmerung im Winter um 5 Uhr, von der Brooklyn-Bridge auf die berghohen strahlenden Sky-scrapers gehört zu den Herrlichkeiten der Erde. – Morgen noch Alfred Lichtensteins, Freitag Nachmittag Frau Villard, Abends das jüdische Theater, dann Schluß. Ist das Wetter gut, so fahren wir über Hamburg, sonst über Paris. – *Kosten* der Reise (3 Monate 12 Tage) 7200 Mk, (alles eingeschlossen, auch die Rückfahrt) abzüglich 500 $ (2100 Mk) Honorar, macht *Netto*kosten von 5100 M. Ein bodenloser Leichtsinn, aber ich mußte entweder jetzt oder nie hierhergehen. Befinden gut, bis auf eine tüchtige Erkältung. Daß ich die Sache so gut aushielt, hängt freilich auch mit dem *starken* Gebrauch der von Ernst mir verschriebenen Beruhigungsmittel zusammen. Sonst wäre es nicht gegangen. Aber *Anregung* und *Beschäftigung* des Gehirns ohne geistige *Anstrengung* ist eben überhaupt das einzige Heilmittel. Nun kommt die Seekrankheit.

Auf Wiedersehen herzlichst
Dein Max

Helene Weber

Brief vom 19. November 1904, Am Bord des Dampfers „Hamburg“

Am Bord
des Dampfers _______
den _____*19*_.
Hamburg – Amerika Linie

Liebe Mutter!

New York liegt im Dunst eines schönen Wintermorgens hinter uns und alles ist vorüber – „après nous“ – und vielleicht auch „dans nous“ le déluge, denn gestern Nacht waren wir noch bis ½2 Uhr im Judenviertel, erst in einem „yiddischen“ Theater, dann zusammen mit unsrem speziellen Freund, Dr Blaustein, dem Leiter des Immigrantenempfangshauses, und dem Dichter des Dramas „Die emese (= wahre) Kraft“, welches wir gestern Abend hörten. Trotzdem die Sprache zu ⅔ unverständlich ist – eine entsetzlich corrumpierte Aussprache des Deutschen, mit hebräischen und teilweise russischen Wörtern versetzt: „was is des Läben mies“ (= jammervoll) bekommt man in hochtragischen Momenten zu hören – trotzdem wir folglich dem Sprechen nur wenig folgen konnten, war die schauspielerische Leistung so großartig in ihrer Art, daß man die Handlung (ein Arzt, der eine „Frau aus dem Volk“ heirathet, die Conflikte der Culturschichten, die entstehen, erlebt, von ihr betrogen wird, sich aber am Totenbett seiner Tochter erster Ehe, die sie pflegen hilft, mit ihr versöhnt) vollständig verstand, zumal die nicht einwandfreie Dichtung einige Charaktertypen (insbesondre eines „Sozialisten“ und eines rabbinischen „Gelehrten“) aufwies, welche von den jüdischen Schauspielern, den besten, die Amerika kennt, in absolutester Selbstkarrikierung großartig gegeben wurden. Wir wurden natürlich hinter die Culissen zu den Akteurs, darunter einem 12jährigen allerliebsten Mädchen, geführt, und das Beisammensein im Schauspielercafé nachher war recht interessant. Es ist das 73. Stück des Autors, der einen yiddisch'en „Faust“ geschrieben hat, – offenbar schreibt er für jedes seiner 11 Kinder 10 Stücke, wenigstens hat er es so vor, und da auch Romane u. Novellen in yiddish geschrieben werden, so ist, vorläufig wenigstens, der in Rußland selbst teils durch Deutsch, teils durch Russisch allmälig verdrängte Dialekt vor dem Aussterben gesichert. Ca. 800000 Menschen sprechen ihn. – Dr Blaustein, der für das Archiv schreiben wird, ist ein Idealist reinsten Wassers, dabei ein „Knalljud" tollster Physiognomie, lehnte es ab, bei den Freimaurern „Meister vom Stuhl" zu werden, weil er dann (als „Atheist") den confessionslos-christlichen Eid („das Christentum zu schützen") zu leisten hätte. Die Erzählung gab wieder einmal einen Einblick in die Art, wie hier die Clubs, Orden etc. funktionieren. Er meinte, ein Richter, der Freimaurer sei, würde ihn – als Freimaurer – nicht leicht verurteilen, sondern ihn *öffentlich* freisprechen, aber seine Ausstoßung aus dem Orden veranlassen (durchaus wie die katholische Kirche, – eben jetzt bekam Cardinal Gibbons eine Katzenmusik wegen ähnlichen Verhaltens bezüglich eines wegen Sittlichkeitsvergehen von seinen Collegen bei der Staatsanwaltschaft angezeigten Priesters: er hatte den *Ankläger und* den Angeklagten ihrer Stellen entsetzt). Er (Dr Blaustein) berichtete ferner, wie das Freimaurerzeichen noch jetzt, bei der Kundenwerbung, für Handelsreisende etc. von Werth ist (ob nicht Richard Müller in die Loge eintreten könnte?) – genau wie wir es in den alten methodistischen und baptistischen Katechismen lesen. Das riesige Anschwellen der Clubs und Orden hier ersetzt die zerfallende kirchliche (d.h. *Sekten-*) Organisation. Ziemlich jeder Farmer und sehr viele Geschäftsleute mittleren und kleineren Ranges tragen ihre „badge" im Knopfloch, wie die Franzosen das rothe Bändchen. Nicht in *erster* Linie aus Eitelkeit, sondern weil es alsbald die Legitimation dafür ist, daß er von einer bestimmten Gruppe Menschen, die ihn nach angestellten Recherchen über seinen Charakter und Wandel – man denkt unwillkürlich an unsre Reserveoffiziers-Recherchen – durch Ballot als ein gentleman anerkannt und aufgenommen ist, – genau derselbe Dienst, welcher dem Mitglied der alten Sekten (Baptisten, Quäker, Methodisten, etc.) vor 100 und 50 Jahren seine „letter of recommendation", die ihm seine Gemeinde an die auswärtigen „Brüder" mitgab, leistete.

Das heutige amerikanische Leben steckt voll solcher säcularisierter Sprößlinge des alten puritanischen Kirchentums.[1)]

– Vorher Mrs Villard. Sie ist trotz der vielen Jahre seit ihrem Berliner Aufenthalt noch immer so graziös und anziehend wie früher, in ihrem weißen welligen Haar und anmuthiger Toilette, ging Abends auf die „Horseshow" (Beginn der Society season im Garden theatre: die Vanderbilts etc. führen in der Arena ihre Gespanne, auf dem Balkon ihre Toiletten der sich zwischen Balkonen und Arena staunenden misera plebs vor.) Wir sahen ihre recht anmuthige Schwiegertochter, – der Sohn ist Redakteur der Evening Post (ganz gute Zeitung, die immer Villard mitgehörte). Sie sprach viel und bewegt von ihrem Mann, läßt Dich vielmals grüßen, denkt, wie sie sagt, mit Dankbarkeit an die Berliner Freunde, die ihren Mann nach dem Sturz psychisch gerettet hätten. Seine Erinnerungen kommen jetzt auch deutsch heraus. –

– Über Otto Weber möchte ich noch nachtragen, daß Rösing ihn sehr *lobt*, – er hatte früher „flott" gelebt, aber seit der Heirath nicht mehr. Er selbst ist voll der größten Zuversicht, will im nächsten Jahr eine Stadtwohnung beziehen und „boarders" nehmen, denkt auch noch immer an den Ankauf einer der „spottbilligen" farms nahe bei New York als Wohnsitz, (in der That sind in einiger Entfernung viele Farmen durch die Concurrenz des Westens bankrott gegangen und das Land teilweise billig) und träumt von „Entenzucht" etc. in den Mußestunden. Meine sehr nachdrücklichen Einwendungen ökonomischer und (unter dem Gesichtspunkt der Frau) „sozialer" Hinsicht schienen ihm immerhin Eindruck zu machen. Daß er *sehr* tüchtig arbeitet, – freilich ohne in dem Amsinck'schen Geschäft, von Gehaltszulagen abgesehen, erhebliche Chancen zu

---

1) Auch Lichtenstein's sagten, die erste Frage der Amerikaner – mit denen sie deshalb nicht verkehrten – sei stets: „which church do you belong to?" Alle gesellschaftlichen Bekanntschaften, wenigstens in dem im Gegensatz zu New York sehr frommen Brooklyn und die Verkehrs-, Diner- etc. Beziehungen in den eigentlichen Yankee-Kreisen knüpfen an die Kirche an, – noch jetzt! Trotz allen Verfalls.

haben, – und daß die Frau klug genug ist, ihn vor übereilten Schritten zu bewahren, scheint mir sicher. Mit einer leichten Verlegenheit trug er mir Grüße an Dich auf, – sein Benehmen war wirklich recht nett und bescheiden. Merkwürdig doch, daß nur er von all uns Vettern die Weber'sche Familie im Mannesstamm fortsetzt, wie es scheint – wie *Frank* der einzige Stammhalter des Fallenstein'schen Namens ist! –

Die Kosten der Reise habe ich doch etwas zu hoch angesetzt, wir werden doch noch mit ca 500 Mk in der Tasche in Europa landen und auch nach Bestreitung der Kosten bis Heidelberg weniger als 7000 Mk im Ganzen und etwa 4900 Mk nach Abzug der Reisekosten-Entschädigung als Nettokosten zu unsren Lasten haben. – Daß das „wissenschaftliche" Resultat der Reise für mich zu diesen Kosten im Verhältnis stände, läßt sich natürlich nicht behaupten. Ich habe für unsre Zeitschrift eine erhebliche Zahl interessanter Mitarbeiter gewonnen, bin ganz anders als früher im Stande, die Zahlen der Statistik und die Berichte der Regierungen in den Vereinigten Staaten zu verstehen, werde selbst einige Kritiken über Negerlitteratur u. dgl. schreiben, auch sonst einige kleine Sachen vielleicht, – aber für meine kulturgeschichtliche Arbeit habe ich nicht viel mehr gesehen, als: wo die Dinge sind, die ich sehen müßte, insbesondere die Bibliotheken etc., die ich zu benutzen hätte, und die weit über das Land zerstreut in kleinen Sekten-Colleges stecken. – Unter diesen Umständen ist die Reise (in unsrer jetzigen Lage) natürlich nur unter dem allgemeinen Gesichtspunkt der Erweiterung des wissenschaftlichen Horizontes (*und* dem gesundheitlichen) zu rechtfertigen. Ihre Früchte in dieser Hinsicht können sich natürlich erst nach einiger Zeit zeigen, zunächst wird der klatrige Winter bei uns in Heidelberg nichts besonders Erquickliches sein und von der Seefahrt zu dieser Jahreszeit verspreche ich mir wenig. Immerhin war es gut, daß ich die Sache so habe leisten können – noch vor Jahresfrist eine bare Unmöglichkeit. Auf die New Yorker Abendgesellschaften verzichte ich freilich herzlich gern.

Ich denke Marianne wird Alles Andre erzählen.

Fast hätte ich Lust, von Hamburg die paar Stunden nach Berlin hinüberzufahren, da ich zu Haus doch Anfangs eher im Wege bin. Aber Alles, auch eine Reise, muß ein Ende haben.

Keine weitere Nachricht von Dir, – außer Deinem letzten Brief, den wir vor 14 Tagen hier bekamen.

Herzlichst
Dein Max

Hoffentlich hörst Du Gutes von Alfred.

Niederlande und Belgien

1903 und 1907

Bis zu zwei Mal täglich schickte Max Weber Postkarten nach Heidelberg

1903 und 1907 führten Max Weber Reisen in die Niederlande und nach Belgien; dort hielt er sich in seinem intensiven Reisejahr 1903 im Juni, August/September und Mitte Oktober auf.

Marianne Weber

Brief vom 8. Juni 1903, Scheveningen

Scheveningen, Dirk-Hoogenraad Straat 113

Zoete Deern –

heut ist es herrlich am Strand, zerrissene Wolken über das grüne Meer jagend u. warme Sonne, man sitzt im Strandkorb u. der Wind pustet gewaltig um die Ohren – wohl etwas zu stark für mich: wenigstens nimmt er mir sonderbarerweise jetzt alle Verdauung, so daß ich fast nichts zu essen brauche u. mich doch ganz wohl dabei befinde. Ich futtere wesentlich morgens, wo ich es „gratis" habe u. weil ich dann Hunger habe, – Mittags entweder hier „frutti di mare" oder, wenn ich in den Haag fahre, dort Unkräuter in der Pomona, Abends je nachdem in der Pomona im Haag oder hier in einer Strandbude Butterbrode, dann von meinem stattlichen Sinaasappels-Vorrath.

Die Galerie im Haag hat den Vorzug, *klein* zu sein u. man findet leicht, was man mag. Das schönste, was ich bisher fand, ist Rembrandt's „Saul u. David" (auf der Harfe spielend). Daß man zwei Knalljuden, den König als Sultan obendrein, in geschmacklosestem Costüm, David als richtigen Schwung aus dem Delikateßladen, so malen kann, daß man nur die Menschen und die ergreifende Macht der Töne sieht, ist fast unbegreiflich – aber die Andacht des Spielenden erinnert direkt an den Ausdruck in Giorgione's „Conzert" (in dem Pitti, Du erinnerst Dich?) u. das eine Auge des Königs, welches man allein sieht, – das übrige Gesicht verhüllt er weinend, spricht beinahe schauerlich davon, wie er vom Harfenspiel Vergessen dessen, daß es mit ihm bergab geht, erhofft und doch nicht gefunden hat. Die Photographien geben keinen Begriff, – neben diesem Bild sind mir die andren mit den „canalisierten" Lichtstrahlen nichts u.

selbst die prachtvolle „Anatomie“ zeigt mehr, daß er ein virtuoser Portraitist und Techniker, als – wie dies Bild es thut – daß er ein seelenvoller Künstler war. –

Gestern (Sonntag) spie der Haag seinen weiblichen Inhalt hier auf den Strand – „deftige“ vrouwen und juffrouwen u. auch etliche „outlandige“ deerns, die sich ziemlich unverschämt benahmen. Unerquickt wendet sich der auf dem Pincio geschulte Blick ab – sie sollten besser alle in ein van der Goes'sches Gemälde neben die Madonna hinknien mit muffligem Gesicht u. vorgeschobenem Kinn, – zu Eleganz taugen sie nun einmal nicht. Abscheulich ist die Sonntagstracht der Frauen des „Volkes“: Röcke, unter die eine Crinoline gehörte, im Winde fürchterlich gebläht, bis zur Formation des Vesuv, – das Oberteil durch ein mächtiges Busentuch aller Form beraubt, wie ein stumpfwinkliges Dreieck aussehend, um den Kopf statt des weißen Tuches eine 6–8 cm. breite *Blech*binde, die durch eine Art Gaze-Verband, der den ganzen Kopf verhüllt u. die stattlichen Haare vor dem Wind u. den Blicken sichert, durchschimmert, vorn die beiden Fühlhörner: Spiralen oder Blechschildchen, vergoldet – ein Anblick für Puritaner. –

Genug des Geplauders – wenn meine schlechten Nächte kommen, werde ich ohnehin einige Tage nur Karten schreiben. Bis jetzt geht es ganz gut, nur schlafe ich quantitativ noch nicht genug u. so kommt die Abspannung noch nicht recht heraus, was wohl besser wäre.

Herzlichst
Dein Max

[…]

Marianne Weber

Brief vom 9. Juni 1903, Scheveningen

Scheveningen, Dirk-Hoogenraadstraat 113.
(Dienstag)

Mijn zoet Snuitje, –

ich habe nicht widerstehen können einen Kohlendruck des Rembrandt'schen Bildes zu kaufen, obwohl er wohl nur dem, der das Original kennt, den vollen Begriff giebt. Aber vielleicht könnten wir ihn doch rahmen lassen. Das *Auge* des Königs wirkt im Original mächtiger, – Rembrandt malte es, als er nach Verlust seiner Saskia, seines Vermögens u. seiner Bilder, bankrott erklärt, aber auf der Höhe seines Könnens, einsam mit seinem Sohn u. seiner treuen Hendrikkie in Amsterdam lebend das Alter kommen fühlte. Dem Museumsdirektor, dessen Privatbesitz es ist, bot Pierpont Morgan (vom Steel-Trust) vergebens 500 000 Gulden dafür. –

Gestern war hier starker Nordsturm, der feine Dünensand jagte in Strömen über den Strand u. durch alle Straßen, dabei blauer Dunst um Masten u. Leuchtturm, weißer Dunst auf dem Meer, durch den die Sonne wie durch Milchglas hindurch grüngelben Glanz auf die eintönige graue Masse legte – es war, von dem Staub abgesehen, sehr schön. Heut ist Landwind, der Himmel so weit blau, als das hier möglich ist – es bleibt, außer im Hochsommer, immer Dunst, der dem sonnenbeschienenen Wald u. den baumbestandenen Plätzen der Stadt etwas Abendlich-Träumerisches auch am hellen Tage giebt, – nur die höchst nüchternen Menschengesichter mit ihrem äußerst diesseitigen Gehabe gleichen die Stimmung wieder aus. Ich will jetzt gleich meinen Hummer essen, dann schlafen u. in die Stadt. Ich glaube, ich mache einen sehr opulenten Eindruck, wenn ich so, schon um ½12, scheinbar beiläufig, statt eines Butterbrods, den Tag mit Hummer beginne – Niemand ahnt dann in mir den Proleten, der nachher um 7 Uhr bis zu Portelein (Sauerampfer), Uien (Zwiebeln) oder gar Knolletjes (Rüben) sinkt u. den ganzen Rest des Tages mit 40–50 cts bestreitet. Ich schlafe ausreichend, aber freilich nicht mehr als eben dies, – ob daran der verfl... Heinrich Braun oder das grelle Sonnenlicht auf der weißen Jalousie des Morgens schuld ist, weiß ich nicht. –

– Nun habe ich das Gemeente-Museum u. eine recht schöne Privatsammlung[1)] hinter mir u. in der Pomona Spargel u. jenen Reis, den unser unvergeßlicher Tin-Tin nur „zonder suiker" zu genießen vermochte, nebst Karnemelk (gequirlter Saurer Milch – Reminiscenz an den seligen Constanzer Hof!) – u. hoffte hier ein Kärtchen vom Schnauz zu finden, aber umsonst, es wird wohl nichts passiert sein, was zu erzählen gelohnt hätte. – Ja, der arme Dr Fischer! wir haben es eben doch gut, es ist doch gräßlich, daß ein in ganz Deutschland renommierter Arzt wie er auf seine alten Tage sich quälen muß u. ein Glückspilz wie Georg Schmidt – mag er immerhin tüchtig sein – liquidiert 6000 Fr., von den Berliner Wucherern ganz zu schweigen! –

[...]

Hier wird es jetzt tüchtig heiß, scheint es. Haag ist doch eine wundervolle Stadt, d.h. eigentlich ein riesiges Dorf mit Villenvierteln. Aber höchst geschmackvolle Villenbauten, ich sah nur 2–3 nach unsrer Manier gebaute Maurerpolier-Produkte, sonst Alles höchst einfach, hell getüncht, Parterre u. 1 Oberstock, riesige Spiegelscheiben, Licht, Luft und Blumen u. viel weiße u. helle Töne außen u. innen.

Genug für heute –

herzlich küßt Dich Dein

Max

---

1) Mit *modernen* Franzosen (Meissonnier etc.) u. holländischen Impressionisten – letztere (Maris, Israels etc.) recht schön, – aber *das* können wir auch.

Marianne Weber

Brief vom 13. Juni 1903, Scheveningen

Scheveningen, Samstag Mittag.

Liebes Schnäuzchen

vielen Dank für Dein gestriges Briefchen. Ich schreibe so viel aus 2 Gründen: einmal, weil ich weiß, daß Du, wenn ich fortgehe, immer noch etwas plümerant wirst – später, wenn Du es gewohnt bist u. hinter Deinem „Ollen“ die Zunge herblökst, wird das etwas sparsamer; – dann aber, weil ein pedantisch gewordener Stubengelehrter das intuitive Genießen verlernt hat u. sich der Eindrücke nur discursiv bemächtigen kann, so daß er das Maß von Genuß an Kunst und Natur, welches sein verknöcherter Zustand ihm noch zugänglich belassen kann, sich nur einverleiben kann, indem er es irgendwie in Worte faßt. Wie ich diejenigen beneide, denen es darin besser geht, – zumal mir mit Ausnahme ganz weniger Menschen jede *Gesellschaft* den Genuß auch verdirbt, so daß ich, wenn ich mein Schnäuzchen nicht da habe, auf Monologe angewiesen bin, wie sie die Figuren der chinesischen u. indischen Dramen zu halten pflegen, um sich u. den Zuschauern klar zu machen, was eigentlich los ist. –

Ich steige eben in die Bahn, um nach Dordrecht u. vielleicht auch nach Delft zu fahren, weil heut am Strand wenig los ist u. der holländische sonnabendliche Scheuerteufel keinen Mittagsschlaf gestattet. Jetzt sind auch über mir Leute eingezogen. Man sieht sich nie, da der Wohn-Individualismus hier so consequent ist, daß jedes typische holländische 2stöckige Haus 2 Haustüren hat, 1 für Parterre, u. eine, die auf die Treppe zum Oberstock führt. Ebenso liegt hinter jedem Haus ein Gärtchen, u. auf dieses mündet das Souterrain – der Garten liegt meist tiefer als die hoch aufgeschüttete Straße. Man kann nicht sagen, daß die Bauart an sich weniger *einförmig* wäre als unsre Mietskasernen, die endlosen Vorstadtstraßen sehen aus wie bei uns ländliche Arbeiterwohncolonien von Fabriken, aber der Unterschied ist doch gewaltig. Welche Fülle von Miethskasernen-Dreck (äußerem u. innerem, als da sind: Klatsch, Zank pp) bleibt erspart. Und der individualistische Trieb setzt sich so stark durch, daß – *hier* wenigstens – auch auf Spekulation nur ganz ausnahmsweise dreistöckig gebaut wird. – Auf der Fahrt: die Landschaft ist wie bei Emden, nur noch prononcierter horizontal u. grün, – man sieht sofort, daß die holländischen Maler, da *alle Plastik*, wie sie die italienischen Berge, Cypressen, Pinien, Häuser aus Bruchsteinen, steinernen Mauern etc. geben, hier absolut im Bilde fehlt, dazu gelangen mußten, das Licht zu sehen u. darin zu dichten. – Es freut mich, daß Dir der Rembrandt gefällt. Neben ihm ist Rubens im Haag sehr schlecht vertreten, – er ist doch überhaupt nicht neben Rembrandts in Freiheit u. Armuth gewachsener protestantischer Seele zu genießen, dieser Höfling, dessen Bildern man die Jesuiten-Erziehung anmerkt. Es ist doch – beiläufig – nicht übel, daß sein Herr Papa, der die Rolle Giron's bei Wilhelm v. Oraniens Frau gespielt u. sich dadurch die Gnade der Spanier verdient hatte, auch aus Brüssel ist, u. jene Frau, Anna v. *Sachsen*, ebenso hysterisch wie „Luise-Toskana", aber allerdings außerdem dem Suff ergeben, auch aus der Luft der Tugenbolde in Sachsen so tief herabgesunken war. –

Delft – bei einigen „zachten eieren" u. „karnemelk" im vegetarischen Restaurant, – das Nestchen hier ist reizend, wenn schon im Prinzip nur der ins Holländische noch weiter hineinpotenzierte Haag, – die spezifische Theer-Luft des Hafens kommt dazu. Die Oude Kerk („alte Kirche") hier ist arg verschändet, zuerst durch die Bilderstürmer, – obwohl man darüber doch streiten kann, denn der Eindruck der gewaltigen schneeweiß getünchten Wände u. Pfeiler mit dem schwarzgrün gefirnißten gewölbten Holzdach – die *Farben*zusammenstellung ganz dieselbe wie in der Medizeerkapelle in Florenz! – würde mächtig sein, wenn nicht mitten in der Kirche ein Holzverschlag mit ungeheuren grünen Vorhängen – gegen die Winterkälte u. den Zug – errichtet wäre, da der Rückgang der alten Hafenstadt infolge der Sturmfluthen u. der steigenden Bedeutung v. Amsterdam u. Rotterdam, sowie Antwerpen, die Kirche zu groß für die Gemeinde machte. Übrigens finden sich diese Verschläge auch sonst – die großen katholischen Kathedralen paßten aber für *Predigt*zwecke gar nicht, zumal für die nordische Predigt, die nicht mit den Mitteln der Bettelmönche arbeitete. Übrigens, trotzdem diese einstige Hauptstadt Hollands – der einstöckige „Prinsenhof" mit der Stelle, wo Wilhelm v. Oranien ermordet wurde, steht noch – stark reduziert ist, sieht man weder Schmutz noch Elend. –

Auf dem Bahnhof: – Alles ist freundlich u. sauber, selbst die Umgebung der Landeplätze an den Grachten, mit ihren grünen Linden- u. Buchen-Reihen. – Auch die Nieuwe Kerk, mit dem Barock-Grab Wilhelm's v. Oranien (durch das Eisengitter kann man von der liegenden Gestalt keinen ins Detail gehenden Eindruck bekommen, weiß, auf schwarzem Katafalk, das Tabernakel, die sitzende schwarze Figur – hier wie sonst eine störende Replik – ist häßlich) – also auch diese Kerk ist ganz verbaut, das graue hölzerne Tonnengewölbe wirkt hier auch recht prosaisch, die hineingebauten Estraden verderben jeden Eindruck, – sie sind für die Armen, die Sitze unten im Verschlag sind, dem bürgerlich-aristokratischen Charakter des Calvinismus entsprechend, alle streng reserviert u. in festen Händen. Für den reformierten Protestantismus ist eben die kleine helle Dorfkirche die eigentlich ideale Kirchenform mit großen Stadtkirchen weiß er nichts rechtes anzufangen. –

Nun will ich auf der Rückfahrt im Haag noch Spinoza's Grab in der dortigen Nieuwe Kerk ansehen u. mich dann noch etwas an den Strand setzen – es wird jetzt wärmer, wenn auch nicht so schön wie gestern zeitweise. Da meine schlechten Nächte, die ich hier abwarten wollte, nicht kommen, bleibe ich doch wohl ganz hier, ginge ich wo anders hin, könnten sie mich dort an die Stube fesseln. –

Nun bereitest Du wohl schon Deine Gesellschaft vor, – nur in Ruhe! daß Du vorher u. nachher schläfst!

Von Herzen
Dein Max

[…]

Marianne Weber

Brief vom 14. Juni 1903, Amsterdam

Amsterdam, Sonntag Mittag.

Lieber Schnauzel –

also „in meinem Auftrag" hast Du eingeladen? – das ist ja so, wie die Generalstaaten der Niederlande Wilhelm v. Oranien als Statthalter anerkannten, um „im Namen des Königs" die spanischen Soldaten aus dem Lande zu jagen, – haha! u. wie patriarchalisch! – Du hättest doch einmal ein „Diner nach *Mutter*recht" geben sollen, das hätte den Leuten noch weit mehr imponiert. –

Heut wollte ich nach Zandvoort, alte Erinnerungen auffrischen, aber ich war in den falschen Zug „ingestapt" u. binnen ¾ Stunden war ich bei der brillanten Geschwindigkeit hier in Amsterdam abgeladen. Nun ich einmal da war, habe ich mich zu den Rembrandt's in das „Rijksmuseum" gesetzt, nachdem ich vorher, – es ist Sonntags erst 1 Uhr offen –, einige Gottesdienste mitgemacht hatte. In der Oude wie in der Nieuwe Kerk war innerhalb der Verschläge, die auch hier inmitten der als Predigtkirchen viel zu großen holzgewölbten gothischen Kirchen angebracht sind, Alles gerappelt voll, u. zwar sicher ebensoviel Männer als Frauen. Alles sitzt nach Rang u. Stand, am ausgeprägtesten in der Nieuwe Kerk im Haag, wo die Königin ihre Loge u. die Minister ihre Bank haben, aber auch hier: an der einen Bank steht: Regenten, an der andren krijgsraad, an der dritten wijk-meesters u.s.w., dann grüne gepolsterte Bänke, die an Damen u. rotgepolsterte, die an Herren „verhuurd" werden, endlich – man wird wahrhaftig an das „Familienbad" in den Bädern erinnert, Stuhlreihen, die gemischtes Publikum, das zahlt, aufnehmen. Auf den Estraden die Waisenkinder in mächtigen Schaaren u. in unendlich bunten u. in ihrer Art malerischen, nur etwas verdrehten Costümen: die Jungen (auch große von 11 Jahren) Röcke, die rechts knallroth, links schwarz sind, ähnlich die Mädchen – es ist doch eine Art Narrentracht! Dann einige „Armenbänke" für nicht Zahlende, das ganze ansteigend amphitheatralisch geordnet. An den Zugängen zu den Schranken außen steht, wer zu spät kommt oder nicht den ganzen Gottesdienst mitmacht: das sind nicht ganz wenige, es kam und ging immerzu, aber das ist auch kein Wunder: nach dem Gesang ¾ Stunde Predigt, dann ein Psalm: sehr starker Gemeindegesang u. in der Nieuwe Kerk eine riesige Orgel, *dann geht die Predigt weiter* noch ½ Stunde. Ich verstand ca. ⅓ bis ¼, es war streng reformierte Orthodoxie, Gottes *Fluch* spielte eine gewaltige Rolle (Predigt über die Bekehrung des Paulus) u. mit eindringlichster Apostrophe der musterhaft aufmerksamen Zuhörer. Die rhetorische Kunst, soweit ich folgen konnte, nicht gering – auch Gesten, – aber welch ein Contrast doch gegen den Dominikaner[1)] in Sta Maria sopra Minerva trotzdem! Zwar fehlte auch hier die „Sprache Canaans“, die unser Einem bei uns zu Lande das Kirchengehen verleidet, aber von „Meine Herren“ als Anrede u. Zwischen-Anrede war hier in Amsterdam doch ebenso wenig die Rede wie von jener bilderreichen, populär-wissenschaftlichen Rhetorik, welche mit „sozialer Crisis“, „Evolution“ u. dgl. um sich warf und, blendend (der guten Rednerbildungsschule des Ordens entsprechend) wie sie war, doch mehr einem phrasenhaften Vortrag als einer Predigt glich u. allen geistlich-sittlichen Gehalt bei Seite ließ. Hier dagegen wohl etwas viel Nüchternheit, auch breitere, aber, so viel ich verstand, tüchtige u. allseitige Durchdringung des Stoffes. –

Nun sitze ich hier vor Rembrandt's „Nachtwache“ – ⅓ von Carl Neumann's Buch handelt davon, es ist ja eine fabelhafte Leistung und eine Farbenpoesie, die nur er selbst noch überbieten konnte – aber der geistige Gehalt muß bei der Natur des Sujets (Gruppenportrait) ein begrenzter sein u. dann sind einige Figuren (Kinder) *nur* als Scheinwerfer gewissermaßen, um einen hellen Lichtklex zu ermöglichen, hineingebracht, die mich ganz empfindlich stören, auch einige Beine *nur* dem Schattencontrast zu Liebe in bestimmter Art gestellt. Daß es sein *Höchstes* wäre, kann ich deshalb niemals zugeben. –

Übrigens: daß *Spinoza* in der höfischen Kirche im Haag am vornehmsten Platz – unter der Kanzel, vis-à-vis der Hofloge, liegt, mit

---

1) Wir hörten ja die Predigt über Thomas v. Aquin an dessen Namenstag.

einer Gedenktafel (der einzigen) für ihn u. die s. Z. gemordeten Häupter der niederländischen Republik, Gebrüder de Witt, gemeinsam, – der Grabstein selbst, Basalt, im Boden ist nur mit der Nummer, 21, bezeichnet – macht sich doch curios.

Gestern auf der Bahn sprach mich die alte Thrantute, der Herr D[r] van de Werk, an – erinnerst Du Dich seiner aus Freiburg? – er sollte die Finanzen von Delft auf den Damm bringen, das scheint ihm nicht geglückt zu sein, hingegen hat er seine Nerven dabei auf den Undamm gebracht. Er läßt sich empfehlen. –

Also meine ganze Menagerie wartet auf mich? Freitag oder Sonnabend Abend komme ich. Ist denn übrigens „Peter" wirklich ein *Peter*? Nach den Erfahrungen mit Murks sen., Murks jun., Mietze I sen., Mietze I jun., Mietze 2 kann ich es kaum glauben, – glaube vielmehr, daß für die „neue" Frau das Geschlecht auch bei den Thieren zur quantité négligeable wird derart, daß sie es gar nicht mehr sieht. –

Nun bewirthe die Leutchens gut mit was Gutem, es schmeckt mir dann in Gedanken hier auch mit, – ich futtere gleichzeitig entweder in der Pomona Dinge wie: Sauerampfer mit Corinthen, oder Küchenlauch-Gemüse, oder geröstete weiße Bohnen, oder Endivien-Gemüse, oder Aprikosen-Reis, oder Zwiebelpüree – oder aber auch nur am Strande ein 2 Kaasbroodje à 10 cts. Meine Fütterung kostet pro Tag kaum je mehr als ca. 70 cts – 1 Gulden zusammen, – aber Alles Andre ist doch *unverschämt* teuer; – schön ist nur, daß die Museen *gratis* auf sind, Sonntags sind sie voller Pisänge, da könnte gut wenigstens *1* Tag in der Woche mit Bezahlung sein. –

Doch genug, der Puckel ist müde. (NB er soll durch das Schreiben trainiert werden. Ob mit Erfolg ist unsicher)

Herzlichst
Dein Max

Wieder in Scheveningen.
Strömender Regen.

Marianne Weber

Brief vom 24. August 1903, Ostende

L. Schnauzel –

gestern wehte vor meinem Fenster eine rothe Fahne von riesigen Dimensionen u. es war ein gewaltiger Rabatz mit Arbeitermarseillaise etc. – der Musikverein der Brüsseler Gewerkschaften füllte das Haus bis aufs letzte, sie machten übrigens ganz brillante Dilettanten-Musik, auch auf dem Kursaal hatte man sie zu spielen gebeten. – Man erfährt bei den Unterhaltungen doch manches Interessante, so über die Pariser Damen-Maß-Schneiderei – merkwürdig genug, daß *alle* feinsten Geschäfte in den Händen von Deutschen (Österreichern) sind u. *fast* alle gelernten Arbeiter, ebenso sind grade die hochgelernten Schuster (Arbeiter) *Londons* in den Maßgeschäften zu ½ Deutsche, letzteres, wie die Leute einstimmig meinten, weil die englische Arbeiterfrau teils versoffen, teils unwirtschaftlich sei, zu großen Aufwand treibe, u. daher die Kinder zu früh mit verdienen müßten u. nicht ordentlich lernen könnten, daher in die Fabriken müßten. Auch über die englischen *Wohn*verhältnisse erzählten die beiden Londoner – Mitglieder des dortigen Internationalen Communistischen Arbeiter-Vereins – recht Interessantes, die Teurung ist doch ganz gewaltig, ebenso die Steuern – nur die hygienisch-moralische Seite der Mietskaserne macht diese offenbar auch ihnen verhaßt. Beide haben eigne Häuser. Mein Pariser Schneiderchen ist heut mit meinem Baedeker u. dem Buch über *Brügge* dorthin gefahren sich die Stadt anzusehen – ich glaube, daß von der Protzenbande, die man hier auf dem Damm sieht, nicht der 10te auf die Idee käme, daß das lohnte. Ich werde jetzt mit 4 Fr. Pension als „Genosse" behandelt (andre zahlen 4,50), obwohl die Leute natürlich wissen, daß ich keiner bin u. wer ich bin. – Vielen Dank für Dein Kärtchen.

Herzlichst
Dein Max

Marianne Weber

Karte vom 27. August 1903, Ostende

Liebe Schnauzel –

da es heut wieder schön ist, fahre ich also jetzt mit einem kleinen Dampfer nach der Insel Walcheren (südlichste Insel Hollands), nach Vlissingen u. Middelburg, mit einem „Genossen" zusammen, der morgen zurückfährt. Ich gehe dann heut Abend weiter nach *Domburg* an der Westspitze von Walcheren, per Post erreichbar, denn jetzt möchte ich gerne einige Tage noch *allein* haben, da der Schlaf hier knapp ist u. man zu viel schwatzt. Gestern lernte ich den einen Führer der belgischen Sozialisten u. ihren größten Organisator, Anseele, kennen. Er kam mit 300 Kindern mit rothen Schlipsen, roten Federn am Hut, die von der Partei jährlich ausgewählt u. auf eine Ferienreise nach der Schweiz, an die See etc. geschickt werden. Sie sangen am Abend allerliebste Lieder. Es steckt ein gewaltiger Enthusiasmus in den Leuten. Auch *Frauen*, nach denen Du fragst, sind hier, spielen aber die 2te Rolle, die Franzosen sind höflich, die Deutschen mehr patriarchalisch gegen sie. Von Frauenstimmrecht u. dgl. wollen die Genossen nichts wissen. –

Herzl. Gruß
Dein Max

[...]

Marianne Weber

Brief vom 3. August 1907, Egmond aan Zee

Marianne Weber war am 2. August nach Freiburg gefahren, wo sie das Ehepaar Rickert besuchte, von dort reiste sie in Begleitung von Emil Lask nach Pontresina, wo sie bis zum 17. August blieb, und anschließend über die Schweiz zurück nach Heidelberg.

Kurhaus
Egmond aan Zee
Egmond aan Zee, Sonnabend 3/8 *1907*

Liebe Schnauzel!

Deinen Geburtstag habe ich gestern durch eine sehr schöne Dampferfahrt von Amsterdam nach Alkmaar gefeiert, 3 Stunden lang auf dem „Noord-Hollandsche Canaal“ zuerst zwischen den zahllosen kleinen Häuschen, eines neben dem andren Meilen lang, mit Puppengärten und Blumen in den Puppenfenstern, stillen Wasserkanälchen, Verandas, winzigen Booten, durch Schleusen hindurch in die endlose Weite der nordholländischen Viehweiden, Alles gelbgrün bis zum Horizont, nur zahllose Windmühlen, (die z. T. das Wasser aus dem unter dem Seespiegel und auch tiefer als der eingedeichte Canal liegenden Land pumpen, Tagaus Tagein), – sonst nur unterbrochen durch die schönen stimmungsvoll zwischen Bäumen liegenden Einzelhöfe der Bauern – die Bäume bilden den Schutz gegen die furchtbare Gewalt des Windes. Den Tag vorher hatte ich von meinem geliebten Leiden aus, da die Bibliothek zu war, eine Dampferfahrt nach Katwijk a. Zee gemacht, um so allmälig alle Bäder der Küste zu kennen, u. auf dem Rückweg Rijnsburg mit Spinoza's Wohnung (zwei Käfterchen je vom Umfang unsres Abtritts, die eine eine Idee größer, eine von ihnen mit Mansardendach, in einem der Miniaturhäuschen, die dort – wie überall – meist an den Canälen im dichtesten Grün liegen, der Ort ganz reizend) besucht, gestern dann in Amsterdam Rembrandts Haus im Judenviertel. Die Nacht war ich in Leiden im Vegetarierhotel, ganz altväterisch in einer großen Bodenstube fabelhaft billig (die Vereine zahlen Zuschuß um der guten Sache willen!). –

Hier erhielt ich Deinen Brief. Dacht' ich's doch! – mit Lask u. Bäumchen! – Es ist recht betrübt, daß daraus wahrscheinlich doch nichts wird. Denn *sie* wird bald auch nicht mehr wollen. Hoffentlich erholt sich der gute Kerl mit Dir etwas im Engadin. Bitte spare *nicht* an Geld. Mit 600 M. ist da nichts zu wollen, Du brauchst mehr, sonst ist es weggeworfen.

Hier ist es natürlich etwas primitiv in mancher Hinsicht – die *Zimmer* betreffend – da die Holländer *nur* auf das Fressen Gewicht legen. Aber ich werde bleiben. Mein Zimmer hat einen schönen Blick nach hinten, über die Dünenwildniß u. das kleine Dorf, stückweise am Horizont die weite Ebene Nordhollands mit Alkmaar am Horizont. Alkmaar ist nahe und ganz wunderhübsch. Nach Amsterdam hat man 1¼ St., wenn es gar zu arg werden sollte. Denn zunächst *regnet* es, ist aber etwas wärmer geworden. Auch ist das Badetreiben hier sehr gering: nur die Hotelgäste, da das Hotel ziemlich allein abseits hoch auf der Düne liegt.

Grüße Rickerts sehr herzlich u. sei geküßt von Deinem

Max

Marianne Weber

Karte vom 12. August 1907, Midder Beemster

Midder-Beemster, Montag

L. Schn.

Gestern verschlief ich den Zug u. fuhr daher nur Nachmittags 3–4 Stunden in die benachbarten Dünenorte. Heute gings per Wagen nach Alkmaar – ein ganz reizendes Nest, Kleinstadt mit Canälen, grünen Grachten, winzigen Häusern, schönen u. malerischen Kirchen u. Renaissance-Stadtwage, dann in den Beemster Polder, das Werk Oldenbarneveldt's aus dem Anfang des 17. Jahrh., eine 5 Meilen breite u. lange, 6 Meter unter dem Meer liegende, früher durch 50 Windmühlen, jetzt durch 3 Dampfmaschinen ständig trocken gepumpte fabelhaft fruchtbare Wiesen-Ebene, wo der Ochse der Herr der Schöpfung ist. Eben fahre ich weiter per Wagen auf die

Kirmeß nach dem alten Städtchen Hoorn am Zuider Zee, Abends zurück. Es geht ganz ordentlich, ich brauchte keine inneren Mittel gestern Nacht, trotz des enormen Seewinds, den ich den Tag über schluckte. –

Hoffentlich finde ich in Egmond wieder ein Kärtchen vom Schnauzel!

Herzlichst
Dein Max

Marianne Weber

Karte vom 17. August 1907, Amsterdam

Amsterdam, Sonnabend.

Liebes Schnäuzchen; –

eben bekam ich Dein liebes Briefchen, das mich so freute, da es doch zwar müde, aber ganz behaglich klingt. Ich weiß noch nicht sicher, wo ich hier bleibe, daher bitte „poste restante“ zunächst. Eben will ich zu Fritz Fallenstein, sehen ob ich morgen dort essen soll. Heut Vormittag war ich einige Zeit auf der Bibliothek um zu sehen, was sie über „Calvinismus“ u. dgl. haben. Habe schon ziemlich viel Bücher gekauft, ein ganzes Packet extra als Handgepäck. Hoffentlich geht es bei Dir weiter gut, streng Dich nur nicht an, besucht auch mal den „Maloja-Kursaal“.

Grüße Lask vielmals u. sei herzlich geküßt von Deinem
Max

Marianne Weber

Brief vom 18. August 1907, Amsterdam

Hotel „Adrian“
Amsterdam, 18/VIII *1907*
Sonntag

Liebe Schnauzel, –

nun muß man Euch also doch schon wieder im Umzug begriffen denken, was trotz der sehr einleuchtenden Gründe fast betrüblich ist: die Auffindung eines wirklich *ruhigen* Heims in einem Fremdenort wie Pontresina ist ja fast ein Wunder zu nennen. Hoffentlich glückt es Euch u. hoffentlich steigt Deine Gehfähigkeit allmälig u. ohne Versuche, das zu überstürzen.

Heut bin ich also bei Fritz Fallenstein, den ich gestern Nachmittag schon besuchte, worauf er mich zu Tisch (hier immer: 6 Uhr) dabehielt. Er ist mit seinen 60 Jahren noch immer der zierliche Kerl von ehedem, mit den Fallenstein'schen guten u. eigentlich weltfremden Augen, dabei aber nüchtern u. von schwungloser aber sehr herzlich gemeinter Liebenswürdigkeit. Der hat nun sein Leben lang im Contor des Bunge'schen Hauses auf dem Schemel gesessen u. für sie anspruchslos u. ehrlich gearbeitet, es aber dabei so wenig wie die Andren zu etwas gebracht. Die Arbeitszeit ist jetzt kurz. 10 Uhr geht er hin, 12 Uhr nach Haus zum Lunch, dann wieder hin u. um 5 Uhr ist Alles zu Ende. Das Geschäft geht eben, obwohl es noch immer hohen Gewinn abwirft, doch zurück. Sie importieren – jetzt meist nur noch als Agenten der großen indischen Gesellschaften – Taback und verkaufen ihn in altväterischer Weise im Großen in Posten von 100 000–300 000 Gulden im Wege der Auktion mit schriftlichen geheimen Angeboten an die zweite Hand, die ihn für die Fabriken sortiert. Das ist eine so simple Manipulation, daß nur das kolossale Capital, das sie erfordert, vorerst noch ihre Fortexistenz bedingt. Der alte Bunge ist arteriosklerotisch halb verblödet, hat mit einigen 60 nochmal geheirathet u. seinem 40 Jahre alten einzigen Sohn („Ull“) zwei Baby's an die Seite gesetzt, die Frau war die Pflegerin seiner ersten Frau, unsrer Cousine Emmy Bunge, Tante

Laura Bunges Tochter. Sein Bruder, der Mann von Emmys Zwilling, Tuge Bunge, hat es übrigens genau ebenso gemacht. Es ist schon ein merkwürdiges Völkchen. Ich werde sie, glaube ich, nicht sehen, da ich den Sohn („Ull" = Julius) gar nicht kenne. Fallenstein's (die *letzten* Träger des Namens in Europa, in Amerika pflanzt nur Frank Fallenstein ihn fort!) wohnen noch in ihrem „bovenhuis", d. h. der durch eine schlauchartige Treppe direkt von der Straße aus zugänglichen oberen Hälfte eines Häuschens in sehr ruhiger schöner Lage, zahlen 650 Gulden (1000–1100 M.) für *2* (große) Zimmer u. Küche etc. in dem unteren, 3 Schlafzimmer u. Zubehör in dem oberen der ihnen gehörigen Stockwerkchen. Alles ist einfach u. etwas altväterisch, aber behaglich. Dabei 2 (!) alte Dienstboten (Tribut an den Sauberkeitsfanatismus).

Heut werde ich nun wohl zum Lunch *und* Essen dableiben u. wir werden wesentlich zu Hause sitzen, da es einmal wieder regnet. Von morgen an werde ich dann täglich Vormittags auf der Bibliothek sein, Nachmittags etwas unternehmen oder ins „Rijksmuseum" gehen, wenn es regnet, u. abwarten, was man mir von Örlinghausen antwortet. Meine Plagegeister sind natürlich immer in Bewegung u. nur durch Mittel ruhig zu halten, aber durch unschädlichere, und der Kopf scheint besser zu sein. Ich frühstücke stark u. suche dann mit 2–3 Mal „Karnemelk" und Kaasbroodje durchzukommen.

Laßts Euch recht gut gehen u. bekommen, grüße Lask sehr,

es küßt Dich

Dein Max

Marianne Weber

Brief vom 25. August 1907, Amsterdam

Hotel „Adrian"
Amsterdam, Sonntag

Liebe Schnauzel!

Schönsten Dank für Deine beiden Kärtchen – eine mit Ansicht und Pappritz-Bemerkungen, ich bitte Frl. Pappritz sehr zu grüßen – ich sehe, es geht doch besser u. meine, Du solltest so lange Du es nur irgend aushältst da droben bleiben, um für den Winter Frische zu sammeln. Das werden wir doch noch öfter wiederholen, nachdem Du etwas wirklich Schönes gefunden hast.

Ich habe hier Einiges auf der Bibliothek gearbeitet, es ist ganz bequem, leer u. still jetzt. Nur ein andres Zimmer im Hotel muß ich das nächste Mal haben, ich saß erst sehr ruhig, jetzt aber zwischen 2 Ehepaaren, Deutschen, deren eheliche Freuden positiver und negativer Art ich mitzugenießen genötigt bin, da die verdammten Zwischentüren nicht fehlen. Dafür war es relativ billig u. ist nun bald zu Ende, denn übermorgen reise ich nach Arnhem, von da dann vielleicht direkt nach Örlinghausen.

Gestern war ich mit Fritz Fallenstein zusammen, Lunch, Spazierfahrt, Dinner, – er hat mir mancherlei erzählt von den hiesigen Bunge's, zu deren Chef – dem arteriosklerotisch verblödeten Jules – wir heut zum Lunch nach Haarlem fahren. Er hat in zweiter Ehe die Pflegerin seiner Frau geehelicht u. seinem 40jährigen Sohn 2 Kinder (4 u. 2 Jahre) zur Seite gesetzt. Der 40jährige Sohn seinerseits (Sohn meiner Cousine Emmy Bunge, der Tochter der Tante Laura) hat die Mamsell seiner Mutter geheirathet, heimlich, da die Mutter nicht wollte, in Helgoland (vor 1900), sie trafen sich dann immer in Bädern etc., wo sie gesehen wurden, so daß die Holländer hier noch heut glauben, die Frau sei seine Maitresse gewesen damals: er hat dann erst *nach* dem Tode seiner Mutter kirchlich geheirathet. Sein Onkel, der Bruder also von Jules Bunge, Alexander Bunge, der die andre Tochter der Tante Laura Bunge, Tuja, geheirathet hatte, hat in seinem Alter seine ganz reelle *Maitresse* – ein ganz ungebildetes Ding – *wirklich* geheirathet. Folge: sozialer Boykott. Es ist ein eigenes Völkchen, wie Du siehst, diese Bunges, die holländische Nase rümpft sich etwas bei ihrem Namen, wie zu begreifen ist. Knallig reich sind sie dabei alle, und Bourgeois par excellence. Die Behandlung der Fallensteins durch sie ist eine ganze Serie höchst unerquicklicher Geschichten von Ausbeutung und Misachtung, in der leider Tante Laura, die in dieser Hinsicht *gar* keinen Blick hatte, eine wenig rühmliche Rolle spielt. Ich wußte das immer, habe es nur jetzt so gelegentlich wieder bestätigt gefunden.

Fritzen's, 2 Leute also, brauchen bei nur 650 fl (1060 Mk) Miethe u. 220 fl (360 M) Dienstbotenlohn doch jährlich 8000 fl (13 000 M), was mich über uns doch sehr beruhigte, denn sie leben *äußerst* bescheiden. Freilich ist Alles teuer hier.

Laßts Euch gut gehen, grüße Lask sehr,
herzlichst
Dein Max

Südfrankreich, Italien, Ascona

1902–1914

„Das ist die Terrasse, auf der ich mich immer aufhalte"

Der Winterkurort Nervi in der Nähe von Genua gehörte zu Max Webers Lieblingsorten am Mittelmeer. Den Jahreswechsel 1902/03 verbrachte er in Schickert's Park-Hotel.

Marianne Weber

Karte vom 9. April 1902, Florenz

Max Weber verbrachte 1901/02 zehn Monate in Italien, davon die meiste Zeit gemeinsam mit Marianne Weber in Rom. Über Florenz begann die Heimreise. Während Marianne Weber am 4. April alleine nach Heidelberg vorausfuhr, blieb Max Weber in Florenz und reiste über Bologna, Mailand und Vercelli (Piemont) zurück nach Heidelberg, wo er am Vorabend seines 38. Geburtstages eintraf.

L. Schnauz,

es geht nach wie vor *recht* erträglich. Das Zimmer ist für mich fast ideal gut u. allen Versuchen der Clercs mich zum Spazierengehen etc. zu verschleppen, entziehe ich mich. Gestern war ich in Poggio a Caiano, heut will ich nach der Petraja. Bis Sonntag ca bin ich jedenfalls noch hier. Hoffentlich geht Alles in Heidelberg gut u. ist das *Geld* gekommen. Vielen Dank für die Karte.

Herzlich
Dein Max

Marianne Weber

Karte vom 10. April 1902, Florenz

Donnerstag früh

L. Schn.

Es geht weiter ganz leidlich, besonders auch mit dem Schlaf. Ich stehe bei Tisch immer auf, wenn es mir paßt. Zum Entgelt habe ich gestern die Geschichte von der „zia morta" erzählt.

Gestern war ich in Villa Petraja – *sehr* schön der Park. Sonst lese ich meist Rickert, der – von der Terminologie („Werth") abgesehen, *sehr* gut ist.

Schönsten Gruß und Kuß
Max

Bis *jedenfalls* Sonntag bin ich hier.

Marianne Weber

Fünf Karten vom 16. April 1902, Bologna

1)

L. Schn.

Schönen Dank für Deinen Brief mit Einlage, die ja *sehr* erfreulich klingt.

Ich bin in diesem merkwürdigen Nest – mit ganz sinnlosen schiefen Türmen, Kirchen

2)

im Zustande der Bauten der Prati di Castello, schönen Bogengängen durch die ganze Stadt, gothischen Backsteinpalazzi u.

3)

Rafaels hl. Caecilia in einer kleinen Studentenkneipe à la Fiorela in Rom untergekrochen, wo die Existenz fast nichts kostet,

4)

die Sauberkeit etwas problematisch u. der Straßenlärm so wie im Hotel Bellevue ist. Der Schlaf ist deshalb etwas begrenzt. Aber es geht erträglich.

5)

Nun hoffe ich nur, daß Du Dich *ausgeruht* hast zwischendurch, sonst treffe ich Dich ja ganz tot an. Also schreib nach Vercelli, *wann* ich kommen soll. Ich schreibe o. telegraphiere dann.

Herzlichen Gruß u. Kuß

Dein Max

Marianne Weber

Brief vom 18. April 1902, Vercelli

Vercelli 18/4

Lieber Schnauz

Ich habe – allerdings mit Codeïn – erträglich geschlafen, trotzdem die demokratische Zuthunlichkeit der guten Leute hier gestern etwas strapazierend war. Ich sollte durchaus auch bei ihnen schlafen, was ich aber doch nicht that, um lange im Bett liegen zu können. Der ziemlich zapplige, constant sprechende College Pisani, 2) dessen schon etwas tatteriger 88 jähriger Vater, ein wandelndes Skelett, Schuster seines Zeichens, jetzt im Ruhestand 3) der Bruder, jetzt Inhaber der Schusterei, die eine Schuhwarenhandlung wird, 4) die Schwester, mit Brille, sehr einfach, fast immer in der Küche, warm um meine Ernährung bemüht, mit Hülfe von allerhand ihnen offenbar etwas ungewohnten complizierten Gerichten, bei konstanter lebhaftester Unterhaltung. Kein Mensch würde sie für Katholiken halten, der ganze Typus ist anders als bei uns, – sie sind sich aber auch der Überlegenheit des deutschen Katholizismus sehr bewußt – die Duckmäusrigkeit imponiert ihnen, sie finden Alles so viel „frommer" in deutschen katholischen Familien. Mir war die Sache im Ganzen recht erquicklich, nur wie gesagt etwas viel.

Er bat sehr dringend um Zusendung Deines Büchchens, sprach im Übrigen über Gott u. die Welt, römische Frage, Cooperative, Pabst, F. X. Kraus, Spahn, Index etc. etc. Wenn er so erzählte, wie einem seiner Collegen, einem prete molto grasso, auf ihrem pellegrinaggio in Rom alle Knöpfe der schlechten *Hose*, die Bocconi ihm verkauft, abgesprungen, u. er, da es für einen Priester doch unschicklich, dieserhalb die ragazza des Hauses zu bemühen, sich Bindfaden verschafft u. die Hose über seinem Bauch zusammengeschnürt – Alles im Beisein der Schwester, so wußte man, daß man in Italien war. – Ich bleibe heut hier, die Kirche S. Andrea ist nächst dem Dom v. Pisa u. S. Croce die schönste, die ich hier gesehen habe

– u. fahre morgen früh nach Bellinzona oder Lugano, je nachdem Deine Nachrichten, die ich gleich mir holen werde, lauten. –

Bis jetzt ist nichts von Dir da. – Also abwarten.

Herzlichst
Dein Max

Marianne Weber

Zwei Karten vom 20. Dezember 1902, Genua

1)

L. Schn.

Ich bin hier vorerst ganz zufriedenstellend untergekommen. Der Park geht bis ans Meer u. ist schön zum Sitzen, der Blick sehr ausgedehnt u. schön. Jaffés sind schon weiter nach Nizza. Das Hotel hat etwa den Typus des Schweizerhofs in Ajaccio,

2)

nur freundlicher, – Pension 9½ Franken in der Dependance. Ist es wirklich ruhig, dann bleibe ich hier.

Die Reise lief gut ab. Hoffentlich geht es Dir gut, grüße Tröltschs u. wen Du sonst siehst. Das Wetter ist vorläufig fabelhaft schön und warm.

Herzlichst
Dein Max

Marianne Weber

Karte vom 23. Dezember 1902, Nervi

Den von Max Weber in italienischer Sprache abgefassten Karten wird eine Übersetzung beigefügt.

P. m. –

Sono stato a Rapallo–S. Margherita e ho fatto una passeggiata in carrozza a Portofino. Dappertutto e molto bello ma non posso trovare cosa più bella che qui a Nervi. E vero che qui si trova un poco fuori del mondo, ma sono 10 minuti fino alla passeggiata della riviera di Nervi e posso giacere in sedie commode sul mare – il che mi fa molto bene. Fa tempo splendido come in primavera. Ho potuto leggere un poco. Mangio a una tavola per me. La stanza e tranquillissima. Dunque resto qui. – Domani spedisco come „mostre senza valore" una piccoltà – il collino per te, i fazzoletti per le zie – che ho comprato in un villino presso S. Margherita – costava quasi niente. Riverire le zie, bella festa, cento bacci del

tuo Max

Meine Kleine –

Ich bin in Rapallo–Santa Margherita gewesen und habe mit der Kutsche eine Spazierfahrt bis Portofino gemacht. Überall ist es sehr schön, aber ich kann nichts schöneres als hier in Nervi finden. Es stimmt, daß man hier ein wenig von der Welt abgeschnitten ist, aber es sind 10 Minuten bis zum Spazierweg an der Küste von Nervi, und ich kann am Meer in bequemen Liegestühlen ruhen – was mir sehr gut tut. Das Wetter ist wunderschön wie im Frühling. Ich konnte ein bißchen lesen. Ich esse an einem Tisch für mich allein. Das Zimmer ist sehr ruhig. Also bleibe ich hier. – Morgen schicke ich als „Muster ohne Wert" eine Kleinigkeit – für Dich den Halsschmuck, die Tücher für die Tanten – die ich in einem Häuschen in der Nähe von S. Margherita gekauft habe – es kostete fast nichts. Ich empfehle mich den Tanten, frohes Fest, hundert Küsse von

Deinem Max

Marianne Weber

Karte vom 26. Dezember 1902, Nervi

Cara piccola mia –

oggi ci sono nuvole e fa tempo caldo e mite, – vento meridionale, senza sole. Non sono andato a Genova, ma vado domani. Iersera hanno fatto una vezzosa festa di natale – albero, quadri viventi eccètera e regali – anche per me un calamajo come il tuo di Sorrento.

Questa e la terrazza sulla quale sempre mi trattengo.

Meine liebe Kleine –

heute gibt es Wolken, und es ist warm und mild – Wind aus dem Süden, ohne Sonne. Ich bin nicht nach Genua gefahren, aber ich fahre morgen. Gestern Abend haben sie ein reizendes Weihnachtsfest gemacht – Weihnachtsbaum, lebende Bilder etc. und Geschenke – auch für mich ein Tintenfaß, wie Deins aus Sorrent.

Das ist die Terrasse, auf der ich mich immer aufhalte.

Marianne Weber

Vier Karten vom 9. März 1908, Nizza

Max Weber reiste alleine in den Süden und erreichte am 4. März 1908 das zwischen Nizza und Monte Carlo gelegene Beaulieu-sur-Mer an der Côte d'Azur. Am 18. März zog er nach Le Lavandou (Var), wo er bis zum 8. April blieb. Vier Tage später traf er seine Mutter Helene Weber in Portofino und reiste gemeinsam mit ihr in die Toskana (Pisa, Florenz) und über Lugano und Stuttgart zurück nach Heidelberg, wo sie beide Anfang Mai wieder eintrafen. Marianne Weber hielt sich vom 19. März bis 1. Mai zur Kur im Sanatorium „Weißer Hirsch" in Dresden auf.

1)

L. Schnauzel!

Wahrlich, ich glaube, das „Sittengesetz", über das Ihr so viel – und grade jetzt bei Else so viel! – diskutiert, ist doch nur „relativen" Gehaltes. „Wie konnt' ich sonst so wacker schmälen" … wenn Jemand in Monte Carlo *Geld gewann*, – nun habe ich selbst gegen 1000 Fr. (in 15 Min.!) gewonnen! Mir ist etwas verlegen zu Muth – aber

Das Casino in Monte Carlo

wenn Lask das Gebiet des „Alogischen" betritt, warum ich nicht das Gebiet des absolut „Irrationalen"? Schließlich: *verdient* hätte ich 1000 Fr. für die Schufterei diesen Winter! Und abgeknöpft habe ich sie ja nur der infamen Spielbank!

2)

Es ist ja auch eigentlich nicht einzusehen, *warum* nicht? Gewiß: die Gesellschaft, in der man sich befindet, ist *gemein*. Um 10 wird das Casino geöffnet, die Professionsspieler stehen Queue u. stürzen im Galopp nach ihren Tischen, um *Sitz*plätze zu erhaschen. Sehr verschiedene Menschen: kalte ruhige Rechner, die sich ihre „Statistik" machen, nach festem Plan jedesmal, wenn es heißt: „faites le jeu", eine Serie Nummern belegen, dann mit festgekniffenem Munde den Gewinn ruhig einstecken oder den Verlust eingerafft werden sehen – nur die Röthe um die Augen und die eckige Hast der Bewegungen verrathen die innere Spannung; – daneben stille Fanatiker, arme Teufel beiderlei Geschlechts mit wachsgelbem Gesicht u. schlechter Toilette, das Notizbuch in

3)

der leise vibrierenden Hand, mit verhaltener Desperation das Schicksal ihrer 5-Francs-Stücke verfolgend; – endlich feiste Roué's mit Doppelkinn, Nackenwulst, großem Schnurrbart und vorgestrecktem Kinn, aus den dicken Säcken um die Augen lungernd, was aus ihren Einsätzen wird, – das sind die Haupttypen der *Sitzenden*. Dahinter *steht* das *nicht* ständige Publikum, welches auch mal sein Glück probiert u. auf die Dauer fast stets *verliert*. – So ist es auch mir gegangen. Ich konnte es nicht lassen, versuchte es noch ein paar Mal, – die *1000 Fr.* sind wieder *fort*! – Ärgerlich! – nein! ganz gut! Man hätte sich doch vielleicht geniert? Allerdings: nun diese zwecklose Aufregung, – aber es ist doch besser so.

4)

Vielleicht hätte ich es besser ganz gelassen? Aber das thun nur Philister u. Leute ohne Schwung! Der Germane hat von jeher gespielt! Ein Kerl, der Schwung hat, *kann* gar nicht passiv bleiben. – Aber ich *habe* eben keinen Schwung, und so ist das Sittengesetz intakt geblieben, mein Portemonnaie auch, das der Bank auch, u. mein Geld blieb ruhig bei Herrn Exner im Depot, als ich mit der Trambahn hierherfuhr. Staub u. Benzin sind hier die Parole, ohne diese beiden u. ohne dies ekelhafte menschliche Milieu wäre es ein Juwel. Es ist warm und windig, der Schlaf qualitativ u. quantitativ wenig, aber ausreichend.

Schönen Dank für's Briefchen! *Überarbeite Dich nicht.*

Herzlichst küßt Dich
Dein Max

Georg Jellinek

Karte vom 18. März 1908, Hyères

Verehrter College u. Freund!

Ich habe es bei den Automobilen der Riviera nicht ausgehalten und bin hierher, Le *Lavandou* (Var), *Hotel Méditerranée*, entflohen. Geben Sie mir, wenn Sie in Nizza sind, Ihre Adresse, es ist ja erheblich weiter hierher, aber *vielleicht* könnte man sich einmal mittewegs treffen in le Trayas z. B. oder St Raphael. Wie lange sind Sie in Nizza? Ich komme ja später auf der Fahrt nach Florenz durch.

Herzlichen Gruß Ihres
Max Weber

Robert Michels

Karte vom 24. März 1908, Le Lavandou

L. Fr.

Ihre Karte freute mich herzlich, es klang Alles so fröhlich u. gut (trotz der Lungenentzündung!). *Gern* würde ich Sie besuchen, aber z. Z. kann von so etwas keine Rede sein. Ich muß mich sehr mühsam über Wasser halten bei Entwöhnung von den Schlafmitteln, Trional, Bromidin etc. etc., die ich im Winter *nur* für den elenden Artikel „Agrargeschichte, Altertum" im Handwörterbuch der Staatswissenschaften brauchte. *Alle* Ihre Sendungen habe ich erhalten, aber *nur* die kleinen lesen können.

Hier ist es sonst wunderschön, bei 7 Fr. Pension in schönster Sommersonne.

Herzl. Gruß, auch Ihrer lieben Frau
Ihr
Max Weber

Le Lavandou (Var), Hotel
Méditerrannée 24/3. 8.
östlich von Hyères

Marianne Weber

Karte 24. März 1908, Le Lavandou

Le Lavandou, Dienstag früh

L. Schnauzel –

heut ist noch keine weitere Nachricht von Dir da, hoffentlich geht Alles gut u. verträgst Du die Kur ordentlich, vor Allem die Massage. Vielleicht wird sie Anfangs den Schlaf beeinträchtigen. Hier ist prächtiges Wetter, ganz sommerlich. Aber ich muß mich ruhig halten, denn ich glaube, jetzt kommt eine ungünstige Periode. Was man entbehrt, sind eigentlich nur deutsche Zeitungen; man sieht aus den französischen natürlich absolut nicht, was vorgeht.

Jellinek's kommen also erst im *April* nach Nizza, zu ihrem offenbar stinkreichen Bruder, österreichischen Consul dort. Er will mich dann in dessen Yacht zur Seefahrt abholen. Ich habe geschrieben, ich würde barhaupt (mit ohne Cylinder) und nur mit dem Smoking bekleidet des hohen Herrn gewärtig am Ufer stehen.

Ich werde mir bei Gelegenheit einmal die deutsche „Naturheilanstalt" „Sylvabelle", die in der Nähe hier sehr schön am Ufer liegen soll, ansehen, ev. für künftig.

Herzlichst Dein Max

Marianne Weber

Karte vom 2. April 1908, Le Lavandou

Donnerstag morgen.

Lieber Schnauzel!

Gestern der gewaltige heiße Sturm hat meinen Schlaf stark gestört, ohne Bromural ging es nicht. Heut ist ein wunderbar schöner Tag, Vollfrühling, und ich werde etwas auf die Berge zu steigen suchen. Der Frühling ist hier ja etwas Anderes als bei uns, das empfindet man, wenn man durch diese Macchien und Kiefernwälder geht. Die vielen dunkelgrünen, graugrünen, olivengrünen und grauen Töne, die Allem untermalt sind und Alles wachsfarbenartig dämpfen, tragen die Töne des Spätherbstes mit ihrer leisen Schwermuth auch in den Frühling hinein, der nur wie ein Brautkranz zur silbernen Hochzeit auf der Stirn reifer Schönheit sitzt. Eine junge Seele und ein fröhliches Herz in einem nicht mehr jungen, gebundenen und gehemmten Körper ist aber eben auch etwas werth, vielleicht mehr als das gedankenlose Brausen der Jugend, die nichts ist als eben jung. – Doch ich werde ja beinahe Simmel'sch u. dazu ist es heute doch zu schön draußen. Noch ist (½ 8) die Post nicht da. Addio, Liebstes, laß es recht gut gehen u. sei vernünftig!

Herzlich küßt Dich
Dein Max

Marianne Weber

Brief vom 9. April 1908, Nizza

Terminus Hôtel
Nice
Donnerstag früh.

Liebe Schnauzel, –

nun bin ich also von der schönen Küste fort, – d.h. sie ist, im Vergleich mit der eigentlichen „Riviera" mit ihren hohen Bergen, mehr „lieblich" als „schön"! Aber doch recht wohlthuend u. dabei eben doch billig. Ich zahle hier für das nackte Zimmer dasselbe wie dort für volle Pension! Heut werde ich nun also wohl gänzlich in Jellinek's Händen mich befinden, brieflich kündigte er schon alle denkbaren Genüsse an, ich solle bei seinem Bruder (österreichischer Consul hier) wohnen, Yacht fahren, Auto fahren etc. etc. – nun ich werde Dem Allem zu entrinnen wissen. Er ist ein guter aber grotesk komischer Kerl. Ich sollte die Stunde meiner Ankunft hier angeben, damit er mich im Automobil abholen, u. in mein Hotel fahren könne – also soll eigens die protzige Maschine angeheizt werden, um mich die 5 Minuten zu fahren u. in die richtige „Stimmung" zu versetzen.

Auch hier in der Gegend giebt es *sehr* schöne und billigere Punkte. Le Trayas z. B. am Esterel-Gebirge, rother Gneis u. Porphyr mit dunklen grünen Fichten, u. man hat Cannes – doch das vornehmste von Allem hier (englische Aristokratie) mit seinen wunderbaren Villengärten – so zu sagen vor der Thür. Vielleicht gehe ich das nächste Mal zuerst da hin.

Mama ist also in *Portofino*, Riviera di Levante, Hotel Delfino, u. dahin gehe ich auch. Das ist also meine Adresse. Es ist ganz reizend da, auf der Spitze der Halbinsel Portofino, wenig „Autos" (die *Qual* der Riviera!) etc. Ich schrieb ihr, daß ich sie zu weiterem *nicht* drängen werde. Freilich, ich glaube, daß Pisa, die Lorenzo-Kapelle u. Santa Croce in Florenz eben doch *auch* für sie etwas bedeuteten, wenn sie sich etwas frisch frühlt. Aber man muß das abwarten.

Schönsten Dank, mein liebstes Herz, für Dein liebes warmes Briefchen. Wir werden nie unglücklich werden, nur gelegentlich „geplagt", Du auch recht sehr, mein Kind, das weiß ich u. sehe es jetzt erst recht. Das Schicksal hat weiß Gott wunderliche Launen, aber es hat Grenzen seiner Macht u. es wird über die Jugend unsrer Herzen nichts vermögen u. sie nicht mit seinem Rost überziehen können, wenn wir nicht wollen. Nun bin ich nur begierig, wie es Dir weiter geht. Die Nervenärzte machen *eine* Sache offenbar *alle* gleich: sie „regen" die Nerven an, der Patient fühlt sich infolgedessen subjektiv wohl u. leistungsfähig: *das* beweist dann, *wie gut* ihm die Anstalt *bekommt*, – *hinterher*, *zu Hause*, hat er dann den Kater u. ist deprimiert u. zerschlagen: *neuer* Beweis, daß die Anstalt das Eldorado ist! Profit tout clair! Aber das Umgekehrte wäre eigentlich das Richtige. Ruhe, Abspannung, Depression, dann *allmälig* Anregung. Hoffentlich haben wir in Heidelberg nicht zu viel nachzuholen. Nochmal, mein Herz: Mir scheint, es ist richtig, Du bleibst bis in den Mai hinein dort u. ich komme (mit Mama vielleicht?) in der ersten Maiwoche dorthin, Dich zu besuchen für 8 Tage. Mir scheint, *erst jetzt* fängt Deine „Cur" an, *wenn* die Ärzte verständig sind! Du würdest dann in der zweiten Hälfte Mai wieder in Heidelberg sein, wo es anfängt, wirklich schön zu werden. Vorher ist ja immer Regen u. Gewitterschwüle. Überlegs Dir doch. *Bertha* könnte dann auch länger fortbleiben, wenn sie will.

Jetzt will ich also zu Jellinek's. Laß Dich herzhaft küssen

von Deinem Dich liebenden

Max

Marianne Weber

Brief vom 18. April 1908, Pisa

Grand Hôtel Minerve
Pisa
Pisa Sonnabend früh

Liebes Schnauzele,

ehe wir nach Florenz abdampfen, kann ich Dir schnell noch ein paar Zeilen schreiben, um zu sagen, wie sehr Mama offenbar hier die Schönheit genossen hat u. *wie* schade es war, daß Du nicht dabei warst. Weißt Du noch, wie wir von Corsika halbverschmachtet nach „Cultur“ hier ankamen u. an der Marmorherrlichkeit dieses einzigen Fleckchens in der Mauerecke auf dem stillen grünen Rasen uns berauschten? Wir haben uns gut Zeit genommen u. haben über 2 Stunden am, im und um den Dom gesessen u. dann die ganze Stimmung des weltabgeschiedenen Camposanto mit seinem friedlichen wilden Krautgarten zwischen dem schönen Maßwerk der Fenster des Rundganges auf uns wirken lassen. Derartiges giebt es doch nirgends in Italien wieder u. daß dies das Erste war, was überhaupt an Kunst des Mittelalters geschaffen wurde und *so* ausfiel, bleibt ein ewiges Wunder u. ein Glücksfall der Weltgeschichte, für den man heut noch danken muß. Wie kindlich-freudig ist das Alles u. wie unreflektiert und unaffektiert in aller seiner künstlerischen Abgewogenheit. –

Mama scheint wirklich ganz frisch, nicht anders als sonst, immer mit dem Wunsch zu gehen und zu sehen. Ich denke also, Florenz wird ihr nichts Böses thun und sie packen. Sie war erst über Alfred's Schweigsamkeit und Reizbarkeit, Menschenscheu u. Bedürfnis, für seinen „Naturalismus“ und für Österreich gegen Deutschland, deutsche Frauen u. deutsche „Ethik“ einzutreten, deprimiert; wir haben dann lange darüber geredet u. sie sieht es jetzt ebenso an wie wir, – d.h. ich habe ihr natürlich nur gesagt, er wolle eben für seine *Freunde* dort nicht leiden, daß man sie aus sexuellen Gründen für „minderwertig“ halte u. fühle selbst die Schwere des Problems, frage sich auch manchmal: ob es denn lohne, dafür sich so zu strapazieren? Das sah sie natürlich auch ganz gut u. daß daraus alles Andre folgt.

Vorher, ehe sie reiste, hatte zuerst Valborg, dann Mariännchens Krankheit u. dann Lili's Kinder sie sehr strapaziert. Jetzt kauft sich also *Karl* auch ein Haus (das worin er wohnt) u. braucht Kapital gegen Verzinsung. Ernst's scheinen *sehr* befriedigt, Mama auch, – wenn nur die *Kinder* im Zaum gehalten werden! Lili erwartet zum November. Altenberg scheint *sehr* einsam zu liegen u. Mama ist nicht grade glücklich über den Wechsel. –

Nun bekomme ich Deine nächsten Kärtchen erst in Florenz, wohin Alles nachbestellt ist. Hoffentlich geht es weiter gut, mein liebstes Kerlchen, es sind ja nun nur noch 14 Tage, wenn Du wirklich

Anfang Mai nach Heidelberg willst. Laß Dich küssen, mein Kind, u. bleibe gut

Deinem Max

Mama grüßt sehr. Gleich geht der Zug.

Marianne Weber

Brief vom 21. April 1908, Florenz

Hôtel Fenice – Firenze
Firenze, li 21. 4. *1908*

Mein liebstes Schnäuzele, –

diese großen Geschäftspapierbogen sind eigentlich nicht die geeignete Unterlage um Dir darauf zu sagen, *wie* sehr mich Dein liebes Geburtstagsbriefchen erfreut hat. *Trotz* dem Turmbau von Babel, den Du darin mit mir aufführst, mein gutes Mädele, denn ich sagte ja wohl schon: ich sehe daraus nur immer wieder, wie groß Deine Liebe ist u. nehme die Beschämung mit in den Kauf, und die „Kritiklosigkeit" meines Kerlchens erst recht. Ich bin nicht sicher, ob meine eigne stets vorhandene Kritik einem schwächeren Herzen ihr Dasein verdankt, aber ich weiß, daß ich *in* aller Kritik mich immer nach der wärmenden Sonne sehne, die höher ist als alle Kritik. Das Leben mit Dir ist ja wie das milde Licht und die Wärme der Frühlingssonne, die – wie Tolstoj es von der Macht der abstrakten *Menschen*liebe nur allzu utopistisch erhofft – ruhig und sicher, „patiens quia aeterna", alle Eisblöcke des Lebens auflöst und alle Schneedecken hinwegschmilzt, während der wilde Sturm meiner Leidenschaftlichkeit nur die Flocken und Zapfen von den Tannen zu schütteln vermag. Der heutige Tag ohne Dich ist wirklich ein arg seltsames Ereignis, ich rechnete gestern auch Mama vor, daß es seit Posen das erste Mal sei, daß wir getrennt sind. – Nächstes Jahr müssen wir etwas Ähnliches gemeinsam haben. – Nur mit wärmerem Wetter: Denn es ist wirklich eine Hundekälte, seit 1. März war ich so etwas nicht gewohnt; schon in Portofino war es kälter als in der Provence u. hier ist es einfach Winter. In Fiesole gestern Abend saß kein Mensch auf der Terrasse des kleinen Café Aurora, – Du erinnerst Dich, wie dicht besetzt es damals in der 2ten Märzwoche war, als wir fast täglich hinauffuhren. Die Kastanien u. viele andre Spätbäume haben noch kaum reife Knospen und Alles Andre steht im allerersten Hellgrün des Vorfrühlings, soweit es nicht immergrün ist. Dabei jeden Augenblick Regenneigung u. fast ganz grauer Himmel mit Westwind – so daß also der Umschlag noch größere Kälte bringen muß. Nur gestern Abend vor Sonnenuntergang hatten wir auf dem schönen Punkt vor dem Franziskanerkloster oben über Fiesole – der schöne Platz, wo wir auch öfter waren – ¼ Stunde lang grüngoldenen Glanz über die ganze Arno-Ebene hin, sonst sieht man die Sonne nicht. Mama ist doch sehr frisch. Wir sind gestern in S. Marco (die Zellen-Fresken Angelico's), der Akademie (David, Botticelli's Frühling), *vorher* in aller Frühe in Sa Croce (Giotto u. die andren Kapellen) u. auf einer Stadtwanderung, *dann* Nachmittags im Bargello (Donatello Museum etc.) und in der Badia (Mino da Fiesole, Filippino Lippi) gewesen, ehe wir nach Fiesole fuhren. Heute treiben wir's nicht so arg: S. Maria Novella (Spanische Kapelle, Ghirlandajo's pretiöse bürgerliche Darstellung des Marienlebens), Haus Michelangelo's, Dom-Opere (die Kanzeln Donatelli's u. Luca's della Robbia), Nachmittag wohl in den Pitti-Garten (Boboli) und nach der Certosa oder S. Miniato. Die eigentlichen „Gallerien" lassen wir erst mal ganz bei Seite. Wenn ich meine „schlechten Tage" habe, geht Mama wohl allein da hin, sonst Ende der Woche ich mit ihr. Sie schreibt eine ganze Litteratur von Briefen Morgens u. Abends u. dazwischen liest sie Schubring u. einige von den Velhagen & Klasing-Heften. Ich habe das Gefühl, daß – wie ich schon a priori glaubte – sie mit *Alfred besser* in Heidelberg zusammen ist. Auswärts ärgert er sich noch weit mehr als ich über die Deutschen u. plagt sie dann mit seiner Schwärmerei für die österreichische „Unsittlichkeit", da er der sonderbaren Ansicht zu sein scheint, daß „Kant" die Deutschen charakterologisch geprägt habe. In unsrem Hotel hier, im 4ten Stock, – nur unten eine Sitzgelegenheit mit Schreibtischen im Corridor à la Martini (Rom), – halten wir es, da wir nur vor 8 Uhr Morgens, 1–2 Uhr Mittags u. nach 8 Uhr Abends darin sind, *sehr* gut aus, besonders das Essen à la carte macht Mama immer Spaß u. wir leben ziemlich billig (Mittags zwischen 1,60 u. 2,50 Lire die Person) nach italienischer Manier, nur brauchen wir viel Droschken. Jetzt wollte ich es gäbe etwas Sonne, denn die gehört doch dazu. –

Erst *nach* Deinem Geburtstagsbrief kam, nachgeschickt, Dein Brief nach Portofino mit Einlage von Else's sehr nettem Brief. Daß sie sich über ihr Wohlgefallen an Voelcker wundert, ist eigen. Ganz natürlich *suchte* sie nach etwas Einfachem, Elementarem, Ausruhlichem, Problem-*Un*bekümmertem, u. er ist ja ein netter guter Kerl. Aber diese ewige Diskutiererei über „Sittengesetze"! Also der „Ekstatiker" ist noch da und siehst Du! er wird von *Dir* über die „Bedeutsamkeiten" am besten unterrichtet. Das ist bei den „Männchens" nun mal so u. Schnäuzchen ist auch die reichere u. degagiertere, – es muß nicht immer den Leuten ihren Mann präsentieren, – ein Stück Kuchen zum Thee, um Gedankenstriche machen zu können, ist ihnen sehr viel lieber u. zweckentsprechender, wenn sie Dich allein haben können. – Sieveking trafen wir, das schrieb ich wohl. Sie sind hier in einem Hotel sehr schön, ⅓ des Wegs nach Fiesole, also 20 Minuten Fahrt bis zum Dom, – vielleicht mal was für uns in Mai- oder September-Tagen. *Gottl* (der nach *München* berufen ist) schrieb ganz selig, ich freue mich für ihn sehr; er ist nun aus aller Noth.

Nun laß Dich in die Arme nehmen, mein liebstes Eigentum, und nur daran denken, zu einem wie glücklichen Menschen mich, sobald ich nur „jappen" kann, das Lebensschicksal gemacht hat, und was Alles an Reichtum noch vor mir, uns beiden, liegt. –

Dein alter – junger Max

Marianne Weber

Brief vom 9. Oktober 1909, Venedig

Max Weber begleitete Else und Edgar Jaffé am 8. Oktober nach Venedig, während Marianne Weber nach dem gemeinsamen Aufenthalt an der Adria nach Heidelberg zurückkehrte.

Venedig Sonnabend Vormittag

Liebster Schnauzel, –
nun bist Du schon auf der Fahrt nach Heidelberg u. kommst hoffentlich wohlerhalten u. nicht zu müde dort an. Daß Du *nicht* mit hier bist resp. ich Dich direkt u. indirekt davon abschreckte, war doch *gut*. Denn 1) bin ich der „*interessanten*" Gespräche mit Else nun müde, es kommt nichts Derartiges mehr vor, denn ich habe ihr glaube ich *genug* gesagt, teils allein teils mit Deiner Hilfe. Nun: entweder – oder. Und 2) wohnen Jaffés und ich hier in einem „echt" italienischen Albergo, wo man nur sehr kleine Bätzchen von fraglicher Sauberkeit erhält, (zumal als Einzelzimmer) u. die *Fenster* wegen des Gestankes des beinahe rund umlaufenden kleinen Canals hermetisch schließen muß u. sehr schlechte Luft hat. 3) beide wollen viel sehen u. sind gegen Abend wo man am ehesten ins Plaudern kommt sehr müde (ich auch). Es ist trotzdem ja ganz nett u. Venedig ist ja immer Venedig. Aber innerlich bin ich in Leipzig etc. u. dazu ist das Wetter trübe. Ich ging gestern noch vor Jaffés ins Bett, schlief mäßig, war sehr früh wach, hielt es im Zimmer nicht aus u. ging herunter, obwohl ich wenig frisch war. Ganz kurz darnach kam sie, sagte sie wolle sich mit ihrem Mann ½ Stunde später auf dem Marcusplatz treffen zum Caffee u. wir fuhren auf einem Umweg über den Colleoni dahin. Sie ist offenbar auf Eindrücke sehr begierig u. genießt sie, ohne übrigens grade in der *Art* der Verarbeitung sehr originell zu sein: das könnte ich nicht anerkennen. Schnäuzel ist, wenn es nicht zu müde ist, darin doch *viel* mannigfaltiger, scheint mir. Jetzt sehen sie sich die Stadt an, von der wir gestern zusammen bei ganz guter Laune das Übliche äußerlich angesehen hatten. Ohne Campanile ist der Marcusplatz aber doch ein

elender tronco. Ich fahre morgen, Sonntag, *früh*, nach München, Montag früh weiter nach Leipzig. Vielleicht gehe ich nachher mit in die Akademie, den Paolo Veronese zu sehen, u. auch heute gegen Abend auf den Lido. Dann Schluß.
Du hast doch recht: all die „Kraftproben" u. sonstigen Experimente, deren ich den „Racker" für verdächtig hielt, beabsichtigt sie nicht, sondern will nur, gleichviel mit wem gemeinsam, genießen, war sichtlich enttäuscht, daß Du *nicht* mitkamst u. ist nett und ganz unbefangen. Ich kenne sie nun ziemlich auswendig, *mag sie sehr gern*, bin auch sehr gern mit ihr zeitweise zusammen – aber: „interessant" finde ich sie eigentlich jetzt schon *noch* weniger als von jeher. Große Anmuth hat sie, dauernde Tiefe wohl nicht.

Herzlich küßt Dich
Dein Max

Marianne Weber

Zwei Karten vom 7. März 1912, Le Lavandou

Seine Frühjahrsreise verbrachte Max Weber zunächst vom 6. bis 29. März 1912 im Hôtel Aiguebelle an der Côte d'Azur („Poste Le Lavandou"), reiste dann durch die Provence (Toulon, Arles, Les Baux, Aigues-Mortes, Nîmes, Montpellier) und trat am 3. April von Avignon die Heimreise an.

Lieber Schnauzel!

Bisher ist noch keine Correspondenz hierher nachgekommen. Ihr habt doch meine Adresse richtig? Heut gut u. gänzlich „mittellos" geschlafen, tüchtig müd und matt, aber ganz vergnügt. Der riesengroße „Park" des Hotels ist noch etwas sehr jugendlich, aber es liegt sich doch gut unter den Pinien oder im Gebüsch unten am Meer bei Vormittags verdeckter, Nachmittags klarer Sonne, Nachts bei offener Balkonthür ziemlich kühl, Tags sehr schön warmer Temperatur. Auf meiner überdeckten Veranda merke ich von der Existenz der Gäste gar nichts, darin ist das Zimmer thatsächlich ideal. Und das Hotel ist mäßig groß (so wie in Schottland), Publikum halb englisch, halb französisch. Man stört sich nicht, Alles ist hübsch luftig. Nur billiger könnte es allerdings sein, nachdem schon die sehr komplizierte Reise äußerst theuer war, da ich die Nachtfahrt vermied, auf

2)

welche die ganze Geschichte zugeschnitten ist. So muß man schließlich doch, um in 2 x 12 Stunden hier zu sein, den Riviera Expreß von Lyon aus benutzen und in Lyon über Nacht bleiben. Besser steigt man Abends 11 Uhr in Ludwigshafen in den durchgehenden Schnellzug mit Schlafwagen nach Lyon u. fährt dann weiter mit dem Expreß. Ich schrieb dies Alles halb in Gedanken, ob Du wohl auch noch kämst! Denn es ist *sehr* schön und so ländlich hier. Oder sollen wir unser Geld lieber für den August: Bayreuth – München – zusammenhalten? und dann vielleicht noch für den *Herbst* (Oktober) 14 Tage irgendwo in Aussicht nehmen? Nun, erst einmal bist Du in Berlin noch hoffentlich mit Dingen und Menschen gründlich und doch behaglich und nicht zu strapazant gesättigt und kommst trotz Allem hoffentlich doch etwas auch zum *Ruhen* und Plaudern mit der Mutter und Lili. Laß Dich herzlich küssen und grüße alle schönstens

Dein Max

Hotel Aiguebelle, *Poste*: Le *Lavandou*, Dep[t] *Var*

Hans W. Gruhle

Karte vom 28. März 1912, St. Raphaël

Donnerstag 28. 3.

Lieber Herr Doktor!

Ich wollte Ihnen nur einen schönen Gruß von hier schicken. Schön, aber teuer! Man bezahlt für 1) die *Klein*heit des Hotels, 2) die Einsamkeit, 3) die sehr schöne Veranda, 4) die Sonne und Wärme; daß man sich hier jetzt im Mondschein im warmen Sande am Meer herumwälzen kann, wie im Juni nicht in Scheveningen, ist schon etwas. Und dann fehlt der Deutsche! bes. der teutsche „Honoratioren"-Klüngel mit seinem „Vorstellungs"-Zwang (oder Zwangs-„Vorstellung") etc. etc. Nur französische artiste-peintres und stille englische Damen mit Kindern. Fast keine Autos. Und – bei aller großen ländlichen Schlichtheit der paar Pinien- und Korkeichen-Gehölze und der „Macchia" an der stillen Küstenstraße ein Reichtum höchst diskreter Farben: violett und grau als Grundton, darüber alle Arten von Grün mit vorherrschendem Schwarzgrau- oder Blau-Grün. Die stärkste Farbe Nachmittags: das Meer. Es ist – für mich – schon sehr schön, grade im Gegensatz gegen die protzige eigentliche „Riviera". Hoffentlich geht es Ihnen gut! Ich gehe morgen hier fort, langsam auf den Rückweg.

Viele Grüße
Ihres M. W.

Marianne Weber

Zwei Karten vom 31. März 1912, Aigues-Mortes

Aigues-Mortes, Sonntag Nachm. –

Die Stadt der toten Wasser liegt in unberührtem Mittelalter – sie war der Kreuzzugshafen Ludwigs des Heiligen, den dieser baute – heut an stagnierenden Sümpfen, ganz einsam, im Rhone-Delta. Schnurgrade Straßen, prachtvoll intakt erhaltene Mauern und Türme, ein gestopft volles Kirchlein mit *sehr* schönem Gesang eines Mädchenchors und Palmsonntags-Schmuck (die Kinder alle mit Lorbeeren und Mimosen) – es ist eine seltsam weltferne Stimmung in dem stillen, einst so bedeutenden Nest. – Gestern war ich von Arles aus auf einer weiten Nachmittagswagenfahrt über Land durch die abwechselnd fröhliche und ernste Provence nach dem alten „Liebeshof" der Seigneurs von Manville in Les Baux bei Arles; auf einem wilden Steinkegel oberhalb eines von wulstigen grauen Steinwänden – ganz wie man sie auf der Fahrt von Burgos

2)

aus (damals in Spanien) sah, eingeschlossenen Wiesenthal. Der Ort hatte einmal im Mittelalter 3600 Einwohner, jetzt 100, liegt in Ruinen; die Seigneurs waren die größten der Provence, Mittelpunkt der Trobadors, einer von ihnen wurde Kaiser von Konstantinopel. Der wunderschöne Blick über die Provence mit den schneeweißen kalkstaubigen Straßen, den schneeweißen Kalkquadern, die Abendfahrt durch das stille Land, bei starkem warmem Wind, das Alles war schön. Dann Arles selbst, das Amphitheater und die Rhone im Mondschein; die römische Gräberstraße: es steht eine Viertelstunde lang Sarkophag an Sarkophag, direkt am Wege: man ließ die Toten – wie die Gräber in Pompeji, weißt Du noch – mitten im fließenden Leben, dann überhaupt die Römer-Reste zwischen der fröhlichen, aber doch so viel kleinern Gegenwart, – das Alles war schön und das genieße ich doch *sehr. – Nächstes Frühjahr mit Schnäuzchen nach Griechenland, nicht wahr?* Heut Abend Nimes, morgen Montpellier, Dienstag Avignon. Herzlich küßt Dich

Dein Max

Marianne Weber

Drei Karten vom 1. und 2. April 1912, Avignon

1)

Maguelone b. Montpellier, Montag Abend.

Liebes Mädel, –

so, jetzt ist der weiteste Punkt dieser Rundreise erreicht. Man sieht in der Ferne die Pyrenäen winken, wenn auch nur ganz zart. Dies Kirchlein, die Stiftung der „schönen Magelone" aus Schwab's Volksbüchern liegt ganz einsam auf einer Düne am Meer, zwischen Pinien, rund umgeben vom Meer und auf der andern Seite von weiten Salzsümpfen. Es ist der einzige Rest einer alten Hafenstadt, griechischer Gründung, welche die Karolinger den Sarazenen abnahmen. Ein ganz verdrehter Bau, umtobt von den Stürmen dieser nächst Holland windigsten – glaube ich – Gegend Europas.

2)

Aber *in* den Dünen wächst der Wein, gedüngt mit dem Inhalt der Nachttöpfe der Fischer der Umgegend. Die Abendaussicht und Abendstimmung ist einfach fabelhaft. Braune, violette und hellgrüne Töne. Aber es ist empfindlich kalt in dem unerhört starken Seewind, schon auf der Fahrt mit dem Wagen von Montpellier hierher. Überhaupt: den Überzieher habe ich seit Toulon nur sehr selten wieder abgelegt. –

Eisenbahn Montpellier – Tarascon. Dienstag. Gestern Abend ging ich bald ins Bett. Heut früh 1 ½ Stunden Courbet'sche Bilder (Porträts. Szenen: Baigneuses etc.) im Museum, dem nächst Paris und Lille besten

3)

Frankreichs. Auch hier die Landschaften namentlich *ganz* an Böcklin erinnernd. Ein schönes Portrait von Baudelaire. – Sonst ist in Montpellier namentlich das schöne Wasserleitungsschloß am Eintritt des Aquädukts in die Stadt schön, gestern der Mondschein war dort wundervoll. Mir geht es im Ganzen gut, viel *Brom* ist nötig, sonst geht es mit dem Schlaf nicht, wenn ich so viel – doch ca 4–5 Stunden *vielfach* pro Tag – herumlaufe. Jetzt bleibe ich heut und morgen in Avignon. Dann geht es vielleicht noch nach Dijon u. Freitag heim.

Laß Dich herzlich küssen von
Deinem Max

Marianne Weber

Karte vom 26. März 1913, Ascona

Max Weber reiste zusammen mit der Pianistin Mina Tobler bis Zürich, wo sie bei ihrer Familie blieb, während er nach Ascona am Lago Maggiore weiterreiste und dort bis zum 24. April blieb. In Ascona lebten 1913/14 die Ikone der Schwabinger Bohème Gräfin Franziska zu Reventlow und die Frau des Psychoanalytikers Otto Gross. Max und Marianne Weber kannten Frieda Gross, die Nichte des Philosophen Alois Riehl, aus Freiburger Zeiten. Sie lebte seit 1911 mit ihren Kindern und dem Anarchisten Ernst Frick in Ascona.

Max Weber markiert sein Zimmer in der Casa Abbondio

Liebe Schnauzel, –

ich bin hier in *Ascona, (Schweiz) casa Abbondio* (ein Rechtsanwalt u. Notar), ganz gut und behaglich untergekommen. 30 Lire das Zimmer *per Monat*. Essen bei Quattrini, wo alle Welt ißt. Bei diesem zu logieren war nicht gut möglich, die Zimmerchen sind hübsch, aber *zu* kalt bei der jetzigen Witterung, die leider der mir bekannte Schnee-Himmel ist, auch ohne Aussicht auf den See. Ich habe ein Gärtchen zur Benutzung, was am See liegt, das Haus selbst liegt an der hochgelegenen Straße mit recht schöner Aussicht. Absolute Ruhe: Niemand neben oder über mir, Alles abgeschlossen nach außen, im 3. Stock. Letzte Nacht schlief ich 12 Stunden brillant, wie gewöhnlich, ohne alle Nachhilfe. Jetzt wird es wohl anders kommen.

– In Zürich haben wir schnell, ehe ich abreiste, Dein Kleid gekauft, *hoffentlich* richtig! und dann die wunderbaren Hodler's gesehen.

Tausend schöne Grüße, es umarmt Dich
Dein Max

Marianne Weber

Brief vom 27. März 1913, Ascona

Ascona, Casa Abbondio
Donnerstag.

Liebes Schnauzele, –

heut ist es kalt, aber etwas Sonne nach endlosem Regen gestern den ganzen Tag. Ich sitze, spät aufgestanden nach einer mittelguten Nacht, auf meiner großen Bude, 3 – eigentlich 4 – Stock hoch, mit Blick auf das steil ansteigende Gärtchen neben dem Haus und dem See. Im Zimmer sind 2 Betten, 1 Wandschränkchen, 1 Commode, 1 alter verfallener „Prahlhans", 1 großes Schlafsopha, 1 großer Tisch, Blechwaschtisch, Nachttisch und einige vorweltliche Polsterstühle, elektrische Lampe, *keine* Klingel (4 Treppen hoch!), uralte Öldrucke, 1 Spiegel, ein Kleiderständer, gelb getünchte Wand. Zum Zimmer gehören: 1 kleine Küche, 1 Abort nebst Badezimmer, das Ganze unter Etagenabschluß! Also ganz für ein „glücklich liebend Paar" von Asconaer Naturmenschen, die höchstens einmal eine Hafergrütze kochen. Vor dem Haus ist die Chaussee, dann steigt man in ein kleines üppig blühendes, betäubend nach Veilchen duftendes Gärtchen am See hinunter, Hühnerhof u.s.w., kleiner Bootlandeplatz. –

Der Mann, avvocato e notaio, ist den ganzen Tag auf seinem Büreau in Locarno. Die Frau, sicher einst schön, noch jetzt sehr stattlich, hat den Typus der Großbäuerin, scheuert die Stube mit der serva zusammen, läuft im Trab zur Post, wenn nötig etc. etc., kurz ist ihrem „Stand“ nach dasselbe wie Sig^{ra} Quattrini in der Kneipe im Örtchen – es ist ein richtiges dreckiges Italienernestchen, nur ist die Kneipe durch die hier wohnenden Gäste cultiviert. Die Küche ist eigentlich zu gut für mich. Morgens esse ich hier Biscuit und gedörrte Feigen, man bekommt die Sachen ganz gut in der Handlung für die Naturmenschen. Im Hause giebt es hier nichts.

Heut will ich nochmal – schnell ehe die Bernays „begängig“ ist – nach Locarno eine Zeitung lesen – man weiß ja rein nichts in der Welt! Es wäre mir doch lieb, Du schicktest so alle paar Tage die *Abend*blätter der Frankfurterin. Sonst ist man ja so abgeschnitten wie Wolfgang Gothein.

Nun werde ich wohl nächstens meine „schlechte Nacht“ haben und dann fängt die „Cur“ ja erst an. Was mag denn das Mädele gemacht haben? Jetzt vor 20 Jahren fuhr es nach Örlinghausen und ich nach Straßburg – Heidelberg.

– Eben kommt das Mädchen das Bett machen, ein armes Ding mit einer Zahnfistel, da werde ich das Zimmer für einige Zeit räumen müssen. Laß Dirs gut gehen, Liebes und sei froh. Es küßt Dich tausend Mal

Dein Max

Marianne Weber

Brief vom 30. März 1913, Ascona

Ascona, casa Abbondio
30/3 *Sonntag.*

Liebe Schnauzel, –

gestern früh, als ich auf dem Gartenbänkchen an der Straße saß, erschien – statt in der Gegend in dem illustrierten „Guide“ herumguckend, schon von ferne kenntlich, die Bernays. Erst auf dem Hinweg, dann auf dem Rückweg. Nun, ich hoffe, daß sie die Unrentabilität dieses Weges eingesehen hat – ich schickte sie die Chaussee entlang weiter und sie fand, die führe zu keinem Endpunkt – obwohl ich sehr freundlich war. Gott sei Dank sah sie nicht die Frieda bei mir sitzen, die bald hernach kam. Sie reist aber jetzt nach Zürich, so daß selbst diese Mittagsstunden – Morgens und den ganzen Nachmittag hat sie mit den Kindern zu schaffen (der Peter „lernt" vorerst bei ihr) – nun erst einmal fortfallen. Sie war ganz zuthunlich, ist im Grunde die alte, mit *recht* gesundem Humor, etwas zerzottelt, die Schleiertücher etc. von Zigarettenfunken hie u. da durchgebrannt u.s.w., in der Erscheinung äußerst einfach, auch sonst innerlich stark vereinfachend stilisiert. Das jüngere Kind (Eva) höchst sensibel, schüchtern, ganz von der Mutter abhängig (weint bei jedem ernsten Wort von ihr), behütet wie ein Augapfel, – der Bengel (Peter) dem Vater gleichend, brutal und unliebenswürdig, bekommt von ihr Versprechungen (die schwerlich alle gehalten werden), wenn er sich „lieb" verhalte, bleibt mürrisch, trotzig oder unbeherrscht, wird ihr (da er dem „Stiefvater" sicher unerträglich sein *muß*) noch schwere Stunden machen. Frick kann man nicht nützlich sein. Damit er nicht Garn zu zupfen brauchte, sondern nach *seinen* Wünschen beschäftigt werden könnte, müßte er, nach dem unsozialen Schweizer Recht, die Gerichtskosten seines Prozesses haben zahlen können: 15*000* Fr.! „Gott sei Dank, daß die Summe so hoch sei und man an ihre Aufbringung gar nicht habe denken können". Sie sieht ihn, wie in der „Auferstehung" bei Tolstoj, durch einen Schalter. Da der Staatsanwalt 15 Jahre Zuchthaus beantragt hatte, ist 1 Jahr Gefängnis für die Dummheit in der That gelinde, und gesundheitlich gehe es. –

Der Gräfin hat Jaffé auf ihre Bitte 300 Mk geliehen, gegen *Sicherstellung* (!) beim *Verleger* auf ihr nächstes Übersetzungshonorar: dadurch (Anatole France) erwirbt sie sich eignes Geld (im Übrigen ist sie z. Z. sichergestellt durch den „Freund"). Ohne jene Summe hätte sie nicht nach Mallorca kommen können. Sie habe eine wahnsinnige Angst vor Allem vor dem *Alt*werden, – ebenso vor dem Tod – die Ärzte hüllten sich (auch in München) alle in Schweigen, auch wegen des Operierens (offenbar hielte sie das nicht mehr aus) und empfählen „starke Nahrung" (wegen der Schwindsucht): Da der alte Schwiegervater Rechenberg von dieser „Ehe" seines (versoffenen, hier in der Nachbarschaft wohnenden) Sohnes, der bisher von ihm nur „Taschengeld" bekam, *weiß*, so wird er testamentarisch sicher Vorsorge getroffen haben, daß à conto dieser Versorgungs-Ehe (welche die Frieda stolz ist gestiftet zu haben) *nichts* an die Gräfin kommt. Immerhin kann sie doch suchen, im Notfall den „Ehemann" (sie siezen sich nach wie vor, verkehren per „gnädige Frau") anzuzapfen, denn *etwas* besser muß es dem ja gehen. Den Sohn hat er aber *nicht* adoptiert, weil die *Gräfin* das – aus „Gefühlsgründen" – nicht gewollt hat. Ich finde, daß, *wenn* man einmal ein solches „Geschäft" macht, – *dann* auch ganz! – So, das war das Wesentliche.

Ich bewohne jetzt hier das frühere Zimmer Frick's. Die Wohnung schrägüber am Hafen, wo die Kinder mit der dicken gutmütigen „Lisi" wohnen u. die Frieda ihre Mahlzeiten nimmt u. Nachmittags „lebt", – Vormittags hier – ist gut heizbar, sonst in einem kleinen italienischen Schweineställchen, muß man schon sagen. –

Eben kamen die „Frankfurter", gestern Deine liebe Sendung; bekommen habe ich bisher Alles. Schönsten Dank und viele schönste Frühlingsgrüße, es ist *leidlich* warm, der Schlaf *mäßig*, aber die sehr starke Unruhe vom vorigen Jahre nicht da. Natürlich wird die ungünstige Zeit erst noch kommen. Es umarmt Dich

Dein Max

Marianne Weber

Karte vom 5. April 1913, Ascona

Ascona Samstag 5.4.

Liebes Schnauzel, –

schönen Dank für Frau Simmels Brief u. Deine Kärtchen. Hoffentlich hältst Du Dich weiter gut resp. besser als grade jetzt. Mir geht es „mittel". Nächte mäßig (ohne Mittel bisher ausnahmslos), Tage Stumpfsinn. Wäre es nur *warm*, – statt dessen aber hat es wiederum frisch geschneit, tief die Berge herunter, und wird immer kälter! *Das* ist jedesmal das Scheußliche, wenn man nicht bis zur Riviera geht. Ich lebe von Hafer-Cakes, Datteln, Feigen, Orangen, gehe alle 2 Tage Mittags zu Quattrini. Aber abmagern thue ich bisher trotz Allem *doch* nicht!

Die Frieda ist – wie ich schrieb – in Zürich, kommt erst Mitte der Woche wieder; ich bin begierig, mit was für einem Gesicht. Die Aussicht auf noch einen Prozeß hatte ihr doch arge Chocs gegeben, wenn auch dem Mann nicht mehr sehr viel geschehen kann.

Tausend herzliche Küsse, mein Liebes,

Dein Max

Das Tobelchen schickt Züricher Kuchen. Sehr schön, aber steinhart, so daß nach jedem Stück der Kinnbacken lahmt. Ich habe ihr für diese Bändigung meiner Gefräßigkeit gedankt.

Marianne Weber

Brief vom 18. April 1913, Ascona

Ascona 18/4

Liebes Mädele,

schönen Dank für den Lukács und Deinen Brief. Else kommt *nicht*, offenbar (obwohl sie andre Gründe angiebt) weil sie (durch Dich) *weiß*, daß ich hier bin, wie sie schreibt. Denn sonst war das fest verabredet, wie Frieda sagt. Mir ist es recht angenehm, *nicht* noch jetzt fortgehen zu müssen.

Gestern kam die Frieda mit dem kleinen Mädel mit nach Locarno, wo sie etwas zu besorgen hatte. Wir saßen im Café. Und da war nun doch schreckenerregend, wie *ur*plötzlich dies zarte feine Wesen den *vollkommensten Kokotten*-Typus darstellte, – *nur* im Kontrast gegen die „bürgerlichen" Frauen, die man da sah. Worin es liegt – in der *etwas* zotteligen hastigen Aufmachung (sie war innerhalb *10 Minuten*, nachdem ich sie *im Bett* liegend verlassen hatte, kraft plötzlichen Entschlusses angezogen und an das Schiff gestürzt), in den Zigaretten, in der lauten Stimme oder der Kopfhaltung und Gesten

– ich weiß nicht: aber die Nachbartische guckten und rümpften die Nase. Und wie das dann unbewußt auf sie zurückwirkte! der Trotz gegen die „Gesellschaft“, die Speisung des Selbstgefühles durch das „Pathos der Distanz“ gegen sie und alle solche Empfindungen waren sofort da. Ich kann sie mir wohl in München-Schwabing, aber *nicht* in Heidelberg denken, sie fällt aus dem Ensemble. Und daher glaube ich *nicht*, daß – wie Gruhle meint – man sie wieder „anpassen“ könne. Sie sollte nach *Zürich* ziehen. Da ist zwar jetzt eben ein Gesetz, welches den *Concubinat* für *Ausländer*, die sich nicht oder schwer scheiden lassen können, *zulassen* wollte, in Volksabstimmung verworfen worden. Aber daß die gesetzgebenden Körperschaften es beschlossen *hatten*, zeigt doch, daß man dort duldsam sein wird und sie wäre da nicht so „outlaw“. –

Sonst nichts Neues. Es ist trüb und milde, nur noch zu kühl. Die grauen und stahlblauen Farben sind *sehr* schön. Schlaf mäßig (bei Mitteln nur „von unten“). Ich lese etwas, denke auch etwas und es fällt mir hin und wieder eine Kleinigkeit ein.

Lillis Anwalt hat mir gar nicht geantwortet auf meine *leserliche* Anfrage: Ob er am 25ten Abends zu sprechen sei. Nun er schreibt wohl *nach* der heutigen Vernehmung des Dr Haensler.

Tobelchens *Schwester* schickte Züricher „Leckerli“! – ein furchtbares Zeug! ich war bei der ersten Sendung (des Kindes selbst) so unaufrichtig sie zu loben. Nun sie ersparen mir dadurch jedesmal 2 Abendessen und 1 Frühstück, denn man wird zum Platzen satt.

Und mit Dir scheint es auch zuweilen nur „mittel“ zu gehen? Arbeite nicht zu athemlos, Liebes. – Ja mit der Bernays *muß* man „fest“ bleiben. Hat sich denn Honigsheim wirklich *gar* nicht sehen lassen?

Tausend Grüße und Küsse

Dein Max

Ist die Sache mit *Arthur in Ordnung*?

Marianne Weber

Brief vom 21. April 1913, Ascona

Ascona 21/4

Mein liebes Mädele, –

eben kam Dein lieber schöner Brief und der „Tristan" als Symbol. Ja, – es ist doch etwas, daß man nach 20 Jahren *ihn* „noch" oder eigentlich erst recht und vielleicht mehr und tiefer als *vor* 20 Jahren ihn als solches empfindet! – Nun kann nichts mehr kommen, was darin etwas ändert. Mein liebes, all Das was Du da über mich sagst, ist ja eine schöne „Dichtung" Deiner großen Liebe, – ich kann mich selbst nicht so mit großen und schönen Augen ansehen, wie Du das thust, und deshalb ist Das Alles mehr „aufgegeben" als „gegeben". Aber gleichviel – es ist jetzt nicht die Zeit zu untersuchen, was davon wahr ist und was nicht, sondern sich der Schönheit zu freuen, die das möglich macht, daß solche „Dichtungen" entstehen. Es wird mir hoffentlich immer möglich sein, sie wenigstens nicht zu desavouieren und Deiner Seele die Möglichkeit zu bewahren, immer neu zu „dichten" – dann sind die Gedichte ja doch in dem Sinn „wahr", wie Menschen auf dem Gebiet die Wahrheit beschieden ist. Erhalte mir Deine Liebe, trautestes „Mädele" – denn Du bist ja noch so jung, daß man Dich nicht anders nennen mag. Dann wollen wir es nicht nur dies kommende Jahr, sondern so viel Jahre als uns zugemessen sind, froh und immer vorwärtsschreitend mit einander so weiter treiben. –

Hier nichts Neues. Ich bin lächerlicher Weise etwas erkältet, jetzt wo es warm wird. Der Frühling ist hier noch *ganz* zurück. Heut Nachmittag fahre ich nochmal etwas nach Locarno, was die Frieda benutzt, um auch mit und von da aus dann weiter zu fahren, für 2 Tage – wohin? wer weiß es? „Zu Jemand" für einen einzigen Nachmittag, für den sie aber hin und zurück je 1 Tag fahren müsse. Gestern saßen wir hier in einer kleinen Kneipe am See auf der Straße nach Brissago. Sie sprach, wie immer, viel von sich und der Gräfin. Dann auch von *Gruhle*, an dem sie gar nichts findet, er sei gänzlich unbedeutend, die Gräfin finde das auch und sage ferner: sie wisse ja nie, wie sie (die Gräfin) eigentlich mit ihm stehe, habe das auch nie gewußt: „vielleicht lügt sie da". Ich habe dann Einiges nachdrücklich gesagt. Dieses fehlende Augenmaß, nur, weil der Mann nicht „erotomorph" ist! (auch Else sage und schreibe ähnlich über ihn). (Und die Gräfin ist eben einfach treulos und zynisch!) Sie erzählte dann auch von „Tante Sophie" und Schulze-Gävernitz (die Tante hatte s. Z. an *seine Mutter* geschrieben und *sie* fand deren Antwort im Schrank, sie selbst ist Schulze auf die Bude gerückt u.s.w.). – Ja, „kokottenhaft" wirkt *nur* die äußere Geste: die Stimme, das Rauchen, die Art der Bewegungen und das Verknüllte und Unordentliche ihrer hastigen Toilette. Sonst nichts (bitte, wenn Du an *Else* schreibst, bedenke: Frieda hört *jedes* Wort, was sie angeht, wieder!). – Sonst ist ihr Plaudern anmutig und fein. Sie lebt noch immer ganz in diesem Prozeß, der sie offenbar bis zur Erschöpfung erregt hat – sie selbst wurde ja in so ordinärer Art hinein- und durch die Presse gezogen.

Und nun laß Dich liebe- und *dank*erfüllt umarmen, mein liebes, ich denke schon an das Wiedersehen in 5 Tagen!

Dein „alter" Max

Bitte melde mich doch bei dem *Zahnarzt* Gäng an für Montag oder Dienstag. Es ist eine Plombe herausgefallen, die er *gleich* machen muß.

Marianne Weber

Karte vom 24. April 1913, Ascona

Ascona Donnerstag

Liebes Schnauzel, –

noch einen letzten Gruß von hier vor der Abreise. Es regnet fast dauernd in Strömen, ist aber *warm*. Ich esse nachher noch mit Braus' zusammen, dann noch eine Unterhaltung mit der Frieda – sie will noch sagen: was ich *nicht* von ihr denken und sagen soll – dann ist

Schluß! Gestern kam in der Unterhaltung das noch so heraus: (zum Peter:) „ja ja Du wirst's schon merken, wenn die Frauen ihre Kinder nicht mit Dir spielen lassen werden wegen ..." (schon hier will die Frau des Anarchosozialisten – ! – Rafael Friedeberg aus Berlin ihre Kinder nicht mit den Gross'schen spielen lassen). Es geht so was eben *immer* auf Kosten der Kinder. *Sie* gefiel mir gestern wieder in ihrer „Ehrlichkeit". Man lernt doch viel! – wenn es auch Alles Dinge sind, die sich von selbst verstehen.

Eben kamen noch Deine Zeitungen. Hab vielen Dank, Du liebes. Ich treffe Dich Sonnabend 7 Uhr hoffentlich gesund und froh!

Dein Max

Marianne Weber

Brief vom 3. April 1914, Ascona

Der zweite Ascona-Aufenthalt vom 24. März bis 19. April 1914 stand im Zeichen der Vormundschaftssache Peter Gross, die Frieda Gross gegen ihren Schwiegervater, den Kriminologen Hans Gross, führte. Als informeller Rechtsberater hielt Max Weber Kontakt zu Otto Pellech, dem Wiener Rechtsanwalt von Frieda Gross, und zu den mit dem Gerichtsverfahren gegen Ernst Frick betrauten Züricher Juristen, Otto Lang und Gillonne Brüstlein.

Freitag Nachmittag

Liebstes Mädele, –

ich hab dem guten Langweiler gleich in unser *beider* Namen kurz geschrieben. Schönsten Dank für Dein Kärtchen, Du armes geplagtes Peterle. – Heut ist hier *Regen* und einmal ein Tag, an dem *nichts* zu thun ist. Nachricht von Pellech ist noch *nicht* da, warum? weiß man nicht. *Hoffentlich*! – nicht wegen erneuten Collapses. *Das* wäre gradezu entsetzlich. Denn jetzt hat man *diese* Zwischenfälle *satt*. – Heut ist der 7te Fasttag. Seit heut vor 8 Tagen Abends habe ich nur 4½ Kg *Orangen* zu mir genommen, 2 Citronenlimonaden ohne Zucker, 3 Tassen Thee. Mir ist heut *genau* so zu Muthe wie am ersten Tag. D. h. der Magen knurrt oft, man ist nicht ganz in normaler

Verfassung, aber auch nicht wesentlich anders als sonst. An meinem Embonpoint *keinerlei* Veränderung. *Keinerlei* erhöhte „Nervosität". Ich gehe und lese wie immer, nur das Schreiben strengt etwas an. *Morgen* früh wird mit einem rohen Finocchio die Ernährung wieder begonnen.

Leb für heut wohl, liebstes Mädele, es küßt Dich Dein

Max

Über *Lask sprach* ich mit Frieda. Aber sie ist *sehr* schwer in Bewegung zu bringen.

Marianne Weber

Brief vom 9. April 1914, Zürich

Hotel St. Gotthard
Zürich
Donnerstag *sehr* früh morgens

Liebes Mädele,
schönsten Dank für Deinen Brief gestern, den Frau Ott schickte. Ich habe diese guten Menschen, da die Verbindungen sehr schwierige sind, gestern ganz und gar verfehlt und nur die alte, etwas konventionelle, aber angenehme *Mutter* Tobler gesehen. Jetzt geht es nun gleich wieder „heim", wenn ich diese Welt voller Zauberweiber, Anmuth, Tücke und Glücksbegier so nennen soll, so lange nicht Alles dort gethan ist, was jetzt noch gethan werden muß, soll man sich nicht umsonst geplagt haben. Ich muß ja sagen: zwischen diese schönen, in gewissem Sinn auch doch „menschlichen", aber *hintergrundlosen* Eindrücke einer nur auf Sensation gestellten Welt war es eine Art von Oase der „Reinheit" – man kann es doch nicht gut anders nennen – hier gestern diese Fahrt nach der Ufenau mit dem so viel weniger verschwenderisch ausgestatteten, aber in seiner distanteren und zart schwärmerischen Art doch „nobler" wirkenden Kind. Vor Allem war auch das Glück *sehr* hold inbezug auf das Wetter. Bei strö-

mendem Regen kamen wir nach Rapperswyl,[1] so daß ich erst dachte, man würde nur am warmen Ofen hocken und auf die immer schöne Seefläche schauen mit verschleierten Bergen dahinter. Aber siehe da! nach dem Lunch kam die Sonne durch den Frühlingssturm und schnell ging es im Motorbötchen über den noch aufgeregten See, alle Berge, wolkenumkränzt, wurden klar, es wurde fast sommerwarm und die kleine winzige Insel, ein grüner Teller mit einigen Hügeln, auf deren einem zwei uralte Kapellen stehen und sonst nur ein altes Wirtshaus, Obstbäume, etwas Baumbuschwerk am Ufer, totenstill und leer Alles, war nun wirklich entzückend. (Rapperswyl wäre *sehr* etwas einmal im Spätsommer zum Ausruhen!). Nun ist dieser schöne nordische Kontrast-Eindruck gegen die dagegen so unendlich südlich wirkende Pracht der Sonnentage – es war in Ascona fabelhaft sommerlich letzte Zeit – vorüber, die Frieda erwartet mich schon an der Bahn, zu hören, wie Herr *Lang* sich denn benommen habe. Denn – sie hat es „noch nicht über das Herz gebracht", ihm zu sagen, „daß doch Alles nun *aus* sei", was auch *da* – einmal – gewesen ist. Ich gestehe, ich war doch *stark* verblüfft, als das herauskam (damit *ich* keine faux pas machte und seine *Eifersucht* auf *Frick*, *für* den er ja aussagen soll, schonte!) und dann ihr kindlichstes Gesicht: „gelt nicht wahr, *zu* sehr verachten thun Sie mich doch nicht?" – nun ich habe nur gelacht. *Während* des Frick-Prozesses entspann sich diese Frieda's Interessen gewiß recht nützlich gewesene Geschichte, die dann schnell vorüber war, bei ihm offenbar so ein Johannistrieb, an den er mit unzweideutigen Selbstvorwürfen (natürlich war zwischen ihm und mir mit keinem *Wort* davon die Rede!) zurückdenkt. Nun – er wird seine „Schuldigkeit" thun. Dienstag war ich bei ihm zu Tisch. Er und seine Frau lassen sehr grüßen, eine etwas unausgebackene linkische Tochter studiert Musik. Einen langen Abend bis Nachts 1 Uhr saß ich auch mit ihm zusammen, er immer über Frick, den er höchlichst mißbilligt, grübelnd und redend. Dagegen gelang es mir nicht, Frl. Brüstlein's habhaft zu werden. Sie war und blieb verreist, was den einzigen Vorzug hatte, daß ich gestern

---

[1] Du hast doch meinen *dort* abgesandten Brief, den ich vorgestern Abend hier in der Tasche behielt, bekommen?

sehr früh ins Bett kam, mich aber 3 lange Briefe kostete. So, wenn ich jetzt nach Ascona komme, muß die Frieda sich klar sein, *was* sie eventuell für Conzessionen machen will. Ich rathe natürlich sehr *stark* zum Vergleich. Pellech macht die Sache meisterhaft, freilich mit unglaublich viel „Hinterhältigkeit", wie er selbst sagt – aber darin ist allerdings auch die Gegenseite *sehr* stark.

Grüße die Mutter – was *die* wohl sagen würde!! – tausend Mal, trautes Kind, es umarmt Dich Dein in sonderbare Fabelwelten verschlagenes

„Jungchen".

Marianne Weber

Brief vom 15. und 17. April 1914, Ascona

Marianne Weber befand sich auf Reisen, u.a. in Charlottenburg, anlässlich des 70. Geburtstags ihrer Schwiegermutter.

Ascona,
Mittwoch
Abend

Lieber Schnauzel, –

nichts Neues von hier. Ich denke nun schon an die Heimreise. Es könnte sein, daß ich in Basel (Michels) und Freiburg (Fritschi) je einige Stunden Station machte, also in Basel die Nacht bliebe. Dann führe ich Sonntag, sonst Montag direkt durch. Ich möchte nur hoffen, daß es dann bei uns annähernd so schön warm ist wie hier bei diesem ganz unglaublich herrlichen Frühlingswetter. Heut in aller Frühe ging ich auf das Delta, – es war bei verhängtem Himmel und umwölkten dunklen Bergen in seinem Schmuck ganz unglaublich eindrucksvoll – die Bäume jetzt nicht mehr ganz à la Ernst Gundolf, die Wiesen voller Blumen, rundum die rothe Pfirsichblüthe, die Flieder im Aufblühen. Aber hinter mir, ca 100 Meter, schlich die Nymphe Kalypso im goldnen Gewand aus den „gewölbten Grotten" ihres Palazzo Perucchi – ihr zu entgehen – denn sie paßt nicht da hinein – ging ich schneller, dann rechts abseits, dann links abseits – schließlich sah sie wohl, daß Odysseus nicht zu haben war und kehrte um, sandte mir nun aber ergrimmt ein Gewitter auf den Pelz, das mir keinen trockenen Faden ließ, den Hut in eine tragische Maske verwandelte (Schirm hatte ich nicht mit – um ihn nicht zu verlieren) und mich heimwärts im Galopp jagte. Aber es war doch schön. –

Auf die Gräfin wirke ich „hemmend" und „lähmend", findet die Frieda. *Mir* ist meinerseits die Gräfin einfach langweilig und uninteressant. Die Frieda selbst ist sehr zuthunlich und aufgeschlossen. Ihr aufgelöstes blondes Haar ist dann wirklich sicher für Männer arg „verführerisch", es bedeckt den ganzen Rücken, was man bei der Frisur nicht so sieht. Gestern hatte sie das Bedürfnis, über „erotische Frauen" und speziell über Else Jaffé mit mir zu reden, – ich sah wieder, *was* diese beiden Leute Alles zusammen = – ich muß schon sagen: – „gelogen" haben, auch über Dich und Dein Verhalten, und war unerfreut, habe ihr nur die paar wichtigsten äußern Vorgänge gesagt und im Übrigen bemerkt: daß ich keine Lust mehr habe, davon zu reden, am wenigsten aber: daß Andre zu Else über mich reden.

– Ich faste mit Maßen: 2 Finocchi roh und 4 Orangen heute, 2 Äpfel und 1 Kilo Orangen gestern, Orangen ohne Beigabe morgen, Äpfel ohne Beigabe Samstag, – dann ist die „Kur" beendet und das Futtern kann wieder losgehen.

So – nun mag der Brief liegen (kouvertiert der Sicherheit halber), bis ich Deine Adresse habe. Es ist angenehm zu denken, daß Mama ihre Strapatze jetzt hinter sich hat, – mein Brief wird ja gekommen sein, telegrafieren wollte ich nicht noch besonders. Nun bin ich gespannt, wie es zunächst in *Hannover* wird. Hast Du Carl auch eingeladen, uns zu besuchen?

Tausend Grüße, laß Dich umarmen liebes Mädele, von Deinem

Max

Eben kam Dein Briefchen vom 15. IV. Nun hoffentlich kommt es bei der Mutter nicht *nachträglich*! Schönste Grüße! der Brief soll fort. Auf Wiedersehen am Montag Abend.

Verzeichnisse und Register

Zur Briefausgabe

Die Auswahl der Reisebriefe beruht auf den entsprechenden Bänden der Abteilung II (Briefe) der *Max Weber-Gesamtausgabe* (*MWG*). Die Präsentation der Briefe folgt der historisch-kritischen Edition und deren Grundsätzen der Textkonstitution. Sprachlicher Duktus und zeitgenössische Orthografie bleiben erhalten. Auf den Abdruck der editorischen Apparate wird hier verzichtet. Das bedeutet: Es gibt keinen Nachweis für die in der *MWG* vorgenommenen Emendationen (Verbesserungen von Textverderbnissen), keine Ausweisungen für die Hinzufügungen der Herausgeber (bei fehlenden Satzzeichen, bei durch Lochung verderbten Stellen oder bei der Auflösung von Abkürzungen), die in der *MWG* durch eckige Klammern gekennzeichnet sind. Für alle editorischen Nachweise ist der Leser auf den Abdruck der entsprechenden Briefe in der *MWG* verwiesen. Kursiv gesetzte Wörter stehen für Unterstreichungen im Original; eine abweichende Schrifttype in den Briefköpfen verweist auf vorgedruckte Briefköpfe, z.B. bei Hotelbriefpapier, das Max Weber benutzt hat. Von den Herausgeberinnen vorgenommene Kürzungen werden durch Punkte in eckigen Klammern gekennzeichnet [...]. Drei Punkte ohne eckige Klammern sind Auslassungszeichen der Originalvorlage. Verbleibende Abkürzungen werden in einem Abkürzungsverzeichnis aufgelöst. Auf den Abdruck der Sacherläuterungen der *MWG* wird verzichtet, das Personenregister enthält aber biografische Basisinformationen und weist die Briefempfänger durch Fettdruck aus.

Alle Briefe Max Webers sind in der Max Weber-Gesamtausgabe (MWG) ediert.

MWG II/1 Max Weber, Briefe 1875–1886, hg. von Gangolf Hübinger in Zusammenarbeit mit Thomas Gerhards und Uta Hinz. – Tübingen: J.C.B. Mohr (Paul Siebeck) 2017.

MWG II/2 Max Weber, Briefe 1887–1894, hg. von Rita Aldenhoff-Hübinger in Zusammenarbeit mit Thomas Gerhards und Sybille Oßwald-Bargende, ebd., 2017.

MWG II/3 Max Weber, Briefe 1895–1902, hg. von Rita Aldenhoff-Hübinger in Zusammenarbeit mit Uta Hinz, ebd., 2015.

MWG II/4 Max Weber, Briefe 1903–1905, hg. von Gangolf Hübinger und M. Rainer Lepsius in Zusammenarbeit mit Thomas Gerhards und Sybille Oßwald-Bargende, ebd., 2015.

MWG II/5 Max Weber, Briefe 1906–1908, hg. von M. Rainer Lepsius und Wolfgang J. Mommsen in Zusammenarbeit mit Birgit Rudhard und Manfred Schön, ebd., 1990.

MWG II/6 Max Weber, Briefe 1909–1910, hg. von M. Rainer Lepsius und Wolfgang J. Mommsen in Zusammenarbeit mit Birgit Rudhard und Manfred Schön, ebd., 1994.

MWG II/7 Max Weber, Briefe 1911–1912, hg. von M. Rainer Lepsius und Wolfgang J. Mommsen in Zusammenarbeit mit Birgit Rudhard und Manfred Schön, ebd., 1998.

MWG II/8 Max Weber, Briefe 1913–1914, hg. von M. Rainer Lepsius und Wolfgang J. Mommsen in Zusammenarbeit mit Birgit Rudhard und Manfred Schön, ebd., 2003.

MWG II/9 Max Weber, Briefe 1915–1917, hg. von Gerd Krumeich und M. Rainer Lepsius in Zusammenarbeit mit Birgit Rudhard und Manfred Schön, ebd., 2008.

MWG II/10 Max Weber, Briefe 1918–1920, hg. von Gerd Krumeich und M. Rainer Lepsius in Zusammenarbeit mit Uta Hinz, Sybille Oßwald-Bargende und Manfred Schön, ebd., 2012.

MWG II/11 Max Weber, Briefe. Nachträge und Gesamtregister, hg. von Rita Aldenhoff-Hübinger und Edith Hanke, ebd., 2019.

Drucknachweise

Dem Abdruck liegen die in der Max Weber-Gesamtausgabe (MWG) edierten Briefe zugrunde. Die ausbibliografierten MWG-Titel finden sich oben, S. 216.

Erste Reisen 1877–1880

S. 5–7	Brief vom 20. Juli 1877, aus: MWG II/1, S. 50–52
S. 8	Karte vom 24. Juli 1877, aus: MWG II/1, S. 53–54
S. 9–13	Brief vom 1., 2. und 3. Juli 1878, aus: MWG II/1, S. 72–77
S. 13–18	Brief vom 21. und 22. Juli 1880, aus: MWG II/1, S. 219–224
S. 18–19	Karte vom 26. Juli 1880, aus: MWG II/1, S. 230–231

Hochzeitsreise 1893

S. 23–24	Brief vom 27. oder 28. Sept. 1893, aus: MWG II/2, S. 467–468
S. 24–25	Brief vom 28. Sept. 1893, aus: MWG II/2, S. 469–470
S. 25–26	Brief vom 29. Sept. 1893, aus: MWG II/2, S. 471–472
S. 27	Brief vom 2. Okt. 1893, aus: MWG II/2, S. 473–474

Schottland und Irland 1895

S. 31–34	Brief vom 14. Aug. 1895, aus: MWG II/3, S. 97–100
S. 34–38	Brief vom 17. und 18. Aug. 1895, aus: MWG II/3, S. 101–105
S. 38–40	Brief vom 22. Aug. 1895, aus: MWG II/3, S. 108–111
S. 41–44	Brief vom 28. Aug. 1895, aus: MWG II/3, S. 117–121

S. 45–48	Brief vom 1. Sept. 1895, aus: MWG II/3, S. 122–127
S. 49–56	Brief vom 7., 8. und 9. Sept. 1895, aus: MWG II/3, S. 133–142

Frankreich und Spanien 1897

S. 61–65	Brief vom 29. Aug. 1897, aus: MWG II/3, S. 385–390
S. 65–73	Brief vom 1. Sept. 1897, aus: MWG II/3, S. 394–404
S. 73–78	Brief vom 5. Sept. 1897, aus: MWG II/3, S. 408–415
S. 78–80	Brief vom 10. Sept. 1897, aus: MWG II/3, S. 424–426
S. 80–85	Brief vom 12. Sept. 1897, aus: MWG II/3, S. 427–434
S. 85–93	Brief vom 18., 19. und 20. Sept. 1897, aus: MWG II/3, S. 436–447

Amerika 1904

S. 99–102	Briefzusatz vom 4. und 5. Sept. 1904, aus: MWG II/4, S. 270–273
S. 102–105	Brief vom 8. Sept. 1904, aus: MWG II/4, S. 274–279
S. 106–113	Brief vom 19. und 20. Sept. 1904, aus: MWG II/4, S. 285–297
S. 114–122	Brief vom 28. und 29. Sept., 2. und 3. Okt. 1904, aus: MWG II/4, S. 310–323
S. 122–126	Brieffragment vom 12. Okt. 1904, aus: MWG II/4, S. 325–331
S. 126–135	Brief vom 14. und 19. Okt. 1904, aus: MWG II/4, S. 335–347
S. 135–140	Brief vom 1. oder 2. Nov. 1904, aus: MWG II/4, S. 360–367
S. 140–144	Brief vom 6. und 16. Nov. 1904, aus: MWG II/4, S. 376–390
S. 145–149	Brief vom 19. Nov. 1904, aus: MWG II/4, S. 402–407

Niederlande und Belgien 1903 und 1907

S. 153–154	Brief vom 8. Juni 1903, aus: MWG II/4, S. 81–83
S. 155–156	Brief vom 9. Juni 1903, aus: MWG II/4, S. 85–88
S. 157–159	Brief vom 13. Juni 1903, aus: MWG II/4, S. 96–99

S. 160–162	Brief vom 14. Juni 1903, aus: MWG II/4, S. 101–104
S. 163	Brief vom 24. Aug. 1903, aus: MWG II/4, S. 127–128
S. 164	Karte vom 27. Aug. 1903, aus: MWG II/4, S. 133
S. 165–166	Brief vom 3. Aug. 1907, aus: MWG II/5, S. 346–347
S. 166–167	Karte vom 12. Aug. 1907, aus: MWG II/5, S. 357
S. 167	Karte vom 17. Aug. 1907, aus: MWG II/5, S. 361
S. 168–169	Brief vom 18. Aug. 1907, aus: MWG II/5, S. 362–363
S. 170–171	Brief vom 25. Aug. 1907, aus: MWG II/5, S. 372–373

Südfrankreich, Italien, Ascona 1902–1914

S. 175	Karte vom 9. April 1902, aus: MWG II/3, S. 824
S. 175	Karte vom 10. April 1902, aus: MWG II/3, S. 825
S. 176	Karten vom 16. April 1902, aus: MWG II/3, S. 835–836
S. 177–178	Brief vom 18. April 1902, aus: MWG II/3, S. 840–842
S. 178	Karten vom 20. Dez. 1902, aus: MWG II/3, S. 873–874
S. 179	Karte vom 23. Dez. 1902, aus: MWG II/3, S. 878
S. 180	Karte vom 26. Dez. 1902, aus: MWG II/3, S. 883
S. 181–183	Karten vom 9. März 1908, aus: MWG II/5, S. 446–447
S. 183	Karte vom 18. März 1908, aus: MWG II/5, S. 459
S. 184	Karte vom 24. März 1908, aus: MWG II/5, S. 478
S. 184–185	Karte vom 24. März 1908, aus: MWG II/5, S. 479
S. 185	Karte vom 2. April 1908, aus: MWG II/5, S. 500
S. 186–187	Brief vom 9. April 1908, aus: MWG II/5, S. 514–515
S. 187–189	Brief vom 18. April 1908, aus: MWG II/5, S. 525–526
S. 189–191	Brief vom 21. April 1908, aus: MWG II/5, S. 535–538
S. 192–193	Brief vom 9. Okt. 1909, aus: MWG II/6, S. 283–284
S. 193–194	Karten vom 7. März 1912, aus: MWG II/7, S. 457–458
S. 194–195	Karte vom 28. März 1912, aus: MWG II/7, S. 496
S. 195–196	Karten vom 31. März 1912, aus: MWG II/7, S. 499–500
S. 196–197	Karten vom 1. und 2. April 1912, aus: MWG II/7, S. 502–503
S. 198–199	Karte vom 26. März 1913, aus: MWG II/8, S. 147–148

S. 199–200	Brief vom 27. März 1913, aus: MWG II/8, S. 149–150
S. 200–202	Brief vom 30. März 1913, aus: MWG II/8, S. 156–158
S. 202–203	Karte vom 5. April 1913, aus: MWG II/8, S. 168–169
S. 203–204	Brief vom 18. April 1913, aus: MWG II/8, S. 189–190
S. 205–206	Brief vom 21. April 1913, aus: MWG II/8, S. 193–195
S. 206–207	Karte vom 24. April 1913, aus: MWG II/8, S. 203
S. 207–208	Karte vom 3. April 1914, aus: MWG II/8, S. 591
S. 208–210	Brief vom 9. April 1914, aus: MWG II/8, S. 605–607
S. 210–211	Brief vom 15. und 17. April 1914, aus: MWG II/8, S. 628–629

Abkürzungsverzeichnis

[ ]	Hinzufügungen der Herausgeberinnen
[…]	Kürzungen der Herausgeberinnen
→	siehe
%	Prozent
&	und, and
£	britisches Pfund
$	Dollar(s)
℔	Pfund
°	Grad
a.	aan (niederländisch)
Abb.	Abbildung
Anm.	Anmerkung
Aug.	August
b.	bei
B.A.	Bachelor of Arts
bes.	besonders
bzw.	beziehungsweise
ca, ca.	circa
Co.	Compagnie, Company
cts, cts.	cents, centimes
d.	den
D.	Dein
D.	Doctor
D.C.	District of Columbia
Dep^{t}	Departement
dergl.	dergleichen
ders.	derselbe
d.h.	das heißt
D.M.	Dein Max
D^{r}	Doctor

eigentl.	eigentlich
etc, etc.	et cetera
ev.	eventuell
f.	folgende
fl, fl.	(österreichische) Gulden bzw. Reichsgulden
Fr.	Franc(s), Franken
Frl.	Fräulein
geb.	geborene
gg.	gegen
GT	Great
Ha, Ha.	Hektar
herzl.	herzliche(n)
hg.	herausgegeben
Hl., hl.	Heiliger, heilige(r)
i. Br.	im Breisgau
incl.	inklusive
Jahrh.	Jahrhundert
Jl.	Juli
jun.	junior
Kath.	Katholischer
Kg	Kilogramm
kl.	kleinen
L.	Liebe(r)
L. Fr.	Lieber Freund
Ll.D.	Legum Doctor, Doctor of Laws
L. M.	Liebe Mutter
L. Schn.	Lieber Schnauz; Liebes Schnäuzchen
Ltd.	Limited
M, M.	Mark
M. A.	magister artium, Master of Arts
Min.	Minuten
Mk, Mk.	Mark
M. W.	Max Weber
MWG	Max Weber-Gesamtausgabe, hg. von H. Baier, G. Hübinger, M. R. Lepsius, W. J. Mommsen, W. Schluchter, J. Winckelmann, Tübingen: J. C. B. Mohr (Paul Siebeck) 1984 ff.
MWG I	Max Weber-Gesamtausgabe, Abteilung I „Schriften und Reden“, 25 Bände

MWG I/8	Max Weber, Wirtschaft, Staat und Sozialpolitik. Schriften und Reden 1900–1912, hg. von W. Schluchter in Zusammenarbeit mit P. Kurth und B. Morgenbrod, ebd., 1998
MWG I/15	Max Weber, Zur Politik im Weltkrieg. Schriften und Reden 1914–1918, hg. von W.J. Mommsen in Zusammenarbeit mit G. Hübinger, ebd., 1984
MWG I/22-1	Max Weber, Wirtschaft und Gesellschaft. Die Wirtschaft und die gesellschaftlichen Ordnungen und Mächte. Nachlaß, Teilband 1: Gemeinschaften, hg. von W.J. Mommsen in Zusammenarbeit mit M. Meyer, ebd., 2001.
MWG II	Max Weber-Gesamtausgabe, Abteilung II „Briefe", 11 Bände; → oben, S. 216
Mr, M^{r}, Mrs, M^{rs}	Mister, Mistress
Mt	Mount
n.	numero
Nachm.	Nachmittag
NB	notabene
N.C.	North Carolina
n. Chr.	nach Christus
Nov.	November
o.	oder
Okt.	Oktober
Ph.D.	philosophiae doctor, Doctor of Philosophy
P. m.	Piccola mia
pp.	perge, perge
Prof.	Professor
Ps.	Pseudonym
resp.	respektive
R.M.S.	Royal Mail Steamers
S.	Seite
S., S^{a}	San, Santa
sen.	senior
Sept.	September
Sh.	Shilling
Sig^{ra}	Signora
sog.	sogenannte(n/r)
St, S^{t}, St., Sta	Sankt, Santa, Saint

St.	Stunde
s. Z.	seiner Zeit
TN	Tennessee
T.Z.	(umgangssprachlich für:) von A bis Z
u.	und
u.a.	unter anderem
u. dergl., u. dgl.	und dergleichen
US, USA	United States of America
u.s.w., u.s.w. u.s.f.	und so weiter und so fort
v.	von
verfl…	verfluchte(r)
verh.	verheiratet
versch.	verschiedenen
vol.	volume
W.C.	Water Closet
z.B.	zum Beispiel
z.T.	zum Teil
z. Z.	zur Zeit

Abbildungsnachweise

Titel: Panoramakarte Genua an Marianne Weber vom 31. Dez. 1902; Bayerische Staatsbibliothek München, Ana 446. C.

S. 3: Max Weber 1878; Haus der Geschichte Baden-Württemberg, Sammlung Geiges.

S. 21: Max und Marianne Weber um 1893; ebd.

S. 23: Aus dem Postamt des Eiffelturms; Max Weber an Helene Weber vom 27. oder 28. Sept. 1893, GStA PK, VI. HA Familienarchive und Nachlässe, Nl. Max Weber, Nr. 3, Bl. 164 (Vorderseite, Ausschnitt).

S. 29: Edinburgh; Max Weber an Fritz Baumgarten vom 13. Aug. 1895, ebd., Nr. 7, Bl. 65 (Briefkopf, Ausschnitt).

S. 52: Wie am Comersee fühlte sich Max Weber im Süden Irlands; Max Weber an Helene Weber vom 7. Sept. 1895, ebd., Nr. 5, Bl. 21 (Briefkopf, Ausschnitt).

S. 57–59: Titel und Karte aus: Baedeker, Karl, Spanien und Portugal. Handbuch für Reisende. – Leipzig: Karl Baedeker 1897.

S. 97: Amerika-Karte mit der Reiseroute Max Webers, © Peter Palm, Berlin.

S. 99: Hotel Astor in New York, Brief von Marianne Weber an Helene Weber und Familie vom 2. Sept. 1904, GStA PK, VI. HA, Nl. Max Weber, Nr. 6, Bl. 9 (Briefkopf, Ausschnitt).

S. 151: Bis zu zwei Mal täglich schickte Max Weber Postkarten nach Heidelberg; Max Weber an Marianne Weber (und Helene Weber) vom 12. Okt. 1903, Bayerische Staatsbibliothek München, Ana 446. C.

S. 173: „Das ist die Terrasse, auf der ich mich immer aufhalte"; Max Weber an Marianne Weber vom 26. Dez. 1902, ebd.

S. 181: Erste Karte vom 9. März 1908 mit der Ansicht des Casinos in Monte Carlo, ebd.

S. 198: Karte vom 15. April 1913 mit der Ansicht von der Uferstraße in Ascona und der Markierung Max Webers von seiner Unterkunft bei Avocato Abbondio, ebd.

Personenregister

Das Register umfasst alle namentlich genannten Personen. Die Namen der Geschwister Max Webers, Alfred, Arthur, Clara (Klara), Karl (Carl) und Lili finden sich unter „Weber“, bei den Schwestern mit Verweis auf deren spätere Familiennamen Mommsen bzw. Schäfer. Fett gedruckte Seitenangaben verweisen auf die Briefempfänger.

C

D

E

F

H

I

J

K

L

M

N

O

P

S